DELIUS KLASING

Louis Palmer

VERRÜCKT NACH DIESER WELT

Abenteuer zwischen Himmel und Erde

Delius Klasing Verlag

Bibliografische Information Der Deutschen Bibliothek

Die Deutsche Bibliothek verzeichnet diese Publikation in der Deutschen Nationalbibliografie; detaillierte bibliografische Daten sind im Internet über »http://dnb.ddb.de« abrufbar.

1. Auflage
ISBN 3-7688-1682-6
ISBN 978-3-7688-1682-3

Fotos: Louis Palmer
Karten: INCH 3, Bielefeld
Schutzumschlaggestaltung: Buchholz/Hinsch/Hensinger, Hamburg
Druck: GGP Media GmbH, Pößneck
Printed in Germany 2005

Delius Klasing Verlag, Siekerwall 21, D-33602 Bielefeld
Tel.: 0521/559-0, Fax: 0521/559-115
E-Mail: info@delius-klasing.de
www.delius-klasing.de

Inhalt

Vorwort

Fünf Kontinente durchquert

Liebe Leserinnen, liebe Leser,

natürlich wollte ich schon in der Grundschule eine Weltreise unternehmen. Selbstverständlich träumte ich davon, alle Kontinente zu besuchen und dabei alles Mögliche und Unmögliche zu entdecken. Wie das im Einzelnen funktionieren sollte, war mir nicht ganz klar, aber das störte mich anfangs auch nur wenig. Irgendwann jedoch musste ich leider einsehen, dass ich für solch große Abenteuer noch zu klein war, und so blieb mir nichts anderes übrig, als das Schreiben von Abenteuerromanen. Alle Seiten verzierte ich reichlich mit Zeichnungen. Die Geschichten handelten von einem kleinen Löwen, der in Florida aus einem Zirkus, der »Disneyland« hieß, ausgebrochen war und mit seinen Freunden, ich glaube es waren ein Tukan und ein Elefant, ein Segelschiff baute und damit nach Afrika segelte. Ziel: Lake Nakuru, zu den Flamingos. Dann, in der nächsten Geschichte, bauten sie sich mit noch mehr Freunden schon ein Wasserflugzeug aus Holz und flogen damit über den südamerikanischen Dschungel. Später schrieb ich eine Erzählung von dunkelhäutigen Arabern. Auf die Titelseite malte ich einen in schwarz gekleideten Araber mit einem besonders langen Turban, der einfach Furcht erregend aussah. Das war meine letzte »schriftstellerische Arbeit«, es war 1983, und ich war damals zwölf Jahre alt.

Statt als Schriftsteller in einer Schreiberstube strandete ich Jahre später im gutbürgerlichen Lehrerberuf. 1994, im Alter von 23 Jahren, nach ersten Einblicken in die vorgegebene Laufbahn nahm mein Leben eine entscheidende Wende: Ich wurde Weltenbummler. Ich dachte, das wirkliche Leben beginne jetzt! Anfänglich war meine Idee nur, per Fahrrad durch Afrika zu radeln, um die Welt und mich selbst zu entdecken. Doch Reisen kann das Leben verändern, und ich wurde verändert, meine Lebenseinstellung wurde verändert, alles kam anders als geplant. Ich hätte mir nicht im Traum ausmalen können, was alles folgen sollte, als ich erst einmal mit dem Reisevirus infiziert war und gar nicht genug Eindrücke und Erfahrungen kriegen konnte. Meine Neugier auf diese Welt war nicht mehr zu stillen. Hätte mir einer gesagt, dass ich dabei auch Pilot werden und die Welt fliegend erkunden würde – ich hätte ihn glatt für verrückt erklärt.

Während der Jahre lernte ich auf meinen Reisen auch so einfache Dinge wie den Zufall kennen. Gerade er, bekannt als unsteter und wankelmütiger Gefährte, wurde zu meinem verlässlichsten Reisepartner, denn immer, auch wenn's ausweglos erschien, kam ich *zufällig* weiter! Ich merkte, wie mein Vertrauen auf den Zufall – manche nennen es auch Gottvertrauen – meine Welt vergrößerte. Ballon-Weltumrunder Betrand Piccard hatte dazu mal die passenden Worte gefunden: »Du kommst nur dann ins Ziel, wenn du dich vom Winde treiben lässt und nur die Höhe und den richtigen Wind selber suchst – gegen den Wind zu kämpfen ist nutzlos!« Genau diese Lebensweisheit trieb mich – wie der Wind – von einem Kontinent zum nächsten. Am Schluss hatte ich alle fünf Kontinente außerhalb Europas auf verschiedene Arten durchquert und tausende von spannenden Begegnungen, Erfahrungen und Geschichten gesammelt. Mein größter Dank gilt – den Zufällen. Für die ich nichts kann. Es geschah einfach. Einige meiner zufälligen Geschichten wiederzugeben, ist die Absicht dieses Buches.

Erst 2002, knapp 20 Jahre nach meinen letzten kindlichen Abenteuerdichtungen und nach der Durchquerung aller fünf Koninente, kramte ich aus Neugier meine alten Geschichten aus der verstaubten Schublade wieder hervor. Natürlich hatte ich keine Ahnung mehr, über was ich als Kind damals geschrieben hatte, und so war ich beim Durchblättern der Geschichten wie erschlagen: War auch dies Zufall oder nicht, oder ist nicht das ganze Leben mit Zufällen verwoben? Wie konnte es sein, dass ich genau die Orte besuchte und die Dinge erlebte, die ich als Kind schon beschrieben hatte? Der kleine Löwe, von dem ich geschrieben hatte – das war ich! Sei es bei den Flamingos am Lake Nakuru in Kenia, mit einem Wasserflugzeug durch Südamerika, die Flucht vor dem Disneyland oder die Begegnung mit den Turbanträgern (heute »Taliban« genannt) – all das hatte ich in irgendeiner Form erlebt!

Erst als ich noch ein bisschen später angefragt wurde, ob ich meine Erlebnisse in Buchform herausgeben möchte, setzte ich mich hin und begann erneut zu schreiben. Mit diesem Buch hoffe ich nun, dass ich vom geschätzten Leser nicht allzu viel verlange. Denn ich weiß, dass ich eine Menge unglaublicher Begebenheiten veröffentliche. Ich würde mich sogar freuen, wenn Sie, geschätzte Leserin, geschätzter Leser, so weit kommen, dass Sie nicht alles glauben wollen! Doch bevor Sie dieses Buch wieder wegwerfen, möchte ich Ihnen versichern, dass sich alles so zugetragen hat, wie ich es hier beschreibe. Ich habe mir Mühe gegeben, nichts zu übertreiben. Schon bei meinen Vorträgen habe ich erst nach den harschen Reaktionen gewisser Vortragsbesucher, die meine Geschichten nicht glauben wollten, realisiert, wie unglaublich gewisse meiner Erlebnisse wirklich sind.

Ich wünsche Ihnen, dass Sie sich nach dem Lesen dieser Seiten vom Wind treiben lassen und einmal – nicht bildlich gesprochen – die Welt und sich selbst von oben betrachten!

Wenn es, nebst den Zufällen, sonst noch etwas gab, das mich antrieb und mir die Richtung wies, so waren es diese drei Slogans, die mir auf all meinen Reisen den Glauben gaben, dass es immer weitergeht:

Just do it!
(amerik.: Tu es einfach!)

Hakuna matata!
(Suaheli: Kein Problem!)

Inshallah!
(arab.: So Gott will!)

Diese drei Sprüche werden Sie auf Ihrer Reise durch mein Buch begleiten!

Herzlichst, Ihr

Louis Palmer

Luzern im September 2005

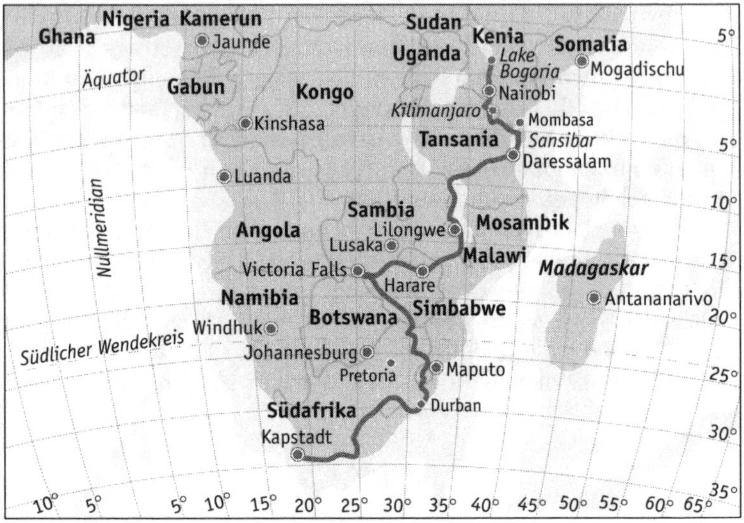

AFRIKA BIKE SAFARI 1994/1995

Per Fahrrad von Kenia nach Kapstadt –
7 Monate – 10 180 km

Tanzendes Kenia

Hippo! Hippo!

August 1994. Vorsichtig gleiten wir im Ruderboot zu den Nilpferden. Wir befinden uns in Afrika, genauer in Kenia, noch genauer am Lake Naivasha. Mein Leben als Reisender hat soeben begonnen – ich habe erstmals das Gefühl, in der Welt zu stehen, von der ich seit meiner Kindheit geträumt habe. Der See strahlt eine ungeheure Ruhe aus, das Wasser ist wie geglättet. Eisvögel flirten im Schilf, und ein Kormoran breitet auf einem morschen Ast seine nassen Flügel aus. Nur das Turteln der Wandertauben unterbricht vom Ufer her die Stille. Als ich mich mit den drei Spaniern, die ich spontan für diesen Ausflug angeheuert hatte, den grauen Tieren auf gut 50 Meter genähert habe, denke ich natürlich immer noch, dass dieser Sicherheitsabstand mehr als ausreichend ist. Das Nilpferd, das weiß ich zwar, ist das bei weitem gefährlichste Tier Afrikas, eine richtige Hackfleisch-Maschine, die mehr Menschen im Wasser in Stücke reißt, als was Löwen, Elefanten und Krokodile an Land und im Wasser gemeinsam fertig bringen. Aber so angriffslustig sehen die hier nun wirklich nicht aus. Die Hippos strecken ab und zu grunzend eine Nasen- oder Ohrenspitze aus dem Wasser raus, wie um uns anzudeuten, wer hier der Bademeister ist. Dennoch haben wir keinen Grund anzunehmen, dass es ausgerechnet jetzt ein temperamentvolles Flusspferd auf uns abgesehen hat. Selbst als sich das Wasser neben uns ein wenig kräuselt und ein kaum wahrnehmbares Poltern ans Boot dringt, denke ich, wir seien wohl gegen einen Ast getrieben. Daraus machen wir uns einen hellen Spaß:

»Hippo! Hippo!«

Na ja, ich war noch Anfänger, unbedarft und naiv, denn nur wenig später werde ich eines Bessern belehrt, als dieser Ausflug in die afrikanische Tierwelt – mein erster! – in ein »Schiffe-Versenken« ausartet. Es war nämlich kein Ast. Und die Warnungen hätte ich lieber ernst nehmen sollen, denn unter dem Boot lauert tatsächlich ein gemeines Nilpferd, das uns aus dem Boot schmeißen will! Um uns anschließend am liebsten in Stücke zu reißen. Der Angriff erfolgt ohne weitere Vorwarnung. Mit aller Kraft rammt der Bulle von unten seine Schnauze in unser Ruderboot und katapultiert uns hoch in die Luft. Ich greife reflexartig nach dem Rand des Bootes, oder sagen wir dorthin, wo sich eben noch der Rand befunden hatte – doch jetzt ist da nichts mehr! Mein Flug ist endlos, nonstop, und scheint ins Nirwana zu führen. Wir zappeln und tanzen nur noch. Was ich als Erstes wieder spüre, sind nicht die etwa Eckzähne in meinem Allerwertesten, sondern mein Rücken, mit dem ich voller Wucht wieder ins Boot pralle, sodass das Boot samt meinen Knochen knistert. Die zwei Spanierinnen kreischen, der dritte kann sich noch am Rand festhalten. Das Boot klatscht mit voller Wucht ins Wasser zurück, und ein Wasserstrudel ergießt sich über uns. Wir haben noch keine Zeit, um das Geschehende zu reflektieren, liegen gar noch bedrohlich schräg, als Luftblasen unter uns schon den nächsten Angriff verkünden! Es sind die längsten Sekunden meines Lebens – greift der Bulle nochmals an, so sinken wir! Fest steht, und diesmal glaube ich's sofort: Unter Wasser ist die Chance, einem mordslüsternen Hippo lebendig zu entkommen, gleich Null!

Wir sind erstarrt. Zu gelähmt, um die Paddel in die Hand zu nehmen. Zu erschrocken, um rational zu denken. Erinnerungen an den Film »Der Weiße Hai« jagen durch meinen Kopf: Ein Biest, ein Monster zieht um uns seine Runden, und ich sitze in einer Nussschale. Ha! Genau so ist es! Hier sollte mein erstes richtiges Abenteuer also schon sein Ende nehmen! Ha! Keine fünf Tage nach meiner Ankunft auf dem so ersehnten schwarzen Kontinent, und schon zerfleischt von einem wütenden Nilpferd! Gefressen von einem Grasfresser. Das habe ich davon! Louis allein in Afrika! Die Lachnummer!

Mit jeder verstreichenden Sekunde steigt in mir zugleich ein kleiner Funken Hoffnung, dass dem Biest die Lust vergeht, unser Boot in toto zu versenken. Könnte ja sein. Könnte aber auch anders sein. Ich höre schon die Glocken schlagen, die Seerosen duften überirdisch süß, mein Rücken liegt wie auf einem weichen Kissen. Halluzinationen suchen mich heim. Ich habe mich ein Stück weit bereits von diesem Leben abgemeldet, das Schicksal scheint unabwendbar. Ich merke nicht einmal, wie während der größten Anspannung eine Spanierin das Paddel aus dem Wasser fischt und versucht, unser bis zur Hälfte mit Wasser gefülltes Boot vom Hippo wegzuziehen.

Das Wunder geschieht: Durch ihre Geistesgegenwart und Umsicht – oder durch die Trägheit des Hippos – kommen wir unbehelligt zurück an die Anlegestelle. Eine aufgeregte Menschenmenge begrüßt uns, die Schiffbrüchigen. Wir sehen überwältigend komisch aus in unserer nassen Wäsche – alle sind zu Tränen gerührt. Weil's so witzig ist. Ich erwache wieder aus der Totenstarre. Lustig sind für mich zwar andere Dinge, aber hey, wo bin ich denn? Willkommen in Afrika! Hier lacht man, wenn man nicht gestorben ist!

Am lautesten lacht der Bootsverleiher. Ein ausgewanderter Hippi der Sorte »lost and found«; sein Humor so trocken und seine Gestalt so dünn wie Gras. Ein Englishman, ein durchgedrehter Findling, in seinen Dreißigern und schon fast zahnlos. Ich denke so sieht man aus, wenn der Zahn der Zeit kräftig an einem nagt. In Europa wäre er wohl Bettler oder an der Nadel. Wie auch immer, zweifellos sieht er erheblich besser aus als einer, an dem der Zahn eines Hippos nagt. Ich mag den Typen, denn er erzählt wunderbare Geschichten über die Flusspferde: »Merke dir folgende Regel: Normalerweise sind Hippos friedlich. Sie greifen nur an, wenn man sich zwischen die Herde und das Wasser begibt und ihnen so den Fluchtweg ins Wasser abschneidet. Oder wenn man mit dem Boot in ihre Nähe kommt, und sie sie sich dann nirgends zurückziehen können!«

Es wäre übertrieben, wenn ich jetzt Hippos zu lieben beginnen würde. Aber es scheint, ich hatte was falsch gemacht.

»Hippos«, so fährt er mit seiner zweiten Regel fort, »sind erst recht gefährlich, wenn sie ein Junges haben! Beides zusammen – mit einem Boot zu einer Herde mit Jungtier – ist so, wie dreißig Jahre lang ohne Geld durch die Welt zu ziehen. Entweder du hast Schwein, oder du säufst ab.«

Er muss es wissen. Was wir nicht wussten, weil es uns keiner gesagt hat: Die Herde hatte ein Junges!

Anders als die Geschichte mit dem Deutschen, die erfährt wirklich jeder. Ursprünglich bin ich ausgerechnet hierher gekommen, weil es hieß, die Flusspferde würden jede Nacht das Gras zwischen den Zelten mit ihren scharfen Eckzähnen mähen. Dieses Spektakel war bisher ein Top-Event, und während etlicher Jahrzehnte lief dieses nächtliche Ereignis auch ohne jegliche Sondereinlage ganz friedlich ab. Doch nun ist alles anders, die Hippos bleiben im Wasser, somit muss jeder, der sie sehen will, selber im Boot zu ihnen hin. Der Engländer verdreht die Augen und zischt giftig durch seine Zahnlücke. »Alles ging gut«, so erzählt er weiter, »bis vor drei Wochen ein Deutscher hier sein Zelt aufstellte. « … Und wegen des Grunzens eines Nilpferds keinen Schlaf im Zelt fand. Das war der Anfang vom Ende der berühmten Hippo-Show. Sein Fuß traf aus der Zeltöffnung heraus zielsicher in den Hintern des Hippos, was dieses aber nicht etwa zum erwünschten Abhauen bewegte, sondern zum Angriff. Die Hauer des Tieres rissen den halben Oberschenkel des Deutschen weg, womit die Geschichte und das Leben dieses Trottels schon zu Ende hätte sein können. Mit viel Glück landeten jedoch nicht nur der Unglückliche 24 Stunden später in einer Frankfurter Klinik, wo die Ärzte sein Leben noch retten konnten, sondern auch die Geschichte vom angriffslustigen Hippo in den Schlagzeilen aller deutscher Tagesblätter. Über diesen Weg erfuhr schließlich auch der kenianische Tourismus-Minister davon, woraufhin dieser – natürlich besorgt über negative Auswirkungen auf den Fremdenverkehr – den sofortigen Mauerbau zwischen See und Camp befahl. Seither verfügt das Camp über einen richtigen Rasenmäher mit Motorantrieb, und die Hippo-Show findet nur noch für lebensmüde Ruderbootfahrer statt. Und sollte es sich ein Hippo doch mal überlegen, einen Abstecher über die Mauer zu machen – der Anblick des zahnlosen Engländers täte den Rest der Abschreckung!

Ich weiß hunderte von Antworten, weshalb ich mir dieses Leben und die Durchquerung Afrikas mit dem Fahrrad ausgesucht habe, weshalb auch hundert Hippos mich nicht von meinem Weg abhalten können. Meine verrückte Idee ist, mit meinem Fahrrad durch das tiefste Afrika zu fahren, von Kenia nach Kapstadt. Was mich hierhin zieht, sind die tierreichsten Gegenden der Erde, die Gesetze der Wildnis. Wo findet man mehr Wildtiere als in den legendären Parks mit den klingenden Namen Amboseli, Massai Mara, Mikumi oder Kariba? Wildlife bis zum Horizont, unberührte Natur, unglaubliche Erlebnisse und die Erfahrung des Verzichts auf die komfortablen Dinge – das alles ist der beste Ersatz für den Saus und Braus, den ein berechenbares normales Leben bereit hält. Afrika ist genau das Richtige für mich!

Trotzdem komme ich nach der Hippo-Episode ins Grübeln: War ich – mit solch einem Traum – nicht doch ein bisschen lebensmüde, einfach zu waghalsig? Ich binde mein Fahrrad auf einen Baum und glotze es lange an. Meine Gedanken beginnen sich zu drehen. Soll ich mein Fahrrad an den Nagel hängen und meinen Urlaub etwa auf Ibiza mit Pizza fortsetzen? Dort wäre ich wenigstens sicher. Klar: Hitzeschlag, ertrinken im Meer, verunglücken im Taxi, vor lauter Sorgen mit gesenktem Kopf in ein Schaufenster knallen und verbluten, weil die Ambulanz im Stau stecken bleibt – alles möglich, aber eher unwahrscheinlich. Bringe ich mich also hier ums Leben, im wilden Afrika, wo's nicht mal eine Ambulanz gibt, oder bringe ich mich um mein Leben, wenn ich darauf verzichte und von zu Hause aus durchs Fernsehen meinen Horizont erweitere? Die Frage ist eigentlich überflüssig. Die Welt zu verstehen, ist meine Absicht, Geschichten zu sammeln und sie später weiterzugeben, ebenso.

Nur, ganz ehrlich, ich habe kaum eine Ahnung, was mich noch erwartet. Sicher ist nur, dass dies wohl der Tanz auf der Nase des Hippos ist. Will ich das wirklich? Sieben Monate und 10 000 km lang? Ich falle auf meine dünne Matratze, schließe die Augen und träume mich auf der dicken Nase eines Flusspferdes zwischen den mächtigen Hauern tanzen. Wenn ich jetzt nicht nach Hause fliege, wird es ein verflucht langer Tanz – an einem ebenso genialen wie gefahrvollen Ort. Ich entscheide mich. Für Afrika. Fürs Tanzen.

Tage später überquere ich den Äquator auf klebrigem Asphalt. Der nächste Zauberort ist der vulkanischen Bogoria-See mit seinen zwei Millionen Flamingos. Dieser Tag, es ist der siebte, wird der längste. Noch einmal 14 Stunden auf der Piste. Ab 14 Uhr ist es wie Wellblech, kaum befahren, durch menschenleeres Buschland. Skelettschmerzen. Knochenarbeit. Um mich herum geisterhafte, vulkanische Berge, nur ab und zu ein Baum, ansonsten trockenes, scharfes Gras und ohrenbetäubende Grillen, die eine unheimliche Begleitmusik produzieren. Keine Ahnung, wohin ich fahre. Immer wieder versinke ich im Sand und stelle fluchend das Fahrrad wieder auf. Mein Fluchen übertönt selbst das Zirpen von einer Million Grillen. Das eiserne Gebot Afrikas, vor Sonnenuntergang an einem sicheren Ort zu sein, treibt mich immer mehr an. Langsam kommt Panik auf, als nach Stunden – immer noch im Nirgendwo – die Sonne in einem feuerroten Spektakel untergeht. Da erscheinen wie ein Wunder zwei kleine Mädchen, vielleicht sechs und acht Jahre alt. Auf ihren Köpfen schwere Tonkrüge, gefüllt mit Wasser. Und noch ein Wunder: Sie sprechen perfektes Englisch! Ich stelle die Frage nach meinen Überlebenschancen. Die Mädchen, zuerst ratlos über den schweißgebadeten Weißen, schauen sich an und bringen zögerlich und leise ein »nur Hyänen« über ihre ausgetrockneten Lippen. Selber über ihre Antwort erschrocken, verschwinden sie anschließend mit ihrer schweren Ladung wieder flink in die Büsche – zurück ins dunkle Nirgendwo. Eben wie zwei kleine Mädchen, die zu spät nach Hause kommen und sich am meisten vor einer grimmigen Mama fürchten. Falls keine grimmige Hyäne dazwischenkommt.

Wenigstens weiß ich jetzt, womit ich rechnen kann! Da stehe ich wieder ganz allein mit meinem Wunsch, mich hier und jetzt und sofort in nichts aufzulösen. Doch vor mir auf dem Weg zum ersehnten See liegt ein Berg, der erobert werden muss. Ich schiebe noch schneller, falle umso öfter um und leere immer öfter unbeabsichtigt den kompletten Inhalt der Kameratasche auf den Acker, fluche abermals und sehe schon hinter jedem Stein eine Hyäne lauern.

Bei fast stockdunkler Nacht endlich ein Licht am Hang – das Wächterhäuschen am Eingang zum Lake Bogoria-Naturreservat. Der Ranger in staubiger Uniform, hocherfreut, lädt den geräderten Besuch zum Abendessen mit seiner Familie ein. So kommt dieser harte Tag doch noch zu einem versöhnlichen Schluss. Ich bin erlöst. Genau so hätte ich mir den Abend gewünscht, falls mich jemand danach gefragt hätte. Afrika aber kennt normalerweise keine Wunschlisten, günstige Fügungen nach Plan gibt es nicht – dafür umso mehr unerwartetes Glück. Meine Fortunen heißen Robert und Ugali, eine Mahlzeit, die wieder Kraft gibt: Maismehl, gekocht in heißem Wasser – das afrikanische Kontinentalgericht. Für Afrika-Radfahrer dasselbe wie der Passatwind für die Segler der Weltmeere. Der lokale Treibstoff für müde Muskeln. Er lässt Menschen wachsen und stark werden. Ein Großteil der Bevölkerung des Kontinents wächst mit ein bis zwei Tellern Ugali pro Tag auf. Roberts Stolz zieht sich über sein ganzes Gesicht: Er kann seiner siebenköpfigen Familie sogar drei Teller am Tag anbieten. Und ich darf ebenfalls zulangen. Der Maisbrei schmeckt trocken und eigentlich nach gar nichts. Neutral. Doch kaum habe ich einen halben Teller vom Wunderbrei gekostet, bin ich schon wieder aufgeputscht. Roberts Frau löffelt nach. Es macht unheimlich voll.

Ich bekomme das Gästezimmer zugewiesen, den Hühnerstall. In dieser Nacht bin ich nicht allein – Robert scheucht seine Dutzende Hühner in mein Schlafquartier – wegen der giftigen Schwarzen Mamba, die sich sonst, im Freien, die Leckerbissen kaum entgehen lassen würde. Jede Nacht ist eine tierische Nacht.

Am nächsten Tag erwartet mich auf der Piste eine angenehme Morgensonne. Der erste Anblick vom Berg oben entschädigt für alle Strapazen: Ein lang gezogener, silbrig-blauer See, eingehüllt hinter Dampfschwaden der heißen vulkanischen Quellen. Und darin tummelt sich die überwältigende Zahl von zwei Milllionen Flamingos! Meine Fahrrad-Safari hat begonnen!

Die nächsten Tage sind reine Glücksmomente – ich durchschweife das Paradies auf Erden. Bekomme ein Spektakel geboten, wie in dieser Art nicht vorstellbar. Das Beste dabei: Ich bin auf meinem Fahrrad der einzige Mensch weit und breit! Und so genieße ich das alles alleine, das riesige Konzert, das die zwei Milionen Flamingos veranstalten; am Ufer die vulkanischen Quellen, die Tag und Nacht heiße Fontänen in die Höhe blasen; die unzähligen, eleganten Zebras sowie die anmutigen Kudu-Antilopen mit ihren geschraubten riesigen Hörnern. Die kaninchengroßen Dick-Dick-Antilopen hingegen erschrecken mich immer wieder zu Tode. Es ist Safari pur, es ist so, wie ich es liebe! Oder sogar noch etwas besser.

Natürlich habe ich mich bei den Rangern am Haupteingang versichert, dass es im Park keine gefährlichen Tiere gibt. Ein herzliches Lachen war ihre Antwort. Sie finden den Rad fahrenden Schweizer echt crazy und verzichten schon am zweiten Tag darauf, dem armen Typen täglich ein paar Schilling Eintrittsgebühren abzuknöpfen.

Ich fühle mich zwar etwas unwohl in meiner weißen Haut und abgestempelt als ein armer Irrer, aber dafür absolut reich beschenkt mit Glücksgefühlen. Am meisten genieße ich es in dieser absolut ungefährlichen und umso paradiesischeren Gegend natürlich, mit meinem Fahrrad stundenlang die Flamingos in die Luft zu jagen. – Bis mich meine Kraft verlässt, bis ich selber schon fast einen Vogel kriege und in einem Feuerwerk der Gefühle mit den Vögeln zusammen abhebe. Den Boden unter den Füßen spüre ich schon lange nicht mehr.

Plötzlich liegt ein schwarzer Ast vor mir auf der Straße. Ich schwitze wohl im Hirn, denn ich fahre ebenso Vollgas wie verträumt weiter genau darauf zu. Keine vier Meter vor dem Ast bewegt sich dieser plötzlich, wächst ihm ein aufgeblasener Kopf – und er bäumt sich vor mir bedrohlich auf, hoch wie ein gerader Zaunpfahl! Eine Kobra! Sie lässt keine Chance auf ein Ausweichmanöver! Während ich mein Hirn für das Finden einer blitzschnellen, richtigen Reaktion reaktiviere, muss das Ungheuer nur noch kurz überlegen, ob es nach dem Rad, der Pedale oder nach meinem linken Fuß schnappen soll. Dummerweise stecken meine Füße in Rennfahrradpedalen. Ich bringe sie nicht raus. Es ist zu spät, das Spiel ist aus! *Game over!* Ohne eine Chance, ihren Zähnen zu entweichen, schwebt mein Fuß auf einem halben Meter Höhe direkt auf ihren tanzenden Mund zu. Mein Herz steht schon jetzt still.

Was kommt, ist die Reaktion eines Tieres, das vor mir ebenso viel Angst hat wie ich vor ihm. Die Kobra schwenkt ihren Kopf noch ein letztes Mal zu meinem Fuß, dann zurück – rollt ihn wieder ein … und ist nicht mehr zu sehen. Am ganzen Körper schlotternd mache ich eine Vollbremsung.

Die Ranger, die sich vorhin noch so gut über meine Frage nach gefährlichen Tieren amüsierten, kriegen was von mir zu hören! Doch ihre Reaktion auf meine empört vorgetragene Erzählung unterscheidet sich kaum von der vorherigen. Im Gegenteil: Diesmal kugeln sie sich erst recht über die lustige Story des verrückten Radfahrers vor Lachen am Boden. Die Kobra, die hier lebe, so meinen sie, sei die Speihkobra – nicht besonders gefährlich, denn wenn man zu Fuß unterwegs sei, dann verschwinde sie, ehe man sie erblickt. Sie reagiere eben auf feinste Erschütterungen der Erde. Gefährlich ist relativ, denke ich. Logischerweise sind die Regeln für Radfahrer etwas anders, erläutern sie, denn wenn einer auf zwei Rädern durch die Gegend donnere und die Schlange überrascht, tanzt sie zum Angriff. Spuckt einem zur eigenen bösen Überraschung ihr Gift aus vier Metern Entfernung zielsicher in die Augen!

Schlangengift-Geschichten sind »in«. Ein Ranger namens Oliver erzählt seine: »Als ich vor drei Jahren bei meinem Bruder zu Besuch war, hatte ich nicht bemerkt, dass sich eine Kobra ins Haus geschlichen hatte. Ohne Licht im Haus hatte ich die Schlange unabsichtlich in eine Ecke gedrängt, worauf sie mit Gift in meine Augen antwortete. Die Schmerzen gehörten zu den höllischsten, die man auf Erden haben kann. Der Schmerzanfall war so stark, dass ich meine Augen tagelang keinem Licht aussetzen konnte. Nicht einmal dem Kerzenlicht. Dann sah ich wochenlang lediglich einen Schleier, Nebel. Bis die Sehschärfe wieder da war, vergingen zwei Monate. Und das auch nur, weil ich Glück hatte und die Augen sofort auswaschen konnte!«

Hakuna matata, sagt einer dazu. Keine Probleme. Oliver sieht ja wieder, und ich sehe freudvoll den nächsten Tagen entgegen.

Nicht nur Schlangengift tut weh in den Augen. Auch Großstädte. Nairobi ist Großstadt und Schlangengift in einem. Ich hause in einer billigen Absteige – für zehn Mark gehört mir ein heruntergekommenes Zimmer mit je einem Bett für mich und mein Zebra, wie ich mein Fahrrad liebevoll benenne – die kunstvolle Bemalung legt den Namen nahe. Jürgen, mein Zimmernachbar, hat bereits drei Monate hier überlebt. Als Arzt-Praktikant in einem Krankenhaus hat er keine Wahl. Er weist mich in die Kunst des Überlebens ein: »Dunkelheit macht den weißen Mann auffällig. Wie eine leuchtende Geldtasche. Wenn's dunkel ist, gehst du nicht raus! Oder es ergeht dir wie den elf Engländern und Deutschen gestern!«

Die Geschichte ist erst ein paar Stunden alt. Unweit des Hotels liegt der Uluru-Park, der Park der Freiheit. Allabendlich lockt auf der anderen Seite eine lärmige Diskothek. Die Versuchung ist natürlich groß. An meinem ersten Abend sind es elf Engländer und Deutsche, die es nicht lassen können. Welche Massen von jungen Kenianern es gibt, die außer einem Messer nichts besitzen und nachts wachsam und geduldig im Park hinter Bäumen hocken und auf die Leerung einer leuchtenden Brieftasche warten – das wollen sie nicht wissen. Als die Jungs früh am Morgen wieder ins Hotel zurückkehren, haben sie außer ihren Kleidern nichts mehr. Hinter den Bäumen im Park haben 22 Banditen gelauert! Für mich ist klar: Nairobi gehört zu den bösartigsten Städten der Welt! Es wuchert wie vergiftet. Und seine Vergiftungssymptome sind vielfältig.

Eines dieser Symptome sind die Aussätzigen, die fast an jeder dreckigen Straßenecke deponiert sind. Menschen in Stofffetzen, abgestellt wie Müllsäcke und zum Betteln abgerichtet. Ihre verfaulten Nasen und ausgestreckten fingerlosen Hände lassen jeden, dessen Emotionen noch nicht an einer Überdosis Stadtgift eingegangen sind, erschaudern, und das Entlanggehen auf gewissen Bürgersteigen wird zum Hürdenspringen. Wie ist so etwas möglich? Kümmert sich hier kein Mensch um sie? Ich erfahre, sie seien nicht allein. Sie haben die, die ihnen das erbettelte Geld am Abend wieder abknöpfen. Fressen und gefressen werden – der Alltag der Wildnis beginnt in der Stadt unter Menschen.

Ein weiteres unerklärliches Symptom sind die Safari-Vermittler. Ich schlendere durch die Stadt, unwissend, dass die halbe Stadtjugend nur diesen einen Job kennt: Neuankömmlingen eine Safari andrehen! Dazu verfügen sie alle über einen siebten Sinn: Jeder scheint zu wissen, dass ich neu bin in dieser Stadt. Keine Mühe ist ihnen zu groß, um mich in ein Büro zu locken. Zeitweise folgt mir eine wilde Horde, die an meinem Hemd reißt und dabei »Mister! Best safari for you!« brüllt. Nicht nur werde ich von den Aussätzigen, sondern jetzt auch noch von den Safari-Vermittlern an der Fortbewegung gehindert. Das Phänomen steigert sich an meinem zweiten Tag: Da wissen plötzlich alle, dass ich nicht mehr neu bin, und kein einziger Boy der ganzen Stadt heftet sich mehr an mich. Ohne zu reden, hat sich das Thema von allein erledigt. Phänomenales Nairobi!

Nairobi fasziniert mich trotzdem nicht, auch nach fünf Tagen nicht. Just an dem Tag, als ich losfahren will, wird meinem Zimmernachbar Jürgen vor einem Bankautomaten eine Bierflasche über den Kopf gezogen. Ich weiß: Wenn ich nicht sofort verschwinde, leide ich früher oder später unter Verfolgungswahn.

Die Ausfahrt aus Nairobi im Morgenverkehr ist die letzte mörderische Prüfung. Der Verkehr schiebt die Schwächsten bei jeder Ausfahrt ganz einfach aus dem Kreisel. Gegenwehr ist sinnlos. Höchstens tödlich. So komme ich irgendwie weiter – auf den Trans-Africa-Highway, unterwegs zur Grenze nach Tansania, zwischen Massai Mara- und Amboseli-Nationalpark. Alle zwanzig Minuten begegnet mir ein Auto – und das nennt sich Highway! Schon wenige Kilometer nach dem Ende des Häusermeers grasen friedlich die ersten Zebras, Strauße und Gnus neben der Straße. Giraffen strecken neugierig ihre Köpfe zwischen den Blättern hervor, und manchmal erwische ich sie auf der Straße. Obwohl sie mich mit einem Kick locker umlegen könnten, rennen sie lieber vor mir davon, was in mir einen unbändigen Jagdreflex auslöst. Mit voll bepacktem Fahrrad jage ich jauchzend minutenlang fünf bis zehn Giraffen hinterher. Ihre Hälse wippen grazil vor und zurück, und ihre Körpergröße von über vier Metern lässt mich zu einem strampelnden Zwerg verkommen. Ich fühle unendliches Glück und verbringe mehrere Stunden in Hochstimmung. Soll noch einer sagen, Rad fahren sei mühsam – hier geht's von allein!

Auf den wenigen Bäumen hocken die Geier und warten auf neues Futter. Ihre Zusammenarbeit mit den Autos funktioniert ausgezeichnet – sie können sich darauf verlassen, dass die wenigen Fahrzeuge die Straßengräben täglich mit frischem Futter füllen. Obwohl ich nicht alle Tiere, die es hier gibt, in meiner Nähe im Gebüsch erspähen kann, kann ich die ganze ostafrikanische Fauna im Straßengraben studieren. Das größte Opfer ist eine halb verweste, ausgetrocknete Giraffe, deren Hals mehrmals verdreht und ausgekugelt ist. Das muss ein scheußlicher Crash gewesen sein! Doch jetzt ist es vor allem ein ekelhaft und bestialisch zum Himmel stinkender Anblick, der mir fast den Magen umdreht.

Nur wenige Kilometer später sehe ich eine auf dem Rücken umgedreht liegende Hyäne mitten auf der Straßen. Ein leichtes Nasenbluten verrät, dass dieses Tier womöglich nur bewusstlos ist. Alle Härchen sträuben sich mir und sämtliche Alarmglocken schrillen, denn eine verletzte Hyäne, das Tier mit dem stärksten Kiefer des gesamten Kontinents, bedeutet nichts Gutes. Ich verzichte auf jegliches Fotografieren und rase im großen Bogen an ihr vorbei. Sehr zum Missfallen der Geier, die mir, so scheint es, enttäuscht hinterherblicken.

Eine Stunde ist seit dem letzten Dorf vergangen, und es dauert mindestens noch mal so lange bis zum nächsten. Meine Gedanken sind frei – frei am Herumstreifen. Ein Getrampel im Gebüsch schreckt mich jäh aus meiner Träumerei. Diesmal sind es schwarze Gestalten, die direkt vor mir auf die Straße springen. Blitzschnell entsteht eine mit Speeren und Lanzen bewaffnete Mauer. Mit funkelnden Augen stampfen die wilden Jungs herum, irgendeinen Kriegstanz vollführend. Schon wieder ein Tanz des Todes, der dritte in drei Wochen! Es sind Massai, Eingeborene, groß gewachsene Krieger, bis auf die Shorts ganz nackt, und von Kopf bis Fuß strahlt die Kriegsbemalung. Mein Vater kommt mir in den Sinn. Er hatte mir noch als Letztes im Spaß auf den Weg mitgegeben, ich solle aufpassen, dass ich nicht im Suppentopf ende. Jetzt ist es so weit, denke ich, die Speere sind lang und spitz genug, um jede Beute zu erlegen. Als ein Kriegsgeschrei durch die Luft gellt, muss ich irgendwie reagieren. Doch es ist zu spät zum Umkehren. Es geht für mich nur durch die Mauer durch. Freundlich mit den Händen winkend, beschleunige ich. Mein Manöver scheint gar nicht das dümmste zu sein, der Überraschungseffekt hat seine Wirkung! Erschrocken springen die Krieger in alle Richtungen und versuchen dabei gleichzeitig, mein Gepäck und mich vom Fahrrad runterzureißen. Ehe sie sich wieder aufrappeln, bin ich schon über alle Hügel und sehe nur noch aus der Ferne, wie sie sich am Boden wälzend den Ranzen halten und sich vor Lachen krümmen.

Im festen Glauben, meinen ersten Überfall in Afrika knapp überlebt zu haben, erreiche ich völlig gerädert eine Stunde später das erste Massai-Dorf. Dem erstbesten Kiosk-Besitzer schildere ich immer noch geschockt das soeben Erlebte, was alle Herumstehenden erneut in schallendes Gelächter ausbrechen lässt. Ich verstehe die Welt nicht mehr. Nimmt mich hier keiner mehr ernst?

»Diese Jungs«, so erklärt mir einer, »sind tagelang auf der Jagd – ohne Wasser, ganz einfach. Deshalb halten sie jedes Auto und jedes Fahrrad an, um danach zu fragen!«

Aha! Ich schwöre mir, aus dieser Geschichte zu lernen, endlich auf meinen eigenen Instinkt zu vertrauen und einzusehen, dass in Afrika keiner im Suppentopf landet. Wie konnte ich nur so naiv sein! Mir kommt die Geschichte eines holländischen Touristen in den Sinn: In Tansanias Hafenstadt Daressalam war er Zeuge, wie ein Dieb auf dem Markt wegen ein paar gestohlenen Eiern vom aufgebrachten Mob an Händen und Füßen gepackt und bei lebendigem Leib in Stücke gerissen worden ist. Wenn hier so mit Dieben umgegangen wird, sollte man eigentlich davon ausgehen, dass Diebe in Afrika seltener sind als allgemein angenommen.

Meine Gedanken kreisen weiter, im Einklang mit den Rädern. Insgesamt sind heute von Nairobi bis zur Grenze nach Tansania satte 160 Kilometer zu schaffen. Als ich am Abend endlich im kleinen, gottverlassenen Grenzkaff ankomme, bin ich gerädert und zittere vor Erschöpfung, bin völlig ausgetrocknet und gleichzeitig immer noch irgendwie glücklich. Da mein kenianisches Geld fürs Hotel und eine letzte Orange aufgebraucht ist und ich den nächsten Dollarschein erst in Tansania jenseits der Grenzschranken wechseln will, muss ich mich heute Abend mit Bescheidenheit arrangieren. Wenigstens kann ich im Hotelbrunnen mit meinem Wasserfilter Trinkwasser herstellen – das einzige, das es für mich heute noch geben sollte. Doch man sollte sich nie zu früh freuen, denn mein Shampoo ist im Gepäck ausgelaufen und wird soeben von meinem teuren Wasserfilter zu schneeweißem Schaum verarbeitet. Das ist hart. Meine Nerven liegen blank. Rettungsversuche, um wenigstens ein paar Tropfen Trinkwasser zu gewinnen, scheitern – die Grütze ist jämmerlich bitter und der Filter ruiniert. Ich fluche wieder, dass das ganze Grenzkaff erzittert. Als ich dann dummerweise meine

Karte studiere, gibt mir das den Rest. Wenn ich die drei Zentimeter oben rechts sehe, die ich heute zurückgelegt habe, und sie mit der gesamten Distanz bis nach Kapstadt ganz unten links vergleiche, wird mir ganz anders. Und all die Kilometer, Tage, Wochen werde ich nun ohne sauberes Wasser zurücklegen müssen! Es drückt mir auf die Tränendrüsen. Der moralische Tiefpunkt ist erreicht, meine Stimmung weit unter Null.

Würde mich in diesem Moment einer zu fragen wagen, ob ich nicht Lust hätte, in einer halben Stunde in einer lustigen Runde Spaghetti zu verzehren und den nächsten Morgen mit Nutella zu beginnen, ich weiß nicht, der Gedanke allein hätte mich umgebracht. Aber es kommt noch schlimmer. Just in dem Moment, als ich mir überlege, die nach Petrol riechende shamponierte Flüssigkeit zu schlucken, kommt die Wende, die mich vielleicht vor unabsichtlichem Selbstmord bewahrt. Meine neuen Glücksengel umstellen mich plötzlich: französische Urlauber! Jede Menge spaßige Kerle und rassige Frauen in bester Feststimmung. Ich muss einen total bedauernswerten Eindruck gemacht haben, denn diese vom Himmel geschickte herzliche Truppe arrangiert sofort ihre Campingtische genau um mich herum, sodass ich mich nicht einmal mehr bewegen muss, um eine halbe Stunde später mit Spaghetti al dente und feinstem französischem Käse gemästet zu werden. Was für ein Tag! Was für eine Wende! Was für ein Glück! Was für eine Einsicht! Meine Augen gehen erst irgendwann sehr spät in der Nacht nach vollem Programm philosophischer Höhenflüge zu. Insgesamt hat der Tag alles geboten, was Afrika immer und immer wieder lehrt: Es geht immer weiter!

Unbegreifliches Tansania

Gedopt, mit Nutella und Honig in den Adern, nehme ich am nächsten Morgen die 120 km bis nach Arusha in Angriff. Willkommen in Tansania. Über 120 Völker teilen sich das Land friedlich untereinander auf. Keine Fehden, keine geballten Fäuste. *Tanzania is so peaceful*, sagen mir die Einheimischen stolz. Unterentwickelt, arm, untalentiert werde ich bald sagen. Doch alles wird sich ertragen lassen, irgendwie. Denn Kenia, das zur Zeit politisch größte Ungemach in diesem Ecken der Weltkarte, liegt schon hinter mir.

Ein Abstecher in den Ngorongoro-Krater ist mein zweiter fahrradloser Programmpunkt nach der Hippo-Bootsfahrt. Mit 20 Kilometern Durchmessern ist er der zweitgrößte Krater der Erde. Weil 200 Kilometer westlich von Arusha gelegen, entscheide ich mich für eine organisierte Auto-Safari. Doch alles ist komplett ausgebucht. Trotz ihres guten Benehmens, trotz Boom im Tourismus – schlechte Zeiten für die jungen Abschlepp-Agenten. Auch für mich scheint das Spiel verloren – aber erst, wenn ich alles versucht habe. Mit höflichen Worten und treuem Blick klopfe ich die Touristen in ihren Hotels ab. Ob nicht doch noch irgendwo ein freier Platz ist? Die Frage erhebe ich zur Legalität, schließlich besitze ich nur ein Fahrrad. Und siehe da: Am nächsten Morgen sitze ich tatsächlich an Bord eines Jeeps zweier Ungarn, die sich erbarmen.

Unter dem tiefblauen Himmel Afrikas zeigt der Ngorongoro-Krater als eines der letzten Paradiese auf Erden seine volle tierische Pracht. An keinem Ort dieser Welt sind mehr Großtiere auf so wenig Fläche anzutreffen wie hier: Die etwa 20 000 Gnus und 50 000 Gazellen ermöglichen den 55 Löwen ihre Existenz, und auch ganze Elefantenherden, Nilpferde und Nashörner sind seit Urzeiten Teil vom 260 km^2 großen Kraterboden. Das einzige afrikanische Großwild, das man hier vergeblich sucht, ist die Giraffe. Den Abstieg über die steilen und glitschigen Klippen am Kraterrand hat sie mit ihren langen Beinen während hunderttausenden von Jahren noch nicht überlebt.

Die nächste Nacht. Wieder in Arusha. Das Paradies ist weit weg. Keine Ruhe, der Teufel ist los. Eine wilde Keilerei im Hotel beendet meinen Schlummer, und jede Menge Faustschläge an meiner Türe lassen Schlimmstes befürchten. Ein Durcheinander von Männerstimmen, dann konkrete Forderungen, meine Tür solle sofort aufgehen. Das fehlt mir gerade noch, für somalische Rebellen und dergleichen rühre ich keinen Finger! Meine Hoffnung ruht auf meiner Tür. Eine Kette hält sie in der Verankerung. Daran poltert's und rüttelt's. Ich sitze kerzengerade im Bett, die Faust im Schlafsack schon probehalber geballt. Nach einer Stunde ist der Spuk vorbei. Ich traue mich aber erst am sehr späten Vormittag raus. Was war geschehen? Ein zerzauster Nachtwächter prahlt mit seinem blauen Auge. Er ist verprügelt worden – weil er der Polizei nicht sofort die Eingangstür aufgemacht hat. Diese haben einen Dieb im Hotel vermutet – angeblichen Augenzeugen zufolge sollte er sich im Zimmer gleich neben dem Eingang versteckt halten. Die Polizisten eiferten während der halben Nacht danach, mit einem Draht diese Türe aufzubringen. Was sie nicht wussten oder glauben wollten, war, dass eine junge, alleine reisende Amerikanerin da drin war. Am nächsten Morgen kann sich diese kaum beruhigen. Sie hat die schlimmste Nacht ihres Lebens durchgemacht. Von Arusha wird sie Tränenspuren im Gesicht mitnehmen, die sich eingefressen haben.

Auf die schlimmste Nacht folgt passend weiteres Ungemach. Die schlimmste Straße der Welt und eine schlimme Eisenbahnkatastrophe und eine schlimme Klinik. Tansania driftet ins Unbegreifliche, ohne die Lebensfreude zu verlieren.

Man höre und staune, dass nirgendwo sonst auf der Welt so viele Menschen im Straßenverkehr getötet werden wie auf den kerzengeraden 50 Kilometern zwischen Arusha und Moshi. Ich würde dies gerne glauben, nur sehe ich keinen Verkehr! Während der Rushhour scheppert aus jeder Richtung höchstens ein flatternder Bus oder ein überladener Jeep über den Asphalt. Alle zehn Minuten. Schuld, dass es dauernd scheppert, sind in erster Linie die riesigen Schlaglöcher. Das Ausweichen, ohne den Gegenverkehr zu treffen, schaffen nur wenige.

Dann gibt es in dieser Gegend auch Dorfbewohner, die keine Ahnung davon haben, wozu eigentlich die Schrauben in den Eisenbahnschwellen stecken. Ich bin bereits heil in Moshi angekommen, als es auf Strecke Arusha – Moshi so richtig kracht – ein Zug donnert vom Gleis! Laut Zeitungsberichten haben ein paar Dörfler die Schrauben aus den Eisenbahnschwellen gezogen, um damit die eigenen Bretterbehausungen zusammenzuhalten! Ihr »Organisationstalent« fordert 18 Todesopfer und einen verschrotteten Zug. Es steht völlig in den Sternen, ob die Trans-Tansania-Railways je wieder ihren Dienst auf dieser Strecke wird aufnehmen können. Woher soll das Armenhaus Afrikas einen neuen Zug nehmen? Und so endet wahrscheinlich die sechzigjährige Geschichte von der Eisenbahn im Norden Tansanias. Wirklich Schade, Tansania könnte *so very peaceful* sein!

Im Gegensatz zu den irdischen Straßen sind in Afrika alle Wege in den Himmel sehr gut ausgebaut und ohne Schlagloch. Damit ja keiner aus Versehen wieder auf die Erde zurückfällt. Der Himmel nimmt alle auf, hier viel schneller als anderswo.

Davon erzählt in Moshi auch die Medizinstudentin Elke aus Köln. Sie hätte für die Behandlung der vielen Verletzten unbedingt das funkelnagelneue Ultraschall-Gerät gebraucht, das kürzlich von einer deutschen Entwicklungshilfe-Organisation gesponsert wurde. Doch kaum war die Maschine in Afrika, brannte die Glühbirne durch. Statt diese zu ersetzen, landete die Maschine vorerst nutzlos in einer Ecke. Und als man merkte, dass an einem anderen Ort ein Kabel fehlte, war die Freude über das Ultraschallgerät doch noch groß, denn da drin fanden sich Kabel! Jede Menge! Und so endete die Geschichte vom Ultraschallgerät wie jene vom Zug. Als Schrott.

Elkes Horrorgeschichten vom Klinik-Alltag überbieten sich, sodass ich da langsam aber sicher nicht einmal mehr zum Einsargen hin möchte. Da gab es vor zwei Wochen diesen Einbruch. Ein junger Typ ist im Dunkel der Nacht ins Krankenhaus eingebrochen und verletzte sich dabei die Hand an den Scherben. Als der Arzt den Dieb überraschte und die Verfolgung durch den dunkeln Innenhof aufnahm, kriegte er mit einem Messer an der Nase eine tiefe Schnittwunde ab – der Dieb entkam unerkannt. Vorgestern, während der Wirren des Eisenbahn-Unglücks, stand einer mit einer verletzten und schwer infizierten Hand plötzlich da und verlangte behandelt zu werden. Natürlich musste der Arzt es durchschaut haben, dass dies kein Verletzter vom Zugunglück war, sondern der Einbrecher, der ihn ein paar Nächte vorher verwundet hatte. Nun ja, aus unerklärlichen Gründen war derselbe Mann nur Stunden später an seiner kaputten Hand verstorben. Laut Totenschein wegen »Blutverlust«.

Es ist seltsam; ich liebe Elkes Geschichten genau so, wie ich sie kaum hören, verdauen und irgendwo einordnen kann. Dieses so schrecklich und schwarz gemalte Bild des hiesigen Alltags ist nur mit einer Portion schwarzen Humors und abgekühltem Verstand auszuhalten. Deshalb mache ich mit Elke ab, sie in etwa drei Wochen auf der Insel Sansibar wiederzusehen. Um sich gemeinsam zu ekeln, zu freuen oder einfach mal zu lachen.

Moshi gilt als Ausgangspunkt für die Besteigung des Kilimandscharos, dem höchsten Berg des Kontinents und dem höchsten freistehenden Berg der Welt. Meist versteckt er sich zwar hinter Wolken, aber man kann ja erahnen, was für ein wahnsinniges Erlebnis es wäre, seine 5895 Meter zu bezwingen. Gedacht, getan! Aber nicht auf eigene Faust, oh nein! Kilimanjaro-Besteigungen sind den Organisierten und Betuchten vorbehalten. Für mich kein unbedingtes Highlight, denn ich muss eingepfercht in einer Gruppe, dazu mit einem Koch, einem Träger und einem Begführer marschieren und für all das auch ein paar dicke Geldbündel in einem lokalen Reisebüro lassen. Hier gilt: Ohne Preis kein Fleiß.

Das erwartete Höhen-Feeling holt mich erst am vierten Tag ein, ab 4500 Metern über Meereshöhe. Mit Atemnot. Schlafen auf dieser Höhe ist wie der Versuch, während eines Marathonlaufs einzunicken. Ein unmögliches Vorhaben. Trotzdem drängen die Guides frühmorgens um zwei Uhr zur finalen Killeretappe. Der Vulkangott will Orgien zum Verschwenden feiern, wir sollen ihm frönen. Auf drei Schritte vorwärts folgen zwei zurück. Ein perfider Gott. Erst der Anblick der ersten Sonnenstrahlen über dem etwas tiefer gelegenen Zwillingsgipfel namens Kibo lassen blockierte Gefühle für einen guten Gott wieder aufkommen. Mein Ziel wird bescheidener, es heißt nur noch Kraterrand und 5685 Höhenmeter. Dahin muss ich mich hochpeitschen. Doch hoch kommt mir höchstens noch der Magen. Auch an Trinken ist nicht zu denken, an Essen schon gar nicht. Glücklich ist, wer nur Kopfschmerzen und Atemnot hat. Ich, der trainierte Radfahrer, stehe auf über 5000 Metern auf der Kippe. Drei Schritte vorwärts, drei Minuten Pause. Drei Schritte vorwärts, drei Minuten hinlegen. Die Pumpe saugt und pumpt, wo schon alles ausgepumpt ist.

Schlimmeres als eine Begegnung mit zwei lebenslustigen Israelinnen hier oben kann es gar nicht mehr geben. Sie sind der Inbegriff für Unsportlichkeit, sie geben's selber zu und man sieht's sowieso. Die unerträgliche Tatsache: Die beiden sind schon auf dem Rückweg vom Uhuru, vom Gipfel und seinen 5895 Metern! Quicklebendig wie junge Hühner! Und ich, der supersportliche Dauer-Radler, spucke noch weit unterhalb des Kraterrands meine letzten Kräfte in die Asche! Neue, verdrehte Tatsache: Die beiden sind fast doppelt so schnell wie ich! Mich trifft der Schlag!

Die letzten Höhenmeter haben meine letzten Fettreserven verspiesen, nun nehmen's meine Muskeln vom Hirn. Es dauert nochmals geschlagene eineinhalb Stunden für die letzten 50 Höhenmeter. Mir ist schwindlig, doch dann – der Blick in den Krater hinein bringt nochmals ein letztes Hochgefühl! Vor dem Zusammenklappen. Auch wenn die eigentliche Terrasse des

»Gilman's Point« nur noch fünf Treppenstufen weiter oben ist. Keine Anfeuerungsversuche bringen mich mehr dazu, diese Treppen zu erklimmen, und selbst wenn man mir einen Koffer voller Gold hinstellen würde. Mit meiner Nasenspitze bleibe ich am Kraterrand hängen, flach, geschafft, ausgedrückt, halbtot – stammle nur noch, bin zwar da da, aber völlig gaga. Beherzte Bergsteiger montieren das Schild »You have reached Gilman's Point« von oben ab und legen mir dieses – fünf Treppenstufen unterhalb des eigentlichen Punktes – fürs Erinnerungsfoto in meine Arme! Für den halben Sieg eines Halbtoten. Übrigens, dass die Mädels so viel besser drauf waren, ist keine israelische Kampftechnik! Nur anatomische Prinzipien: Wenn Muskeln keinen Sauerstoff mehr zum Verbrennen haben, dann verbrennen sie Körperfett. Hier kann Unsportlichkeit der Schlüssel zu sportlichem Erfolg sein!

Mein persönliches Ziel habe ich erreicht: Vor mir prahlen die majestätischen Gletscher am Äquator! Ich bin Augenzeuge eines Vorgangs, der den schneeweißen Gipfel mit seinen 80 Meter hohen Gletscherwänden in einen nackten, braunen Fels umformen will, in einen hundsgewöhnlichen Hügel, der aussehen wird wie ein gigantischer Haufen Hundedreck. Wer zu spät kommen wird, wird diese Gletscher nicht mehr sehen! Stimmen die Prognosen, so wird dies in nicht einmal mehr zwanzig Jahren der Fall sein. Der Kili mutiert zum größten Thermometer der Welt. Damit er allen Kurzsichtigen, die die vielen kleinen Vorzeichen eines bedrohlichen Klimawandels auf diesem Planeten noch nicht sehen wollen, die Augendeckel aufschiebt ...

Runter geht's wieder munter, und unten in Moshi muss die Besteigung des Kilimanjaro zusammen mit den anderen gefeiert werden: mit Dirk, Holger und Michael aus Thüringen. Die Landmaschinenbaustudenten sind unterwegs nach Kenia, und ich gebe ihnen bis spät am Abend die besten Tipps und Adressen mit. Wo sie schlafen können, wo wer weiterhilft. »Nehmt immer Bezug auf Louis – und dann werden für euch die Türen offen stehen!« In Erinnerung bleibt mir nur, dass der Dickste von ihnen immer wieder wissen wollte, ob man in Kenia beim Einlösen der Traveller-Cheques auch stets den Pass zeigen müsse. Ich helfe gerne – und beantwortete auch diese Frage fünfmal mit einem klaren »Ja«.

Weiter geht's – Vollgas Richtung Meer. Wieder Busch. Hunderte Kilometer. Mein einziger wirklicher Kraftspender ist ein Haufen kleiner Nestlé-Schoko-Riegel, die mich an einem Marktstand in den Usambara-Mountains anfunkeln. Ich hätte nie geglaubt, dass ich einmal so weit komme, dass die Wenigkeit eines Stücks Schokolade mich Freudensprünge machen lässt. Meine Existenz hier im Busch ist nur noch auf mich selbst, mein Fahrrad und meine Esswaren reduziert. Sonstiges Eigentum habe ich keines. Das Einzige, was wächst, ist mein Korb voller Erlebnisse und Erfahrungen, und das kann mir keiner wegnehmen. Ich bin ein grenzenloses Gefäß, weit offen für alle Erlebnisse. Auch für solche, auf die ich lieber verzichten würde. Das macht die grenzenlose Freiheit aus.

Am nächsten Tag spontane Nachzählaktion, ob ich noch alle Reisecheques bei mir habe. In den Augen der Einheimischen mag ich stinkreich sein, denn mein wirkliches Privileg – das mir meine Freiheiten erst ermöglicht – ist mein verdammtes Geld. Irgendwie quält mich heute einfach ein schlechtes Gefühl rund um meine Geldreserven, ich weiß nicht wieso. Ich zähle zur Sicherheit nach, und finde in der Mitte meines Büchleins ein klaffendes Loch – sieben Cheques sind sauber herausgetrennt – und siebenhundert Dollar weg!

Bevor ich zu schreien beginne, sause ich wie besessen drauf los in Richtung der Küstenstadt Tanga – dort muss ich die Cheques sofort sperren lassen. Und wie nur kamen meine Cheques, die ich Tag und Nacht zusammen mit der Foto-Ausrüstung in einer Tasche bei mir habe, in fremde Hände? Wer war es? Ich koche. Und überlege scharf: Nur die Putzfrau beim Griechen in den Usambara-Mountains – die hatte Zutritt in mein Zimmer – jawohl, in einem wohl unbemerkten Moment! Die sah auch so ausgemergelt und unmotiviert aus! Oder, Moment mal, die vielen Guides und Träger auf dem Kilimandscharo – die hatten zwar nichts in der Unterkunft der Touristen zu suchen, trotzdem hat sich mal der eine oder andere dorthin verirrt! Soll ich mir nun meinen Spaß verderben lassen von einem armen, unterernährtem Teufel, der sieben hungrige Mäuler zu stopfen hat, weil er die Traveller-Cheques eines Stinkreichen klaut, die er wohl mit barem Geld verwechselt?

Spätabends erreiche ich Tanga und überfalle todmüde das Hotel eines Inders. Dort hängt ein anderer lebloser Körper mit einem Arm im Verband in einem zerrissenen Sofa. Nun sind's zwei. Der andere stellt auch ohne Worte klar, dass er schlecht drauf ist. Es dauert eine Weile, bis sein Mund aufklappt und der geschundene Körper zu reden beginnt. Dann aber wird es spät …

Mike hat es ebenfalls erwischt. Nur viel schlimmer als mich. Er hat soeben in Mombasa, keine zweihundert Kilometer nördlich von hier, einen Flugzeugabsturz überlebt. Wegen Triebwerkschadens wählte der Pilot für die Landung der sechsplätzigen Maschine die Autobahn. Die Maschine kam auf dem Dach zum Stehen, und wie durch ein Wunder wurde niemand verletzt, außer Mike, der kam für eine Nacht ins Krankenhaus und sein Arm vorsorglich in einen Verband. Schon am nächsten Morgen wurde er leicht ramponiert vor die Krankenhaustür gestellt, damit er seinen Bus nach Tanga nehmen konnte. Seine offensichtliche Wehrlosigkeit wurde von ein paar Typen am Busbahnhof schonungslos zur eigenen Bereicherung ausgenutzt – und sie erleichterten ihn um seine Traveller-Cheques im Wert von sechshundert Dollar! Das war alles, was er noch hatte. Seither hat er sich drei ganze Tage lang in Tanga durch den bürokratischen Sumpf via Telefonleitung bis nach London durchgekämpft, um seine Travellers-Cheques schnellstmöglich wieder ersetzt zu kriegen. Er kriecht auf dem letzten Zahn. Mike rafft sich auf und gibt mir seine ganze Raffinesse durch, wie auch ich wieder zu meinen Cheques kommen kann. Denn eigentlich ist so was (wie ich später selber merken werde) in Tanga ein unrealistisches Vorhaben.

Am nächsten Morgen besteige ich also die von Mike angegebene Irrfahrt auf Tangas Geisterbahn – von Büro zu Büro. Als Erstes fahre ich zur Polizei und erstatte eine Anzeige. Wie vorhergesagt will der Polizist, ein Kundenschreck, die Sache als Kleinigkeit abtun und weiterpennen, weil er nicht Schreibmaschine schreiben kann. Ich ziehe die Schreibmaschine unter ihm weg und tippe den Rapport selber ein. Wie von Mike vorhergesagt – *hakuna matata, no problem!* Zweitens: Mit diesem Zettel erscheine ich beim einzigen Kopiergerät der drittgrößten Stadt Tansanias, versteckt in einer verlotterten Seitengasse, und marschiere damit weiter in die People's Bank. Drittens rufe ich dort laut nach dem Direktor, denn bei dem handelt es sich um einen krawattierten Gentlemen von einem weiteren Schreibtischpenner. Solange man ihn nicht an seiner Krawatte heranzupft, tut er nichts. Wie vorhergesagt verspricht er mir, so bald als möglich London anzurufen und die Sache in Ordnung zu bringen. Viertens bestehe ich darauf, dass ich London sofort selber von *seinem* Telefon aus anrufe! Natürlich ginge das nicht, ist seine Antwort, doch was bei Mike funktionierte, muss auch bei mir funktionieren, und nach vorhergesagten exakten fünf Minuten der Beharrlichkeit gibt er mit einem *hakuna matata* auf, nicht ganz unbeeindruckt von meinem klugscheißerischen Ton. Die härteste Nuss aber kommt sechstens, am Schluss: London. Eine Lady am anderen Ende der Leitung insistiert mit einem zuckerschmeichelhaften Sorry darauf, dass ich vierzehn Tage im gottverlassenen

Nest namens Tanga herumhocken müsse, bis die Cheques eintreffen, da Cheques ausnahmslos immer an den Ort des Verlusts geschickt werden. Hätte es Mike nicht gegeben, hätte ich spätestens hier diesen Schwachsinn geglaubt. Was denken die Engländer eigentlich? Glauben sie im Ernst, es sei *very nice* für zwei Wochen *tea-time* in Tanga zu stationieren? So hebe ich meine Lautstärke, und erreiche nach langem Gezetere ein »Ungern und nur ausnahmsweise!« Die People's Bank von Sansibar soll in vierzehn Tagen meine Station sein, *please*, meint sie, und ich freue mich wieder einmal, dass mir mit Mike mein Glück zugeflogen ist! Langsam ist es wirklich unglaublich.

Ich zelebriere meinen Sieg über die Thüringer zusammen mit Mike und einer diebischen Maus im Zimmer. Mir ist nämlich klar geworden: Dünne Afrikaner klauen nicht auf diese Tour, dass sie sich als Freund geben und einem treu dabei in die Augen schauen. Nur der dicke, vollgefressene, unzufriedene weiße Mann hat keine Probleme damit. Ich muss aufpassen, in meiner Wut nicht einseitig zu werden. Denn mittlerweile ist mir klar, dass mich die Thüringer »Freunde« bestohlen haben – deshalb hatten sie mich auch ausgefragt, ob sie in Kenia Cheques – meine Cheques – ohne Pass einlösen können! Als alle (Mike, Maus und ich) fett gefuttert sind, kann ich endlich beruhigt einschlafen. In meinem Traum zahle ich's den diebischen Thüringern zurück: Ich bin der Metzger und sie das Schwein!

Was folgt, ist die Zeit der Inselträume. Einzig ein ehemaliges norwegisches Postschiff verbindet Tanga mit der Insel Pemba. In Norwegen nicht mehr gebraucht, wurde der noch rüstige Rostkahn für seinen Lebensabend erst kürzlich in den Indischen Ozean abgeschoben, zusammen mit dem Kapitän, ebenfalls ein Oldtimer. Das Duo ist mittlerweile zur wichtisten Nabelschnur Pembas mutiert. Statt Postsäcke lädt es jetzt in Tanga Fahrräder aus Indien, längst abgefahrene Autopneus, Hühner in Kartons, schreiende Kinder, grau ermattete Händler, bunt glitzernde Frauen, polierte Motorräder und sonst noch alles, was der Markt in Pemba braucht, ab. Ob Pemba mich auch braucht, weiß ich noch nicht, dennoch verfrachte ich mich frohgemut ebenfalls an Bord.

Vielleicht will ich nur deshalb dorthin, weil ich diese Insel in keinem meiner Bücher beschrieben sehe. Ich ahne, dass sie von einer anderen Welt sein muss, vielleicht eine aus dem Ozean erschaffene, leidenschaftliche Schönheit, getrieben von einer Zeit, die eigentlich still steht – seit Livingstone und Stanley.

Meine Vorahnung bewahrheitet sich. Von Lehmhüttenromantik bis Sonnenuntergangswellness fürs Gemüt – alles Schöne findet hier seinen Platz. Für die Bedürfnisse des zwanzigsten Jahrhunderts gibt es in den drei größeren Ortschaften je ein offizielles, staatliches, überteuertes und vor allem obligatorisch zu beschlafendes Hotel. Das aber muss mich nicht kümmern, denn ich habe Mahmut, den selbsternannten Fremdenführer des Hafenviertels, der mir ein Zimmer bei sich zu Hause aufschließt. Offiziell gratis, unter uns Freunden für 15 Dollar pro Nacht. Kaum ist der Skorpion am staubigen Boden zerquetscht und meine Matte auf demselben ausgebreitet, steht die Polizei in der Hütte. Natürlich hat das ganze Dorf mitgekriegt, dass der Junge einen *Mzungu*, einen Weißen abgeschleppt hat. Und natürlich wurde er verpetzt. Aus Futterneid. Was ihn furchtbar ärgert. Wie einen irrtümlich gefangenen Fisch muss er mich wieder ins Meer entlassen, damit ich den Polizisten ins Netz gehe und diese für ihren Fang ihre Provision beim Hotel einstreichen können. Armer Mahmut. Heute ist der Tag der Uniformierten.

Bis das rostige Norwegerboot das nächste Mal die muslimische Insel ansteuert und mich nach Sansibar befördern kann, *inshallah*, so Gott will, bleiben mir drei Tage. Genug Zeit also, um die 80 km Straßen der Insel abzuklopfen. Pemba behauptet sich als weltweit größter Gewürznelken-Exporteur. Zum Trocknen wird das Gewürz einfach auf die Straße geschüttet – man ist glücklich über jedes Auto, das drüberfährt und die Kapseln zermahlt. Und so steigt mir überall auf der Insel der penetrante, süße Duft der Gewürznelken in die Nase – ich wähne mich in einer riesigen Gewürzdose.

Diese Gewürzdose misst 80 km in der Länge und ist zehn Kilometer schmal. Viel Küste, an der der Ozean knabbern kann, doch breit machen kann sich nur die Langeweile. Ahnungslos sause ich neben einem Fußballspiel mit einem erlebnishungrigen Publikum auf einer wackligen Tribüne entlang. Wie langweilig muss es hier sein, wenn allein mein Erscheinen unerwartet tosenden Beifall auslöst, die ausgelassene Stimmung augenblicklich auf die Spieler überschwappt, die daraufhin barfuß die Verfolgung nach mir aufnehmen, worauf sich der Applaus des Publikums in einen Sturm der Begeisterung steigert! Ich mache mich amüsiert davon, aber auch mit einem unangenehmen Gefühl. Als Weißer fühle ich mich hier auf dieser Insel wie der oft benannte bunte Hund.

Am dritten Tag im Hafen dann die schlechte Nachricht: Das Schiff steckt in Tanga fest, sein Antrieb wird geflickt. Es komme morgen. Was aber auch heißen kann, es käme erst in ein paar

Wochen wieder. Auch ich stecke antrieblos fest. Bis mich auf dem Dorfplatz – erheblich unerwarteter als die Panne des Dampfers! – die Inselberühmtheit namens Professor anspricht – in fließendem Berliner Dialekt! Kaffeeschwarz, weiße Haare, flaschenbodendicke Brillengläser. Eine graue Eminenz, die hier jeder kennt, weil er 20 Jahre in Europa gelebt hat. Einst verdiente er sich seine Ehre und seinen Ruhm als Korrespondent und Kulturbotschafter Tansanias im Ausland. So sind an ihm 14 Fremdsprachen hängen geblieben. Und wie! Der Typ ist ein unermüdlicher Redner – in allen 14 Sprachen –, nur heute nicht. Nach wenigen Minuten Smalltalk entschuldigt er sich, er sei müde und überhaupt sei es heute zu heiß. Spricht's, legt sich unter eine Palme und entgleitet in der Mittagshitze des Dorfplatzes in seine Träume. Kaum vorstellbar, wie er die europäische Hektik überleben konnte – ohne Mittagsschlaf unter den rauschenden Palmblättern. Ich hätte ihn gerne gefragt, ob ihm in Europa auch alle aus Spaß nachgerannt seien. Und ob man ihn da auch so überschwänglich empfangen habe wie mich hier. Ich fürchte, ich sollte froh sein, nicht alles zu wissen. Ich schäme mich nur ungerne.

Sansibar – ein pulsierendes Gemisch verschiedenster Kulturen und Einflüsse, das so gar nicht zu seiner verschlafenen Schwesterinsel oder zum kontinentalen Tansania passt. Der rüstige Norweger mit seinem rostigen Kahn hat alles gegeben, und mit nur zwei Tagen »Verspätung« lädt er mich in Sansibar ab.

Sansibars Geschichte ist voller Bewegung. Die ersten, die hier vor Anker gingen, waren die Perser. Jahrhundertelang blieben sie mit ihren Harems in ihrem Paradies ganz ungestört. Um 1500 rammten die Portugiesen die erste europäische Fahnenstange in den Boden und errichteten ein Fort aus Stein, eine neue Epoche brach an. Die Portugiesen lernten schnell, den Reichtum mit den Arabern zu teilen, dank deren Fähigkeiten im Sklavengeschäft. 1890 übernahmen die Engländer die Kontrolle über die Insel. Die wirkliche Unabhängigkeit erkämpfte sich Sansibar erst 1960, um dann gleich bei den damals so hilfsbereiten sozialistischen Staaten um Hammer und Sichel anzuklopfen. Die Hilfe kam großzügig in Form von Baggern, die einen Teil der wunderbaren Altstadt zerstörten, und in Form von Betonbauten im Stile Leningrads, die auch heute noch wie eine Schlinge das alte Stadtzentrum würgen. Es folgten Jahrzehnte der Abschottung, und gerade noch rechtzeitig brach die Sowjetunion zusammen, ehe alles unbemerkt kurz und klein geschlagen war. Kaum war dieses Kapitel zu Ende, schloss man den nächsten Heilsbringern die Türen weit auf – den Touristen! An allen Ecken und Enden schießen jetzt Hotels und sogenannte »Lodges« wie Pilze aus dem Boden, Roller knattern durch die engen Gassen der »Stone Town«, Pizzerias und Diskos wachsen allüberall und rot gebrannte Urlauber erobern die jungfräulichen Strände. Es steht außer Zweifel – Sansibar erlebt soeben den rasantesten Wandel seiner Geschichte.

Was bleibt, ist die streng muslimische Ausrichtung. Wenn sich die Bevölkerung nach Mekka ausrichtet, ruht der Straßenverkehr, und wenn ein Ehemann sonst was ausrichtet, wandeln seine Frauen bis auf die Augen verhüllt lautlos durch die engen Gassen, den arabischen Traditionen und dem Propheten Mohammed gehorchend – und an erster Stelle ihrem Manne verpflichtet. Dass nun seit der Öffnung viele halbnackte Evas die Strände dieses Reichs bevölkern und manches männliche Auge irritieren – das mag Mohammed den liebenswürdigen Einwohnern verzeihen.

Und dann taucht Elke auf, die deutsche Medizinstudentin aus Moshi, die nun mit mir wie verabredet die Strände genießt und dazu mutig den weißen Kittel mit einem feurig rosa Bikini vertauscht hat. Sie gleitet schlank und groß und einsam und förmlich greifbar wie eine Einladung zur Sünde über den Strand – und übertrifft so zweifellos selbst das großzügigste Geschenk, das Mohammed seinen Anhängern versprechen kann. Zum gleichen Schluss kommen drei Beach Boys. Kaum verwunderlich, dass die drei mit Stieraugen und Herzflattern unter einer vibrierenden Palme auf uns warten, um diese umwerfend schöne, exotische Schöpfung Allahs von ganz nah zu sehen, bis sie fast den Verstand verlieren, bis das Ventil nicht mehr hält, bis es den Ersten erwischt, dieser losrennt und nicht mehr als eine Handbreit hinter ihr hält, seine Hose runterlässt und ihr ohne einen Pieps ein paar Schritte hinterherschwänzelt. Elke, zur Enttäuschung der Boys viel kälter als ihr heißer Bikini, tut nichts, merkt nichts, sagt nichts, tut so als ob, und nur die Palme biegt und krümmt sich immer mehr vor lauter Gelächter der darunter hockenden Zuschauer, sodass die Kokosnüsse die geschüttelten Boys fast erschlagen.

Das war die letzte Geschichte von und mit Elke. Sie überlebte den Überfall ohne seelische Wunden und wird nun wohl zu Hause für immer entweder behaupten, wie komisch und unverständlich, abgefuckt und unerzogen dieses Afrika ist. Oder sie wird genau das schätzen und immer wieder nach Afrika zurückwollen. Man sagt, Afrika ließe nur zwei Wege offen. Entweder man hasst es, oder man liebt es.

Der andere Einblick in die westliche Kultur hat in Form des Fernsehens die »Stone Town« erreicht. Eine Kulturrevolution auch das, zweifelsfrei. Neue Botschaften, die die Einheimischen aber gerne annehmen: Die Kultur der drei B: Bikini auf Bildschirm, Beer und Bad News. In diesen Tagen stochert allabendlich Kommissar Derrick, alles treu ins Suaheli übersetzt, in diesen drei und noch viel mehr B's, in den dunklen Münchner Bars ebenso wie in den Villen der Bierbäuchigen, auf der Suche nach den schwerreichen, schon verwesten Mzungus. Die ach so tolle Welt der Mzungus ruft die Leute vor den Kasten und verwandelt jeden Abend helle Gesichter in stumpfe Minen. Unsere Kultur – besser gesagt der Müll davon – gibt leider auch hier schon die Werte vor. Ebnet den Weg zur Konsum- und B-Gesellschaft, hilft entwickeln. Ob's sinnvoll ist ...?

Ich nehme sämtliche Wege zu allen Enden der abwechslungsreichen Insel. Meine zwei Wochen reichen kaum, den Darbietungen der Insel zu folgen, da diese Insel der Fischer sich permanent selbst überbietet. An der Südspitze laufen Fischerboote zu den Delfinen aus und erfüllen Hobby-Delfintauchern den Wunsch nach tief gehenden Hochgefühlen, während an der Nordspitze die Fischer ihre Familien noch ganz traditionell mit dem Haifischfang durchfüttern. Traditionell ist nur noch die Arbeit, modern ist, dass man Haie als ungenießbar betrachtet und die Teile exportiert. So landet auch heute ein drei Meter langer Prachtkerl von einem Hammerhai mit einem Speer im Rücken im Sand, gleich neben einem Mantarochen mit gleichem Schicksal. Außer den Flossen, die für den besseren Geschmack von öden Suppe in Europa und Japan bestimmt sind, ist nur die Leber nützlich – als Holzschutzmittel für die Holzboote, damit kein Wurm es versenkt.

Hier, in diesem Dorf namens Nungwe, treffe ich Charly, einen Professor der Universität von Oxford, und seine Frau Sue, beide so um die Vierzig und wie der Indische Ozean: Still und ohne sich zu überwerfen. Auch sie haben ihr Zelt am Strand aufgeschlagen. So unauffällig sie scheinen, ausgerechnet dieses Ehepaar wird mir trotzdem unvergesslich bleiben: Sie sind auf all meinen Reisen, so weit ich zurückdenken und mich besinnen kann, die einzigen, die sich ein Jahr Urlaub genommen haben und die Welt zusammen mit ihren Kindern bereisen! Was für ein friedlicher Anblick – wie die beiden Buben, acht und elf Jahre alt, soeben am Strand mit ihrer Mutter die Operatorenkette lernen! Wenn ich mir so überlege, was diese beiden Sprösslinge auf dieser Weltreise mitbekommen, riechen, sehen, fragen, aufnehmen, etc., dann kommt unweigerlich die Frage in mir hoch, wie viele Familien es gibt, die sich ein Haus und ein teures Auto und ein Dienstmädchen und sonst noch alles leisten können, nur gemeinsam verbrachte Zeit mit ihren Kindern nicht. Wieso werden fast 100 % aller Erdenbürger nur hinter eintönigen vier Wänden groß gezogen? Und nicht außerhalb dieser Wände, dort, wo sich das Leben und die Welt abspielt? Ich lerne dabei wieder mal eines über mich selber: Ich verstehe nicht nur Afrika immer noch nicht, sondern ich kapiere die ganze Welt noch nicht. Das ist wohl der Grund, weshalb ich lieber die Tour de force per Fahrrad quer durch Afrika irgendwie spielend leicht auf mich nehme – statt irgendwo ein abgefahrenes Zahnrad in einem Getriebe in einer sinnlosen Maschine zu spielen. Wobei mir am Ende womöglich das Schmiermittel ausgeht, und ich seelisch verroste oder an Sinnlosigkeit verblöde. Ich will lieber die Welt verstehen, auf die es mich hingeworfen hat.

Ich stelle mich darauf ein, dass auf Sansibar alles vorkommen kann. Ganz allein stehe ich in kurzen Hosen im Jozani-Forest, dem unter Schutz stehenden Rest Ur- und Mangrovenwald der Insel, vor einer rostigen Informationstafel und staune. Dass es hier auf der Insel einen Leoparden gibt, dazu als unentdeckte Tierart, ist aber doch eine dicke Überraschung. In diesem Stück Wald von zehn auf vierzig Kilometern sollte eine Raubkatze von der Größe eines Leoparden leben?! Ein Irrtum, ein Werbegag von kreativen Touristenjägern, davon bin ich überzeugt. Denn für eine stabile Katzenpopulation braucht es immer dutzende Exemplare, und dieses letzte unangetastete Stückchen Wald ist doch viel zu klein! Meine Neugier ist angestachelt, dem will ich auf den Grund gehen.

Ich radle weiter, mein Pessimismus bringt mich in ein Dorf am Waldrand, zum Dorfältesten. Kaum habe ich das Wort Leopard über die Lippen gebracht, zückt der bärtige Alte die Klauen eines solchen Leoparden aus seinem Lederbeutel. »Die Jäger sind jede Nacht unterwegs«, so erzählt er mit gesenktem Kopf, »um die letzten unserer Leoparden zu schießen. Wir wissen nicht, wie viele es noch gibt. Wir wissen nur, dass ihr Fell von den Scheichs der Vereinigten Arabischen Emirate als Wandschmuck ihrer Paläste für viel Geld gekauft wird!«

Mich trifft kein Schlag, aber zumindest kratzt mich eine Leopardenkralle, sodass die Alarmglocken läuten. Mir scheint das Unmögliche denkbar, dass hier eine Tierart kurz vor ihrer Ausrottung noch auf ihre Entdeckung wartet!

»Wie sieht das Tier denn aus – irgendwie anders als *der* Leopard?«

Nur ein alter, ehemaliger Jäger erinnert sich, wegen seines

schmalen Englischwortschatzes klopft er sein Hirn zu einer Denk-Höchstleistung: »Leopard klein, ein Meter lang, helle Flecken auf weißer Haut.«

Na bitte! Da offensichtlich kein einziges Foto dieses Sansibar-Leoparden existiert, muss mir selber eines gelingen, damit ich den Beweis antreten kann! Hier und jetzt! Ich spinne meine Gedanken weiter: Selbst wenn im besten Fall vielleicht noch zehn Tiere existieren sollten, so handelt es sich hierbei zweifelsfrei um die seltenste Katzenart der Welt! Was für ein immenser Schaden, wenn dieses Tier verschwände, und andererseits was für eine Sensation, wenn ein solches Tier auftauchen würde! Und wie ist es überhaupt möglich, dass dieser kleine Sansibar-Leopard ganz unbemerkt geblieben ist? Wegen der Abschottung der Insel? Beim Gedanken an dieses Foto und diese Eroberung schnellt mein Puls in die Höhe.

Die Frage ist nur: Wie soll ich in einem Wald eine scheue Katze finden? Die Dorfbewohner geben an zu wissen, in welcher Höhle mindestens ein Leopard kürzlich zu Hause war, und sie sind bereit, mich an die Stelle zu führen. Für 100 Dollar. Ich willige ein, eine solche Entdeckung ist schließlich unbezahlbar. Mit kribbelndem Bauch und unseren Fahrrädern dringen die vier Männer vor mir tief in den mysteriösen Wald ein, und auf geheimen Pfaden gelangen wir bis fast vor den überwucherten Eingang der erwähnten Erdspalte. Während die Männer mich vor dem Höhleneingang hinter einem Baum meine Ängste alleine ausstehen lassen wollen, möchten sie zu viert durch einen anderen Eingang den Leoparden aus der Höhle direkt vor meine Linse treiben. Ich protestiere, denn ich habe weiß Gott wenig Erfahrung als Frühstücksteller für morgenmufflige Raubkatzen. Ich fürchte, dass das Tier nicht neben mir vorbeirennt, sondern mich direkt zu Boden drückt – wenn es mich nicht gleich ganz verdrückt. Man beruhigt mich kurz, und schon verschwinden meine Jagdkumpanen im affenlauten Wald, mich als Frühstück hinterlassend.

Nach wenigen Minuten Bangen – endlich – raschelt es vor dem Eingang, und ich drücke ab, schieße auf die erste Bewegung und den großen Moment – und treffe den Dorfchef, der geblendet ans Tageslicht tritt, achselzuckend und sichtlich enttäuscht. »Der Leopard ist nicht zu Hause.« In der Höhle trete ich überall auf zerbrochende Skelette von Klippschliefern, das hasengroße Futter des Leoparden, sowie auf geknackte Krabben. Auch das eine Sensation: Welche andere Großkatze ernährt sich sonst von Fisch bzw. Krabben? Mein Entzücken ist unermesslich, noch glauben wir an das Erscheinen der Katze.

»Komm, wir verstecken uns im Gebüsch!«, meint der Dorfälteste, und so sitzen wir auf nacktem Fels, die Zeit vergeht und die Sonne nähert sich weit draußen dem Horizont. Eine Höllensitzung, die Qual der Ereignislosigkeit wechselt sich ab mit der Qual der Schmerzen am Hintern. Der Dorfchef macht nach zwei Stunden ein sorgenvolles Gesicht.

»Mister, der Wald ist in der Nacht nicht mehr sicher. Wir sollten lieber gehen.«

»Eine so frühe Rückkehr war nicht abgemacht. Wir bleiben!«, gebe ich ihm ebenso leise zurück.

Sie schenken mir weitere zehn Minuten, dann erneut:

»Mister, wir müssen dir sagen, dass in der Dunkelheit die Geister im Wald regieren. Wir sollten uns lieber auf den Weg machen. Die Geister verstehen keinen Spaß und keine Ausnahme.«

Gegen Gespenster bin ich natürlich machtlos. Wir radeln ergebnislos in halber Finsternis zurück, und bis wir im Dorf zurück sind, muss ich 50 Dollar herausrücken – so viel kostet der Nachweis der Spuren.

Am nächsten Morgen die Erlösung, ich finde tatsächlich einen Leoparden – in einer verstaubten Vitrine in der zweithintersten Ecke im uralten Museum der »Stone Town«. Ausgestopft, das Fell wurde dem Tier vor mehr als 50 Jahren von einem Engländer über die Ohren gezogen. So ist unzweifelhaft ersichtlich und zu bestätigen: Der Leopard ist kleiner als seine Verwandten auf dem Festland, und seine Flecken sind braun und getupft statt schwarz mit Blumenmuster. Das Fell sehr hell, wohl auch vergilbt, und sein Blick bedrohlich, dem ungekrönten Imperator der Insel angemessen. Ich knipse unzählige Bilder, dann geht die Odyssee durch Sansibar auf der Suche nach weiteren Leoparden weiter. Ich mache mich auf zum Ministerium für Waldwirtschaft. Ich will wirklich alles wissen, alles, was es zu wissen gibt.

In einem heißen Büro werde ich herzlich empfangen. Die vier zuständigen Herren reden mit mir wie mit dem Messias, einem lange ersehnten Erlöser, denn das Thema Leopard brennt, das Büro wartet auf eine Lösung. Trotz ihrer Absicht haben die zuständigen Leute bisher noch keinen Kontakt zu einer ausländischen Tierschutzorganisation in Sachen Leopard knüpfen können, denn ihre Hände sind gefesselt. Es fehlt an allem – vor allem an Geld für die Briefmarken. Ich will ihre Einschätzung des Bestands dieser Tierart erfahren.

»Es gibt«, so der Direktor, »zwei Arten dieser Katze: Die einen, ganz wenigen, leben noch im Wald in der Freiheit. Die wilden

Leoparden. Vielleicht noch fünf Stück. Vielleicht, denn wir können nur raten. Die Mehrheit aber lebt in Gefangenschaft, und niemand weiß, wo und wie viele davon existieren.« Seine Stimme wird leise, er duckt sich übers Pult und fixiert mich. »Diese Katzen sind immer im Besitz eines Hexendoktors, der sie für seine Hexerei braucht. Und Hexendoktore, Leute mit magischen Kräften und unvorstellbarer Macht, davon gibt's hier – wie überall in Afrika – unzählige! Die Katzen dienen diesen Magiern wie Waffen. Sie tun, was der Meister befiehlt!«

Ich habe verstanden. Nicke. Verlange nach mehr.

Wenn jemand auf der Insel zum Beispiel unrechte Dinge tue, so der Direktor seufzend weiter, dann könne diese Person in einen Leoparden verwandelt und gefangen werden. Die Hexendoktore würden diese Katzen dann einsetzen, um ihre Feinde umzubringen. Dem Direktor schaudert es allein beim Erzählen, und mich schaudert es erst recht.

Die Katzen gehörten scheinbar den mächtigen Männern der Insel, und die könnten mit ihren Raubtieren ihre Macht ausüben und den Leuten Furcht einjagen. Der Glaube an diese Leoparden ist felsenfest – er gehört zu Sansibar wie seine Palmen und Sandstrände.

»Kann ich einen gefangenen Leoparden sehen?«, will ich wissen, doch der Direktor winkt ab:

»Niemand wird je zugeben, dass er eine Ahnung hat, wer zu den Katzenbesitzern gehören könnte. Denn andernfalls kommt ein Fluch über ihn und er wird selber zum Leopard. Und das ist schlimmer als jede Krankheit dieser Welt!«

Ich starre die Männer an, nichts ist unmöglich, bedanke mich und verlasse das Ministerium, wohl wissend, dass es keinen Sinn mehr macht, weiter nach Leoparden zu suchen. Ich wollte die Welt verstehen, und das habe ich nun davon, wenn ich zu viele Fragen stelle: Ich verstehe gar nichts mehr. Afrika hat mir hier eines seiner Geheimnisse offenbart, und so wird der Kontinent langsam greifbar – indem ich kapiere, dass ich nicht alles begreifen kann. Ohne viel mehr tun zu können, verlasse ich Sansibar mit dem festen Entschluss, zurück in der Schweiz ein Projekt zum Schutz dieser letzten wilden Katzen zu starten – auch wenn ich nicht weiß, wie das gehen soll.

Ich wechsele zurück auf den Kontinent. Daressalam, den Hafen des Friedens, wie die Stadt genannt wird, empfängt mich, doch ich will keine Bauten sehen, sondern Natur erleben. Zurück auf dem Trans-

Africa-Highway plagt mich die Sorge, wie ich heil durch den Mikumi Nationalpark soll. Große Schilder neben der Straße künden wilde Tiere und Gefahr auf den nächsten 50 Kilometern an. Was mit der Gefahr gemeint ist: Löwen! Diesmal reale, gefräßige Katzen, und zwar in Unmengen! Die Chancen, auf welche zu treffen, sind hier so hoch wie kaum sonst irgendwo in Afrika. Dass ich es hier mit möglichen Menschenfressern zu tun habe, habe ich aus der Zeitung erfahren. In einer Gegend unweit von hier hat ein Löwe ein ganzes Dorf terrorisiert. Jeweils abends, immer dann, wenn die Leute ums Feuer saßen, holte er sich ein Opfer nach dem andern. Der Schreck dauerte über mehrere Wochen. Ein sicheres Versteck fanden die Menschen nicht einmal mehr in ihren Hütten, sondern einzig in großen Tonkrügen. Bis nach mehreren Wochen endlich ein von der Regierung eingesetzter Jäger den Löwen zur Strecke brachte, waren bereits fünf Opfer zu beklagen. Und hier will ich also durchradeln. Bin ich wirklich so verrückt? Allein schon diese Geschichte ist bestens dazu geeignet, jedem Irren, der durch einen mit Löwen gefüllten Busch radeln will, seine Idee aus dem Kopf zu jagen. Es sei denn, man nimmt einen großen Tonkrug mit.

Vielleicht gibt es aber noch einfachere Tricks, denke ich, und so fahre ich in ein angrenzendes Dörfchen, um den Rat der Einheimischen einzuholen. Wie viele Menschen schon von einem Simba (so nennt man die Löwen hier) gefressen wurden und wie meine Chancen stehen, möchte ich wissen. Doch in den Ohren hier tönt diese Frage so naiv, dass ich nur das große Kopfschütteln ernte. Einstimmig erklärt mir ein zusammengetrommeltes Publikum von jungen Burschen, dass man problemlos mit dem Fahrrad durch den Park flitzen könne, sie täten es schließlich auch die ganze Zeit.

»Einfach so?« Ich staune.

»Natürlich nicht! Fahre dann, wenn die Simbas schlafen – in der Mittagshitze! Und halte nie an! Hakuna matata!«

No problems also, gesagt, getan! Um mein Gepäck richtig anzubinden (da es seit Beginn meiner Reise bei Schlaglöchern immer noch ab und zu runterfiel ...) suche ich nur noch schnell eine lange Schnur, ein paar Flaschen mit Trinkwasser binde ich um den Lenker. Die sind nötig – für 50 Kilometer ohne Halt bei 29 Grad Hitze! Es ist morgens um elf Uhr, und die Simbas, so meine ich, müssten schon pennen ...

Mikumi Nationalpark! Wild Animals! Danger! Nochmals die letzte Warnung des riesigen Schildes am unbewachten Parkeingang. Doch ich will nicht hören. Denn da wartet schon das verlockendste Geräusch, das Afrika für mich bereithält: Das Getrampel der Hufe der wilden Tiere! Was für ein Gefühl, als kleiner Radfahrer inmitten dieser ungezähmten Herden von Zebras, Antilopen und Gnus, den letzten Stücken ursprünglicher Wildnis entgegen zu sein! Das ist es, was ich gesucht habe – und im heutigen Afrika lediglich zusammengepfercht auf wenigen Kilometern noch unverfälscht vorfinde! Keine Autos, keine Touristenscharen, nur ich Mensch und mein Zebra, mit dem ich Herden wiehernder Zebras und eleganter Giraffen glücklich durch die Gegend treibe. Mit der Staubwolke, die sie aufwirbeln, schwebt der Duft der afrikanischen Erde in meine Nase. Die Partikel von Mutter Erde. Nirgends sonst auf dieser Welt schmeckt die Erde so intensiv wie hier, sogar der Staub. Mit einer Würze Wildheit, den Pollen von trockenem Gras und den Düften der Tierherden.

Der Spaß ist diesmal von kurzer Dauer. Nach 15 Kilometern kommt es, wie es kommen muss: Die lange Schnur, die mein Gepäck auf dem Fahrrad halten sollte, findet sich gelöst in meinen Zahnkränzen wieder! Völlig zerfleddert blockiert sie meine Kette. Weiterfahrt unmöglich. Da stehe ich nun und gucke. Weit und breit ist keine Hilfe zu sehen, dafür um mich herum hohes Gras, ideal für Löwen, um sich an mich heranzupirschen. Jedes Krümmen der Gräser lässt mich erschaudern. Am liebsten würde ich in die Luft entschweben, würde mich auflösen oder meinetwegen mich in einen Leoparden verwandeln. Aber realistisch betrachtet habe ich nur die Möglichkeit, auf ein Auto zu warten – und das kann dauern! Einzig die Sonne ist meine Verbündete – sie sticht heute kraftvoll vom Himmel hinab und hält – so hoffe ich – weiter jeden Simba von meinem Leib!

Zehn Minuten später schickt mir der Himmel ein Geschenk. Zwar nur ein langsamer, über alle Maße überladener, mit eiernden Rädern und schiefer Karosserie bestückter Jeep, auf dessen Dach sich die Ware türmt, so hoch, dass ich Angst habe, die Kiste falle demnächst um. Aber die Federung hält, und der Wagen hält an! Der Fahrer kurbelt sein Fenster einen schmalen Spalt weit runter und guckt entsetzt raus, weiter getraut er sich nicht das Fenster zu öffnen, denn ein Löwe könnte es im Gras ja genau auf den Inhalt des Jeeps abgesehen haben! An Bord des Jeeps nur helle Aufregung darüber, dass ich in kurzen Hosen einsam in der Wildnis stehe. Der Fahrer hat gar sichtliche Panik, und so leiert er zum Fensterspalt raus fünfmal den gleichen Vers runter: »Wilde Tiere! Wilde Tiere! Du kannst nicht hier bleiben, du kannst nicht hier bleiben! Es ist sehr, sehr, sehr, sehr gefährlich!«

Als der Mann sich beruhigt hat, frage ich amüsiert und vorsichtig, wie er mir denn helfen könne. Darauf pure Ratlosigkeit. »Ich kann ja nicht jemanden für dich rausstellen«, entgegnet er ganz panisch, »ich habe noch meine 14 Marktfrauen geladen!« Wir einigen uns darauf, dass er mich abschleppt. Zehn Kilometer weit bis zur einzigen Lodge des Parks. Eine Minute später hänge ich wie ein flatterndes Segel am Jeep, mit einer Hand in seinem schmalen Fensterspalt, mit der anderen Hand fest meinen Lenker umklammert. Der Fahrer hat's pressant, wir nähern uns neben einer staunenden Elefantenherde schnell der 50 km/h-Marke, sodass ich mehrmals durch den Fensterspalt reinschreien muss, er solle vom Gas, ansonsten fliege ich in den Graben. Sein Tempo zu drosseln, hält er aber nicht für nötig, und so sausen wir mit dem, was für ihn Schneckentempo ist, über den flimmernden Asphalt – für ihn ist die Hauptsache, die Löwen sind abgehängt und ich angehängt. Irgendwie.

Entnervt und erschöpft und nahe dran, den Jeep endgültig sausen zu lassen, kommen wir endlich zur Abzweigung zur Lodge. Hier, so meint der Fahrer, müsse ich nur noch zwei Kilometer weit das Fahrrad über eine Sandpiste den Hügel hochschieben, dann wäre ich in Sicherheit, *hakuna matata.* Der Jeep macht sich mit seinem löchrigen Auspuff und einem Chor singender Frauen aus dem Staub, und die Stille und Einsamkeit der Savanne hat mich wieder. Kaum beruhigt und ein paar Schritte weiter, steht mein Herz fast still: Frische Spuren von Löwen im Sand! Noch frischer als die Spuren des letzten Autos, das hier hochfuhr! Die Löwen sind also in meinem Talkessel, vermutlich irgendwo im hohen Gras, wahrscheinlich schauen sie mir sogar zu! Ich schiebe so schnell ich kann.

Oben auf der Hügelkuppe endlich die ersehnte Lodge, herrlich die Savanne und ein Wasserloch überblickend – aber meine Rettung ist das noch nicht! Denn zwei Hotelangestellte schreien und winken mir von weitem zu, ich solle sofort stehen bleiben. Die Gefahr ist schnell ausgemacht: Ein Elefant steht keine hundert Meter vor mir unter einem Baum! Während der Dickhäuter genüsslich weiter am Baum knabbert, ziehe ich mich wieder zurück. Würde jetzt ein Löwe auftauchen, könnte ich wählen: Tod im Rachen eines Löwen oder unter den Füßen eines Elefanten. Immerhin, eine Auswahl. Ein Gefühl von Luxus! Dann fliegt ein Steinhagel, und der Elefant bewegt sich langsam davon. Endlich in der Lodge angekommen, erklären meine Beschützer, dass es neuerdings nötig sei, die Elefanten mit Steinen in die Flucht zu jagen – weg vom Hotel. Erst vor drei Monaten sei nämlich hier auf dem Parkplatz ein Elefantenbulle ausgerastet, als er von einem Japaner gefilmt wurde. Wahrscheinlich hatte der Tourist seine neue Panasonic noch nicht so im Griff – in der Meinung den Elefanten an sich herangezoomt zu haben, merkte der arme Kerl nicht, dass in Wahrheit der Elefant sich ihm näherte. Der kleine Mann wurde vom Tier durch die Luft geschleudert. Später fand man ihn irgendwo zertrampelt im Gebüsch. Den Täter fand man am nächsten Tag ebenfalls, einsam in einem Tal. Er nahm nichts mehr zu sich, wie wenn er auf die Strafe warten würde. Denn die Elefanten kennen die Regeln: Menschenkiller müssen immer getötet werden. Dieses Schicksal ereilte auch jenen Bullen. Als Folge dieses Ereignisses sind nun alle Elefanten in dieser Gegend solidarisch aggressiv.

Wenige Stunden später habe ich mein Fahrrad mit Hilfe eines Küchenmessers von der verketteten Schnur befreit und eine Portion Kaffernbüffelfleisch mit Ugali getankt. Gut gelaunt geht's weiter. Im Tal unten steht das bizarre Mikumi Museum, eine kleine Hütte am Highway. Ein verrückter Amerikaner stellt hier seine Fotos unter dem Titel »Road Kills« aus. Er hat drei Monate lang alles im Bild eingefangen, was auf dem 50 Kilometer langen Teilstück des Trans-Africa-Highways im Mikumi-Park Opfer des Straßenverkehrs geworden ist. Keine Tierart, die in diesen drei Monaten nicht irgendwann unter die Räder gekommen ist. Von der Hyäne bis zum Hippo, von ausgequetschten Antilopen-Embryonen bis zu Elefanten – mit blutendem Rüssel und vier Beinen in der Luft. Der Ranger weiß diesem scheußlichen Anblick nachzuschieben, dass im Durchschnitt alle zwei Monate ein Elefant angefahren wird – meist von einem Bus und meist mit Totalschaden für beide!

Ich hasse Busfahrten. Auch wenn Kleber auf der Frontscheibe verkünden, Allah sei groß, er möge uns beistehen. Von mir aus. Trotzdem will ich wissen, wie das so ist. Am nächsten Tag fahre ich an Bord einer fahrenden Lautsprecherbox durch den Park, einfach neugierig, dieses mörderische Abenteuer namens »Bus Ride« live zu erleben. Superidol Bob Marley krächzt aus allen Rohren, unterbrochen nur von Karate-Action-Videos, während der »Coach-Bus« mit dem Tempo des Teufels und dem Einsatz des Mehrklanghorns die Straße leer fegt. Steht mal eine Giraffe im Weg, werden zuerst die Luftdruck-Hörner betätigt. Nützt dies nichts, wird am Lenkrad gedreht, was kurzzeitig die Aufmerksamkeit der Passagiere vom Video auf die Giraffe lenkt und lautes Geschrei und Gepolter provoziert. Die Bremse kommt als Drittes zum Einsatz, nutzt dies auch nichts, so sind an den Stoßstangen Bull-Bars, Bullenfänger, montiert. Als letzte Option. Nein, ich erlebe nicht mit, wie ein Bus den Hals einer Giraffe ums Dach wickelt. Gott behüte! Irgendwie ist es noch gut gegangen.

Am nächsten Tag, in Mikumi Town, gleich neben meinem Hotel, erlebe ich, wie es ist, wenn Busfahren schief läuft. Ein frisches Unfallgeschehen: Ein halb auseinander genommener Bus steht demoliert in der Dorfschreinerei. Die Kinder erklären mir in einem Ton, wie wenn noch alles gut gegangen wäre, dass lediglich eine Frau in der vorderen Sitzreihe ums Leben gekommen ist. »Was? Nur eine Person?«, denke ich – in Tansania sind die Opferzahlen bei Bus-Tragödien meist um einiges höher. Der Coach-Bus ist ohne Bremsen heute früh den Hügel runtergescheppert, schoss wie ein Keil quer durch die Schreinerei und wurde von den dicken Holzlatten aufgefangen. Für Mikumi Village ein Glückstag, am Bus ist schon kaum mehr etwas dran. Denn alle Bewohner konnten sich bedienen, haben ihn zerlegt und genommen, was sie wollten. Aus den Blechen sind in wenigen Stunden neue Hauswände entstanden, aus den Sitzen bequeme Sofas, aus den Busfenstern wurden Hausfenster, und selbst das Lenkrad gibt eine Trophäe! Jetzt steht nur noch das Skelett des Busses da – die meisten Sammler sind schon nach Hause gegangen. Es gibt nichts mehr zu holen, nur noch das Dach wird als Letztes aufgesägt und gerecht verteilt.

Ich schlendere weiter zu dem steilen Hügel, durch den farbenfrohen Markt, bereit fürs nächste Spektakel. Spielzeuge stapeln sich neben bunten, dünnen Stofftüchern, dahinter ebenso bunte, dicke Marktfrauen, die lautstark disputieren, während ihre schwarzen Bananen und dreckigen Hühner in der Sonne schmoren, und der alte Bekannte Bob Marley krächzt durch Lautsprecher übers ganze Dorf, nimmermüde von *No woman no cry.* Aber es gibt noch einen viel abartigeren Ton, der zwischendurch immer wieder die verrauchte Luft erfüllt, und zwar genau 15-mal jeden Vormittag. Es sind die Drucklufthörner der 15 Express-Busse, die jeweils auf dem steil abfallenden Highway vom Hügel aus direkt aufs Dorf betätigt werden, wenn sich die zum Teil abenteuerlichen Vehikel mit Tempo 140 wie flatternde Ungetüme ihren Weg durch die Menge bahnen. Mit einem Donnergrollen von aufgedrehten Dieselmotoren und Lautsprechern rasen sie aufs Dorf hinunter, mit durchgedrücktem Gaspedal und noch fester gedrückten Mehrklanghörnern! Als fast alle Busse durch sind, erfolgt ein kollektives Aufatmen, denn heute haben nur einem die Bremsen versagt. Und wie durch ein Wunder hat sich heute jede und jeder noch rechtzeitig auf die Seite retten können.

Das ist nicht immer so. Ein Mann mit fleckenlosem, weißen

Hemd winkt mir vom Straßenrand zu und wir kommen ins Gespräch. Der Dorflehrer. Natürlich, so meint er, käme es immer wieder zu Zusammenstößen, meistens mit Tieren, älteren Menschen oder Kindern, die nicht schnell genug die Straße verlassen. Da ich mir dieses grauenhafte Bild kaum vorstellen kann, frage ich ihn weiter, wer denn hier an einem Unfall die Schuld trage, der Fahrer oder der Fußgänger?

»Nun«, so der Herr nachdenklich, »wenn es zu einem Zusammenstoß kommt, dann fährt der Bus erstmal weiter. Denn bis der Bus abgebremst hat, vergeht ein Kilometer, abhängig vom Zustand seiner Bremsen, und nach einem Kilometer steht passenderweise ja der Polizeiposten. Die Menschenmenge läuft zwar mit Prügelstöcken dem Bus hinterher, weil der Busfahrer zu schnell und zur falschen Zeit hier durchgefahren ist! Doch bis der Pöbel den Bus einholt, hat sich der Fahrer – um sein Leben fürchtend – schon längst in einer Gefängniszelle hinter Schloss und Riegel einsperren lassen!«

»Und dann?«

»Tage später«, so der Mann lachend und kopfschüttelnd zugleich, »wenn die wütende Menschenmenge sich wieder verzogen hat und die Polizei müde wird, dann lassen sie den Fahrer normalerweise wieder raus. Und dieser lässt sich dann nie mehr hier blicken. So erledigt sich die Geschichte immer irgendwie von allein.«

Immer irgendwie. Das kenne ich. Zu diesem Polizeiposten muss ich hin. Während ich mit einer Polizistin angeregt diskutiere, die mit ihrer Fülle den einzigen Stuhl im Haus Bedenkliches zumutet, klettern plötzlich ein paar dürre Finger über meine Schultern.

»Mister! Mister!«, krächzt eine Stimme hinter mir, »Smoke, please!«

Ich drehe mich um und starre durch Gitterstäbe in die eingefallenen Gesichter einer Gruppe magerer Gefangener, die alle die Hände nach mir ausgestreckt haben. Für ein paar Zigaretten. Erst jetzt bemerke ich den bestialischen Gestank in dieser Höhle. Acht zerzauste Gefangene teilen sich ein Zimmer von der Größe einer normalen Küche. Es fehlt das Tageslicht, es fehlt ein Klo. Ein Loch in einer Ecke leistet Abhilfe. Um als Bestrafung wie auch als Abschreckung zu gelten, so scheint es, muss ein Knast noch um einiges unerträglicher sein als das ohnehin schon unerträgliche Leben draußen. Wie robust muss ein Mensch sein, um nebst der Monotonie auch noch alle Krankheiten, alle verfaulten und verwurmten Speisen und das verseuchte Trinkwasser überleben zu können? Ich verstehe nun, wieso in diesen Ländern Gefangene meist schon nach ein bis zwei Jahren wieder rauskommen. Weil sie dann nicht mehr am Leben sind.

Blitz und Donner künden am nächsten Tag irgendwo auf dem Highway den ersten richtigen Regen seit meiner Ankunft in Afrika an. Tief unten aus meiner Packtasche ziehe ich meine Regenjacke heraus. Zwei Knaben am Wegesrand schauen mir zu, bringen ihren Mund genauso wenig zu wie ihre zerrissenen Kleider. Die kalten Tropfen rinnen über ihr Kinn, kämpfen dann um trockene Stellen in den Kleiderfetzen und fallen endgültig auf den warmen Boden. Ich weiß: Meine Jacke hat mehr gekostet als ihr Vater in einem ganzen Jahr an Geld nach Hause bringt. Eine ganz normale Regenjacke! Mich überkommt ein sonderbares Gefühl. Afrika richtig erfahren wäre ohne Regenjacke. Wie die Einheimischen. Eins zu eins. Mir fällt ein, dass ich noch nie in meinem Leben richtig pflotschnass vom Regen durchtränkt worden bin. Ich hatte immer eine Jacke oder einen Schirm. Oder einen Bus. Oder wenigstens Geld für ein Glas Ovomaltine in einer Kneipe. Diese beiden Boys werden wohl nie auch nur ein einziges Mal etwas von dem haben, was ich mir bisher immer selbstverständlich nehmen konnte. Die Situation macht klar – wir sitzen nicht im gleichen Boot. Doch einen unglücklichen Eindruck machen diese beiden Boys trotzdem nicht. In ihren Augen entdecke ich diesen Zauber, den ich nicht beschreiben kann, der mich immer wieder in den Bann zieht. Ich weiß nicht, ob ich je das Glück haben werde, so ein zauberhaftes Glück auszustrahlen wie sie. Glücklich sein, ganz unabhängig davon, ob man Geld hat oder nicht. Glücklich sein darüber, dass man wieder einen neuen Tag erlebt. Das größte Glück ist wohl, wenn man schlicht glücklich ist darüber, dass man glücklich ist.

Neben philosophischen Gedanken bringt Regen vor allem Schlangen hervor. Überflutete Erdlöcher zwingen allerlei Kriechtiere auf die Straße, da sie dort am schnellsten wieder trocken werden. So liegt plötzlich eine riesige Python auf dem Highway. Erst kurz vorher kann sie auf die Straße gekommen sein, denn sie ist erstaunlicherweise noch relativ komplett. Ihr schuppiges Lederkleid funkelt und glänzt im Nass, ein wunderbares Muster, das kein Künstler der Welt so perfekt, gleichmäßig und harmonisch hätte erschaffen können. Ich werde richtig schwermütig beim Anblick dieser vier Meter langen, zerfetzten Schönheit!

Endlich, nach zehn Tagen ist Mbeya, die große Stadt am Ende der langen Geraden erreicht. Mbeya ist der beste Beweis, dass weder

Schlangen noch Löwen oder gar Hippos gefährliche Tiere sind. Selbst die Gefahr durch Busfahrer scheint gering. Sie alle sind nichts im Vergleich zu den Myriaden von Mücken, die ihre Malaria-Erreger unter die Leute bringen wollen. Ich stehe schon seit Nairobi unter einer Dosis Lariam, die wöchentliche Pille als Antwort der reichen Länder auf Malaria. Oft ist die Einnahme eine wirklich schwermütige Geschichte, und diese Schwermut muss dann am Lariam-Tag, am Tag nach der Pille, als Begleiter angenommen werden – nach dem Motto: Lieber ein psychotischer Nebeneffekt als 42 °C Fieber und Schweben zwischen Leben und Tod. Doch Mückenstiche sind auch ohne Malaria-Plasmodien lästig. Seit Sansibar sind zwei Stiche an meinem Unterschenkel zu schmerzvollen Eiterbeulen bedrohlich angeschwollen. Wohl Dank des Drecks, den ich in die winzigen Wunden gekratzt habe. Mit letzter Kraft und etwas Fieber finde ich in dieser Hochland-Stadt eine Unterkunft – bei einer wunderbaren schweizer Krankenschwester. Karin lebt nun schon seit sieben Jahren hier, unterstützt einizig von Spenden von Verwandten, Freunden und der heimatlichen Kirche. Eine winzige Missionsstation, für mich wie ein kleines Wunder! Sie hat natürlich auch eine Ziehsalbe, made in Switzerland, und so nimmt die Heilung bald ihren Lauf: Unter dem Pflaster springen die Beulen kurze Zeit später auf, und eine rotgelb-schmierige Flüssigkeit fließt die nächsten Tage am Bein runter. Ans Fahrradfahren ist momentan nicht zu denken.

Die Zwangspause kommt im richtigen Moment. Ich nehme den Bus, den ich sonst hasse, zurück bis nach Mombasa, Kenia. 47 Stunden Sitzledermassage stehen mir bevor. Geplant ist ein wunderbares Wiedersehen mit meiner Mutter. Es werden zehn Tage Pause, die gut tun, die auffrischen, die zeigen, dass es für mich auch noch ein anderes Leben gibt – und geben wird.

Auf der Rückfahrt fährt der Tod schon wieder mit. In Daressalam tragen ein paar Männer eine spindeldürre Frau im besten Alter in den Bus, eine Infusion steckt in ihrem Arm. Sie bleibt zwei Bänke hinter mir liegen, sie muss wohl sehr krank sein, den Infusionsbeutel hängt man über ihr auf. Irgendwo auf halber Strecke zwischen Dar und Mbeya hält der Bus plötzlich neben einem Dorf an. Sie wird hinausgetragen und neben dem Bus in eine Strohmatte eingewickelt. Dann lässt man sie zusammen mit einer laut weinenden Angehörigen zurück, der Bus fährt weiter. Ich weiß nicht, ob die Frauen genau in dieses Dorf wollten. Aber ich erfahre, dass die Frau im Bus an Aids gestorben ist.

Mbeya ist die Aids-Hauptstadt Tansanias. Ich schlendere mit

ungutem Gefühl durch die belebten Gassen. Mehr als die Hälfte der Bevölkerung, so sagt man, sei angsteckt, mehr als die Hälfte wird innerhalb der nächsten Jahre vom »Räuber« geholt. So bezeichnet man üblicherweise diese Seuche – um allen Tabus auszuweichen. Das ist die einfachste Art, diese Seuche zu verstehen und zu erklären – am Abend geht man normal ins Bett, am Morgen hat der Räuber einen schon geholt. Aids schlägt hier zu wie ein Hammer – ein langer, quälender Krankheitsverlauf ist eher selten. Die Spuren der Seuche sind bereits überall sichtbar. Wo früher in einer prächtigen Straße Mbeyas wunderschöne Möbelstücke hergestellt und ausgestellt wurden, wirft nur noch die Herstellung von Särgen Profit ab. Und bei den Auto-Werkstätten sammeln sich die besitzerlosen Fahrzeuge. Diese – noch von ihren kerngesunden Besitzern zur Reparatur gebracht – stehen nach der Reparatur bereits herrenlos herum, denn oft wurde der Besitzer zwischenzeitlich schon vom »Räuber« geholt. Auf der Suche nach Verwandten, die das Auto bezahlen und abholen können, finden die Autohändler immer häufiger weder Bruder noch Schwester noch Onkel mehr, der die Kosten übernehmen könnte. Denn in vielen Familien ist das älteste noch nicht vom Räuber geholte Mitglied keine 17 Jahre alt …

Ich bin kein Seher. Und ich kann mir auch nicht ausmalen, wie es mit dieser Tragödie weitergehen kann. Millionen von Kindern müssen ohne die herzliche Fürsorge von Eltern aufwachsen. Eine Tragik ohne Ende.

Verhextes Malawi

Malawi ist trotz viel Herz in seinem Spitznamen das zweitärmste Land des Kontinents. Und jetzt zudem heimgesucht von einer Klimakatastrophe. In der heißesten Jahreszeit bleibt der Regen aus. Ein bestialisches Inferno! Auf der Schussfahrt vom kühlen, grünen Bergland Mbeyas runter zum Malawi-See in den riesigen südostafrikanischen Graben gehen die saftigen, hellgrünen Teeplantagen in dürre, trockene Wälder über, und gleichzeitig verwandelt sich die Luft von Mbeya mit ihren angenehmen 22 Grad in einen Backofen. Schätzungen reden von 50 Grad. Der Regen hat vor vier Wochen zwar für einen Tag eingesetzt und alle Bauern motiviert, ihre Saat auf die Felder zu bringen. Doch die Regenwolken haben sich nach kurzer Visite wieder verabschiedet und ein wahrhaft höllisches Klima hinterlassen. Die Menschen haben alles verloren, was leere Bäuche hätte füllen sollen: Bananenpflanzen sind verdorrt, Maisfelder versengt und die ganze Ernte ist dahin. Dabei wäre gerade jetzt im November die Regenzeit angesagt. Statt der Wolken hängt ein weißer Himmel über dem Land – angereichert nur mit Flugsand und Staub. Die UNO prognostiziert eine Hungersnot. Die Einwohner sitzen ratlos vor ihren Hütten und warten. Man hat im Radio gehört, dass Deutschland und Kanada Lastwagen mit Maismehl nach Malawi entsandt haben. Doch niemand weiß, wann und wie viele und wo. Um ja nichts zu verpassen, sitzt ganz Nordmalawi vor der Haustüre. Auch an mir nagt der Hunger. Doch Privilegien habe ich keine. Gut so. Statt Essen kriege ich immerhin überall ein Lachen. Die Afrikaner und ich, wir sitzen jetzt endlich im selben Boot. Und ich bin dankbar fürs Lachen. Ich darf wieder merken, dass mich ein Lachen oft mehr nährt als ein voller Teller. Malawi per Fahrrad, das weiß ich, wird kritisch.

Ausgemergelt erreiche ich einen Markt, und fahre direkt zwischen den Ständen durch, zwischen den letzten Mangofrüchten, bunten Kleiderhaufen und den dicken Marktfrauen. Jemand lacht über mich, der ganze Markt lacht. Zwei jungen Herren in schneeweißem Hemd und faltenloser Hose gelingt es, mich zu stoppen. Sie erklären sich als Markt-Manager und teilen mir aristokratisch höflich mit, dass Fahrrad fahren auf dem Markt untersagt sei, um entschuldigend hinzuzufügen, dass dies unglücklicherweise auch für mich gelte. Unglücklicherweise! Ich denke zuerst, falsch verstanden zu haben. Unweigerlich schießen mir die Bilder meiner Jugend durch den Kopf, als ich mit meinem Fahrrad oft einen Stadtpark unsicher machte, indem ich trotz Fahrradverbot auf den breiten Wegen herumkurvte. Ich erntete keinen einzigen Blick, der mich anlachte, sondern Spazierstöcke auf meinen Schädel. Erst dann hatten Spaziergänger was zu lachen.

Als Radfahrer schaue ich der lustigsten und gleichzeitig härtesten Etappe meiner Reise entgegen. Doch darf ich die Lage hier überhaupt lustig finden angesichts einer sich anbahnenden Hungersnot? Ich sage Ja. Depression in ausweglosen Lagen ist eine europäische Erfindung, ein total unnützer Export, der hier nichts zu suchen hat. Die Menschen Malawis sind berühmt für ihre Herzlichkeit, und die Kriminalitätsrate ist trotz der Armut niedriger als irgendwo in Europa. Ich erinnere mich an meinen Freund Heinz, einen Schweizer, der vor 30 Jahren in der Hauptstadt Lilongwe lebte. Er erzählt auch heutzutage noch gerne, und als wäre es erst gestern gewesen, wie er einmal seine Sonnenbrille an einer Bushaltestelle verloren hatte und die ehrlichen Finder ihn zwei Tage lang suchten, bis sie ihn fanden und ihm die Brille zurückgeben konnten. Einen Finderlohn wollten sie nicht, sie suchten nur das Glücksgefühl, einem Wazungu (so nennt man die Weißen hier) was Gutes zu tun. Von diesen guten, alten Zeiten ist immer noch etwas übrig geblieben. Es lebe die Zuversicht, nicht der Negativismus! Auch in schwierigen Zeiten.

Ich habe eine Strecke von 800 km entlang des Ufers des gigantischen Malawisees vor mir. Dieser See, der viertgrößte der Welt, gilt als einziger in Afrika, der Billharzia-frei ist. Billharzia ist eine Horrorgeschichte. Es geht um Würmchen, die sich durch die Haut bohren (meistens zwischen den Zehen, ohne dass es einer merkt), um sich im Körper zu vermehren und Milz, Leber und Hirn zu befallen.

Die bestialische Hitze ist eine Tortur für alles, was sich in dieser Luft bewegt. Also ab zum Baden! Kein Tag vergeht, ohne mindestens fünfmal ins Wasser zu rennen und im kühlen, 33 Grad kalten Wasser abzusaufen. Nach einer halben Minute beginne ich auch im Wasser zu schwitzen. Um der Hitze wirksam auszuweichen, besteige ich jeden Tag schon um halb fünf Uhr früh mein Zebra und fahre eine Stunde in absoluter Dunkelheit, nur den paar Fischern lauschend, die weit im See draußen vor sich hinsingend ihre Netze auswerfen. Ab und zu kräht noch ein Hahn den neuen Morgen aus, sonst herrscht absolute Stille. Kein Mensch zu sehen, das Land gehört mir ganz allein. Kurz nach sechs Uhr steigt die

Sonne als rote Kugel über dem See empor und mit ihr das Quecksilber in die Höhe. Ab sieben Uhr zündeln Flammen auf mich nieder, und ab dann wird an jedem Kiosk für eine Coke oder Fanta angehalten. Alle fünf Minuten schwappen drei Deziliter in mich rein, wie in einen Schlund, der nie voll wird. Nach acht Uhr habe ich kein Interesse mehr an Erfahrung – die Hitze raubt den restlichen Verstand, Schwindel kommt, ich torkele fast vom Fahrrad und fürchte an einem Hitzeschlag zu krepieren.

Kurz bevor dies passiert, steuert mein Zebra direkt zwischen zwei Lehmhütten, ich falle vor Erschöpfung um und kann mich gerade noch an eine schattige Hauswand anlehnen. Ich schließe die Augen und warte auf den unabwendbaren Kollaps. Das Spiel ist aus, sagt der Pessimist in mir. Wart's ab, entgegnet der Optimist – und triumphiert.

Ein neugieriger Mann namens Wilfred lässt mich an die Zukunft glauben. Er, im gleichen Alter wie ich, wird mein bester Freund auf dem Kontinent werden. Und unsere Begegnung wird mein Verständnis von Afrika über den Haufen werfen. Dieser Abend, diese Nacht, diese Einladung zu ihm, werden Malawi für mich unvergesslich machen. Er setzt sich zu mir mit einem herzlichen »Welcome«!

Es ist das Willkommen in der Steinzeit. Kleine Kinder laufen schreiend vor mir davon – ein weißer Mann ist hier im Dorf noch nie gesichtet worden. Als ich mein ultraleichtes »Haus«, mein Zelt, mit wenigen Fingern aufhebe, macht die Geschichte in den herumliegenden Weilern schnell die Runde, dass ein »Wazungu« mit einem einzigen Finger sein Haus verschiebt. Die Menschenmenge um mich herum wächst und wächst. Alle wollen mich und mein Haus sehen. Jetzt ist nicht mehr nur die Hitze zum Umfallen, sondern auch der Witz dieses Dorfes!

Wilfred lässt mich alles sehen, führt mich ein ins Leben der Strohhüttenbewohner und will mir sein Eigentum zeigen: Zwei Plastikteller, eine Zahnbürste, ein zweites Hemd, zwei Strohmatten, ein bisschen zerknülltes und schon mal gebrauchtes Papier sowie ein Bleistift. Und ein kleiner Spiegel. Dass ihm auch ein indisches Fahrrad gehört, macht ihn zum Privilegierten. Sonst hat Wilfred nichts, außer eine große, weiße, rätselhafte Schachtel unter seinem Tisch. Ich öffne sie und komme kaum zum Staunen raus: Sie ist randvoll gefüllt mit Kondomen!

»Soll das jetzt heißen …«, beginne ich Wilfred zu fragen, doch er grinst schelmisch.

»Nein! Die Schachtel gehört zu meinem Job. Ich fahre mit

meinem Fahrrad von Dorf zu Dorf und muss die Leute aufklären und diese Dinger verteilen.«

Im ungebildeten Afrika, so verstehe ich schnell, ist das die reinste Sisyphusarbeit. Wilfred ist chancenlos – und so erzählt er weiter: »Ich klingle immer die ganze Dorfrunde zusammen, um die Leute aufzuklären. Doch es ist jeden Tag dasselbe. Kaum habe ich begonnen, laufen die jungen Männer amüsiert in Scharen aus der versammelten Dorfrunde, überzeugt, dass ich einen Vogel habe! Ich bin immer die Witzfigur, und kaum einer hört hin!«

Wilfred ist irgendwie frustriert, aber es ist nun mal seine Berufung, ein Witzbold zu sein.

»Was sagen denn die Jungen?«

»Wie kann man Süßigkeiten genießen, wenn man sie in der Schachtel lässt!?«

Trotzdem: Wilfred trommelt weiterhin unbeirrt die Leute zu seinem Vortrag zusammen. In der Überzeugung, auch als Kauz das Richtige zu tun. Und um seine 20 Dollar im Monat zu kriegen. Meine Achtung vor ihm ist unerhört, und mein Erstaunen steigt nochmals Stufen höher, als er mir später eine überraschende Antwort gibt. Ich wollte von ihm nur wissen, ob er denn selber den Gummi benutze. Seine Antwort macht mich kruzfristig sprachlos und ich werde sie nie vergessen. Nach einem langen Zögern schießt er los: »Es stimmt eben schon. Wie kannst du denn Süßigkeiten genießen, wenn …!!«

23 %! Das sei die zweithöchste Aids-Rate der Welt, habe ich gehört. Ist denn dem warmen Herz überhaupt noch zu helfen? Ich lache Wilfred wegen seiner Unbekümmertheit aus (ich könnte aber auch heulen), und dieser holt einen Zeitungsausschnitt, wie um zu beweisen, dass es auch anders geht, »*the Malawai way!*«. Aids sei jetzt heilbar, verkündet er stolz und liest mir laut vor:

»*Chisupe, ein kleines Dorf im Süden Malawis, ist zu einem Pilgerort für alle Aids-Kranken geworden. Ein Hexendoktor hat ein Mittel gegen die Seuche gefunden – zur Behandlung wie auch als Vorbeugung! Ein gewisser Josef Mtuku zum Beispiel, der extra aus Südafrika angereist war und dessen Krankheit schon fortgeschritten war, hat den Wundertrank getrunken und kurze Zeit später Malawi ohne Symptome verlassen! Im Dorf finden sich aber auch einige, die nach der Einnahme einen Kollaps erlitten oder das Mittel wieder erbrochen haben. Leider hat bisher noch nie jemand vor und nach der Behandlung einen Aids-Test seriös machen lassen. Der Trank hat zweifelsfrei eine Wirkung, aber die Heilung ist wissenschaftlich nach wie vor noch nicht bewiesen.*«

Wir zwei sitzen auf einer Strohmatte, und ich weiß nun Bescheid. Wilfred strahlt. Wissenschaft hin oder her. Hauptsache Malawi freut sich über den neuen Zaubertrank und den zurückgewonnen Sex ohne Verpackung. Und wer will den süßen Spaß verbieten, wenn das Leben auch sonst schon bitter genug ist?

Um meine letzten Zweifel zu zerstreuen, stellt mir Wilfred seinen Nachbarn vor. Dieser könne ein ebensolches Getränk herstellen! Schon seit Sansibar wartete ich sehnsüchtig darauf, einmal einem wahrhaftigen Hexendoktor zu begegnen. Jetzt steht er vor mir – mit einem durchlöcherten T-Shirt. Auch sonst fällt er nicht besonders aus dem Rahmen. Trotzdem wird es die Begegnung mit einem Allmächtigen.

Wilfred und alle anderen begegnen ihm mit enormem Respekt. Die Rollen scheinen klar verteilt, denn der Hexendoktor, so erkenne ich, gibt keine Geheimnisse preis – weder über seine Magie noch über sich selbst. Trotzdem munkelt man einiges über ihn, trotzdem weiß das Dorf viel über ihn. Was Wilfred ganz sicher weiß, ist, dass auch er Aids jetzt heilen könne. Nun, das will ich sehen! Der Magier bittet um drei Stunden Zeit und beginnt wortlos in den Büschen herumzugeistern. So habe ich mir einen Hexendoktor vorgestellt: Ernsthaft, undurchsichtig und geisterhaft. Er ist alles in einem, beseelt dazu vom Rätselhaften. Für 15 Dollar, dem Monatslohn eines Lehrers, werde ich Besitzer einer Cola-Flasche mit einem Carlsberg-Bierdeckel drauf, mit trockenen Holzstückchen und guten Geistern drin. Die sollten das Unmögliche möglich machen.

»Du musst das Medikament drei Stunden im Wasser ziehen lassen und dann in einem Zug trinken!«

Das wäre also das Wundermittel in meiner Hand, von dem die Europäer nur träumen können. Es ist also entweder völlig unnütz oder ein paar Milliarden Dollar wert …

Stück für Stück will ich den Undurchschaubaren durchschauen. Seine Autorität verrät, dass er über spezielle Begabungen verfügen muss, die uns Normalsterblichen fehlen. Seit Generationen, so Wilfred weiter, ist dieses Wissen von den Ahnen weitervererbt, immer an einen Sohn. Er hat sogar zwei Frauen und 13 Kinder, darunter mehr als genug Söhne, und man munkelt, ihm gelinge alles, nur eines nicht: Einen Sohn zu finden, der das Wissen und die Fähigkeiten der Urahnen weiterführt. Sein größter Wunsch: Eine dritte Frau. Weil mit ihr die Chancen auf einen passenden Nachfolger steigen würden. Aber, so flüstert Wilfred leise, dazu fehlt auch ihm das Geld, denn eine Frau hat ihren Kaufpreis und muss per Gesetz ein eigenes Haus haben und ernährt werden.

Da ihm die Behandlung von Aids mit seinem Trunk noch keine neuen Geldquellen erschlossen hat, nicht einmal, um ein paar seiner Kinder wenigstens zur Schule zu schicken, setzt er auf Altbewährtes: Mandeln-Schneiden und Fruchtbar-Machung von Frauen. Wie er Letzteres macht, bleibt mir verborgen, doch werden ihm häufig Frauen gebracht – von enttäuschten oder ungeduldigen Ehemännern. Sein Talent ist äußerst wichtig und gefragt, denn eine Frau, die keine Kinder zur Welt bringt, ist nutzlos und wird im Normalfall verstoßen. Die Erwartungen an eine Frau sind ungemein hoch, die Kinder-Produktions-Quote schafft's nahe an den Weltrekord: Jede Frau muss im Schnitt acht Sprösslinge gebären!

Schließlich finde auch ich ein Leiden, das nach Behandlung schreit: Meine Schlangen-Phobie beziehungsweise ein Gegengift gegen Schlangenbisse. Der Medizinmann nickt. Er freut sich sichtlich über sein angelaufenes Export-Geschäft und kehrt Stunden später mit vier Hölzchen und einem Pulver aus dem Busch zurück. Für Wilfred eine klare Angelegenheit, schon x-mal erprobt: Die Mittelchen mit dem Gegengift stammen alle aus Sträuchern, in denen sich Giftschlangen nie aufhalten – keine Panik also, so ist falsche Behandlung ausgeschlossen! Und so wird's gemacht: Zuerst die Wunde aufschneiden, damit das Gift mit dem Blut den Körper verlässt. Dann das Pulver in die Wunde drücken. Und zuletzt die anderen Hölzchen zerkauen! Wie ein junges Huhn könne ich einen Tag später wieder herumrennen, ohne weitere Beschwerden und ganz egal, welche Schlange mich gebissen hat …

Eine ganze Schar junger Männer hat sich am Boden sitzend ums Zelt herum versammelt und lauscht der Konversation zwischen dem Hexendoktor, Wilfred und mir. Sie alle nicken mit dem Stolz eines Stammes, der einen Hexendoktor hervorgebracht hat, der alles heilen kann. Da ich keiner bin, der einfach alles glaubt, erkläre ich unverfroren, mein Arzt habe empfohlen, das Bein im Falle eines Schlangenbisses abzubinden und sofort ein Hospital aufzusuchen. Ein Stich ins Wespennest! Riesiges Gelächter bricht aus, es ist der Witz des Tages. Pure Dummheit!, wenden sie alle ein: Gestautes Schlangengift killt das Bein, und ins Krankenhaus könne man dann nur noch wegen der Amputation gehen! Ha! Ha!

Ich bin überzeugt. Es steht eins zu null im Glaubenskrieg zwischen Afrika und Europa.

Wilfreds heißer Tee wird alle. Und die Temperaturen klettern weiter über jedes erträgliche Maß. Die Luft flimmert immer noch, selbst in der Abendsonne. Als fairer Verlierer spendiere ich jedem eine Coke. Obwohl im Kiosk an der Straße wenige Schritte entfernt erhältlich, haben die meisten hier noch nie eine Coke getrunken. Der Trank verwandelt die Menge sofort in einen Chor der Freudentänzer! Mit der Flasche in der Hand hüpft das halbe Dorf ums Lagerfeuer und singt. Ein Glück, dass ich kein Bier gespendet habe! Ich stelle mir vor, was man einem Wazungu geben müsste, damit er solch einen Freudentanz aufführt. So aus Freude und aus tiefstem Herzen? Damit er so sorglos sein kann wie die Menschen hier, einfach so, von innen heraus. Einen Volltreffer im Lotto vielleicht? Und auch dann: Würde es ohne das Zaubergesöff namens Alkohol auch so lustig sein? Auch dann, wenn Hungersnot herrscht? Himmlisch schön ist es hier – unfassbar, wie eine Flasche Coke die Endzeitstimmung in eine Party verwandelt!

Einmal wird auch dieser Tag zur Nacht, und ein glutroter Vollmond schiebt sich über den rot spiegelnden Malawisee. Während dem unglaublichen Farbenspiel ist nur noch die Stille selbst zu hören. Kein Windhauch. Keine Wellen im See. Eine neue Nacht in Malawi. Nur noch wenige von Wilfreds Freunden sitzen ums Feuer. Der Hexendoktor, nach getaner Arbeit und mit angeregtem Gemüt, schläft schon, einer göttlich fruchtbaren dritten Frau im Traum wohl schon ein Stück näher.

Ich denke an ihn. So rätselhaft. So zauberhaft. So undurchsichtig. So menschlich. So ist er. Letztendlich scheint es mir trotzdem, dass der Doktor im Grunde einfach nur in Kräutermedizin bewandert ist – mit Hexerei hat das wohl eher weniger zu tun. Wilfreds Empörung ist groß, bis tief in die Nacht werde ich eines Besseren belehrt. Zunächst einmal präsentiert Wilfred mir einen Freund, der lebendiger Zeuge für bösen Hexenzauber sei. Sein Vater sei nämlich durch die Magie eines Hexendoktors ums Leben gekommen. Der Junge nickt bekräftigend. Genau so war es.

»Weißt du«, beginnt mir mein Freund Afrikas größtes Geheimnis näher zu bringen, »die schlimmste Angst eines Afrikaners ist es, verhext zu werden. Zeit seines Lebens, sobald er anfängt zu denken bis hin zu seinem Tod, kommt diese Angst an erster Stelle. Die Angst vor der bösen Magie. Danach richtet er sein Leben aus.« Wilfred schaut mir intensiv in die Augen. Ich merke, dass das, was er mir hier erzählt, ihm wirklich wichtig ist.

»Für uns gibt es keine Zufälle. Auch wenn es irgendwo besonders viele Unglücke oder so gibt, ist das nicht das Resultat von Zufällen, sondern von *wichcraft* – Hexenzauber!«

Mein Gesicht muss mein Unverständnis widerspiegeln, denn Wilfred lacht laut auf und versucht dann ernsthaft, mir die Befindlichkeiten dieses Kontinents näher zu bringen.

»Angenommen, im See draußen verschwindet während eines Gewitters ein Fischer. Und dann nehmen wir an, dass eine Woche später ein Frau von einer Leiter fällt und stirbt. Und kurz darauf wird ein Kind von einer Puffotter tödlich gebissen. Das kann nicht einfach so sein! Dafür muss jemand im Dorf verantwortlich sein – und zur Rechenschaft gezogen werden. Sonst hört das Unglück nie mehr auf, sonst bringt die Hexe noch mehr Unheil übers Dorf!«

Ich schaue auf den See hinaus und versuche, das eben Gehörte in mich einsinken zu lassen. Die schwarzen Wellen glitzern im Vollmond.

»Um herauszufinden, wer verhext und somit Schuld am Unheil ist, gehen die Dorfältesten zum Hexendoktor und holen Rat. Der Hexendoktor hört sich den Fall gut an und muss dann herausfinden, wer in letzter Zeit im Dorf fremdartige Dinge getrieben hat, wer irgendwie auffiel. Denn derjenige war dann von bösen Geistern befallen, war also verhext. Saß einer bei Vollmond auf dem Dach?, wird man diskutieren. Oder hatte irgendein Fischer ungewöhnlich viele Fische im Netz? Oder ist jemand auf unerklärliche Art zu Reichtum gekommen? Zum Schluss schaut der Hexendoktor in seine Kuhknochen und weiß dann, nachdem er allen zugehört hat, wer die Hexe ist. Und noch während die Dörfältesten auf dem Heimweg sind, wird der Hexendoktor seine Zauberei vollbringen: Die Hexe wird von einem Löwen tödlich gebissen oder vom Blitz erschlagen oder von einem Auto überfahren. Wie auch immer: Die Hexe stirbt, noch ehe die Dorfältesten wieder im Dorf sind!«

Mich schüttelt's. Die Geschichte geht mir durch Mark und Bein.

Dem Vater von Wilfreds Freund, dem lebendigen Paradebeispiel, erging es genau so. Der Geschäftsmann kam bei einem Unfall mit seinem Lastwagen ums Leben. Eigentlich logisch, dass er mit seinem LKW viele Güter aus- und viel Geld eingefahren hat. Trotzdem hatten sich viele Leute aus dem Dorf gefragt, wie er zu solch einem Reichtum kommen konnte. Ihre Antwort: Etwas ging nicht mit rechten Dingen zu, der Lastwagen-Unternehmer musste verhext sein … Und bei der nächsten Häufung von Unglücken war dieser Mann das ausgesuchte Opfer von Hexerei. Vom Fluch des Hexendoktors getroffen, geriet der Lastwagen außer Kontrolle, war das Problem des Dorfes in den Augen der Mitbürger gelöst.

Eine lange schweigsame Pause tritt ein. Trotz der Hitze fröstelt es mich. Jegliche Widerrede meinerseits ist zwecklos. Wilfred wehrt sie ab wie lästige Fliegen. So sei eben die Realität in Afrika! So unheimlich.

Dem Jungen, der seinen Vater durch *witchcraft* verloren hat, steht die Angst ins Gesicht geschrieben. »Ich weiß genau, wer zum Hexendoktor gegangen ist an jenem Abend«, sagt er. »Aber ich will keine Vergeltung. Sonst wird alles noch schlimmer, sonst verhexen sie auch mich.«

Ich kann und will das alles nicht so recht glauben. »Wie weiß aber der Hexendoktor mit Sicherheit, wer die Hexe ist?«, hake ich nach.

Wilfred weiß wie immer die Antwort. Sie ist – kaum vorstellbar nach dem eben Gehörten – noch gruseliger.

»Es gibt einen Trick. Denn Hexen vertragen Gift! Also mixt der Hexendoktor ein Gift zusammen und gibt das Getränk der Person, von der er annimmt, dass sie die Hexe ist. Stirbt der oder die Verdächtige am Gift, so hatte sich der Hexendoktor geirrt, sehr zum Bedauern aller war es nicht die Hexe. Überlebt die Hexe aber den Trank, so ist bewiesen, dass die Person bösartige Kräfte hat. Die Hexe ist überführt!«

Ich kapituliere vor dieser Logik. Du meine Güte! Dennoch kann ich mir eine weitere Frage nicht verkneifen. »Was passiert denn dann mit der Hexe?«, will ich wissen.

»Je nachdem, was sie angestellt hat. Manchmal reicht es, wenn wir sie verbannen, aber manchmal wird sie vom Dorf für das angestellte Unrecht mit dem Tod bestraft.«

Unbegreifliches Afrika!

Irgendwann überwältigt uns die Nacht, beendet diesen anstrengenden, aber hochinteressanten Tag.

Früh am nächsten Morgen, noch ist es dunkel, wache ich auf. Wilfred liegt neben mir, auf einer Strohmatte unter den Sternen. Um mich zu beschützen, wie er meint. Aus dem pechschwarzen Busch taucht der Hexendoktor auf, und die beiden sprechen leise. Das Zeichen des Hexendoktors, dass die Umgebung von allen bösen Geistern befreit ist. Der Wazungu darf gehen. Ich nehme Abschied von diesen guten Menschen. Abschied von der Steinzeit. Was ist Geld? Was ist Reichtum? Was ist Freundschaft? Ich verstehe immer weniger … von der Welt, die ich verstehen möchte.

Es ist die wohl unheimlichste Nacht meines Lebens gewesen. Obwohl sie mehr Fragen als Antworten geliefert hat, hat sie dennoch Licht in die dunklen Fragen dieses Kontinents gebracht. Afrika zu verurteilen als Kontinent, der nicht vorwärts kommt, der in der Steinzeit verharrt, wird den Tatsachen nicht gerecht. Afrika ist viel zu komplex. In der Sprache der Weltwirtschaft ausgedrückt ist es der Kontinent, wo das Pro-Kopf-Einkommen bei gerade mal

316 US-$ pro Jahr liegt. Es ist der Kontinent, wo die Konsumgesellschaft fast völlig fehlt. – Die kollektive Verblödung durch TV, Werbung und falsche Ideale und Idole hat noch nicht eingesetzt.

Die Hitze in ihrer brutalsten Form lähmt mich weiterhin. Die Pflanzen krümmen sich in der Glut. Ochsen ziehen Karren über dickflüssigen Asphalt. Alles, was noch gehen kann, nimmt seinen gewohnten Lauf. Nur von Hilfslieferungen aus Deutschland fehlt weiterhin jede Spur. Ich kippe weiterhin eine Coke, eine Sprite und eine Fanta nacheinander in mich hinein. Gekühlt werden die Getränke, wenn überhaupt, im Malawisee, getrunken werden sie dann 33 statt 45 Grad heiß. Täglich acht Liter. In der immergleichen Reihenfolge: Coke, Sprite, Fanta. Ohne dass auch nur ein Tropfen am anderen Ende der Leitung aus mir wieder rauskommt – ich schwitze alles vorher wieder aus.

Ich denke das erste Mal ans Aufgeben. Aber einmal Bus – immer Bus. Ich halte hart dagegen. Halte fast alles aus. Aber irgendwann ist Schluss. Mein Hirn kocht fast über, aber so lange es nicht überschwappt … Eine innere Stimme verbietet mir, einen Bus zu nehmen. Ich bin wegen der Er-fahrung hier. Zähneknirschend rede ich mir das ein. Soll bloß noch einer sagen, ich sei hier auf Urlaub!

Urlauber sind anders, die kommen lastwagenweise in so genannten Overland-Trucks. Täglich bis zu fünf solcher Monstertrucks, bepackt mit jungen Girls und Boys aus aller Welt, brausen auf der Gegenfahrbahn neben mir vorbei. Auf der Suche nach drei bis 20 Wochen Abenteuer, unterwegs zwischen Kapstadt, Nairobi und – für die ganz Extremen – London! Für ein Bettelgeld. Angeboten von wilden Companies mit Namen wie Exodus (der Auszug, in der Tat …), Rotel (»das fahrende Hotel!«) oder Dragoman (noch mehr Feuer speihen …). Wilde Haufen abenteuergeiler Jünglinge, die mich strampelnden Wahnsinnigen johlend aus den brummenden Ungeheuern fotografieren und für irre halten.

Doch wer ist mehr irre? 20 Leute auf einmal, wild zusammengewürfelt aus allen Teilen der Welt, die oft mehr als ein halbes Jahr gemeinsam in den wohl schwierigsten und unzulänglichsten Gegenden der Welt unterwegs sind, durch Schlamm und Sand, Himmel und Hölle! Sind das irre Geschichten und Typen! Ich erinnere mich immer wieder an Matt, den Engländer, einen feinen Vogelbeobachter, der von Europa kommend in Kenia vom Truck gesprungen war. Ihm war es zu viel geworden – in Nigeria war ein Belgier an Bord an Malaria gestorben, im Kongo saßen sie inmitten des Dschungels sechs Wochen in einem einzigen Schlagloch fest, das tiefer war als der Truck selber, und in Uganda war ihnen die Achse gebrochen, die von »Mad Adrian«, einem Teufel von einem Fahrer, mit einer Strumpfhose geflickt wurde. Ich konnte Matts Entscheidung gut nachvollziehen. Zu viel ist zu viel. Was ich noch nicht wissen kann, ist, dass ich dem von ihm erwähnten Mad Adrian zwei Jahre später in Colorado ein Flugzeug abkaufen werde. Doch dazu später …

Abends teile ich mit den Trucks jeweils die schönsten Strände am Malawisee. Ich tanke aufbauendes Ugali, die anderen kühlendes Bier, und so warte ich, bis der Tag mit neuen Geschichten an mir vorbeizieht. Heute hängt Peter aus Perth im Camp an der Bar. Wenn jemand im Land Sorgenfalten hat, dann er. Peter ist soeben vom Lokalgericht in der Provinzhauptstadt zurückgekommen. Vor drei Tagen wurde sein Zelt ausgeräumt. Ein Badetuch, drei T-Shirts und vier Rollen Film sind verschwunden. Räuber – ein Unheil für jedes Dorf! Schon am nächsten Tag fanden die besorgten Dorfbewohner eine komische (Film-)Dose in einem Haus – und damit auch die beiden Diebe! Nicht ahnend, welche Konsequenzen das Ereignis nach sich ziehen sollte, hat Peter nun heute vor Gericht ausgesagt, was ihm gestohlen wurde, und dass fast alles wieder aufgetaucht sei – außer zwei T-Shirts. Das Urteil ist der reinste Hammer! Weil die beiden einen Weißen (!) beklaut haben, müssen sie für zehneinhalb Jahre ins Gefängnis! Das ist gleichbedeutend mit dem Todesurteil, denn so lange überlebt keiner im Loch! Pitt hat sich heute also soeben zwei Menschen auf sein Gewissen geladen. Wegen zwei T-Shirts. Der dumme Fehler ist nicht mehr wieder gutzumachen, das Urteil ist endgültig! Pitt schüttet Bier in sich, so viel es geht. Es wird ihm nichts nützen.

Malawi braucht seine wenigen Touristen. Außerdem hat es als Einnahmequelle noch etwas Tabak, Kaffee und Tee sowie ein paar Zierfische. Der See beherbergt etwa 800 Arten von Buntbarschen, die meisten davon endemisch, also nur in bestimmten Buchten heimisch und sonst nirgends auf der ganzen Welt! Der Auswanderer Stuart Grant hat sich hier in Senga Bay am Ufer eine Fisch-Farm aufgebaut, wo die kleinen Buntbarsche nach dem Fang beruhigt und dann in die Zoohandlungen der Welt verschickt werden. Genau 24 Stunden bleiben dem zierlichen Fisch im Plastikbeutel, dann muss er im Zoohandel in Tokyo oder Amsterdam oder New York sein, ehe er im Sack erstickt. Grant's Fische sind beliebte Schmuckfische, die zu Hause im Schnitt für 100 Dollar pro Fisch in die Aquarien gelangen. Hier hingegen kriegt Grant für jeden verkauften Fische im Schnitt 20 Cents! Vom fetten Gewinn sieht Afrika keinen Dollar, praktisch alles geht an die Fluggesellschaften, den Zoll und die Zoohändler. Es bestätigt: Naiv ist, wer nicht überlegt und meint, mit dem Kauf von x-beliebigen Waren aus Entwicklungsländern viel Gutes zu tun …

Als ich aus der Fischfarm komme, hängt ein süßer Duft von geräuchertem Fleisch in der Luft. Am Ufer nebenan ist ein Junge, keine zwölf Jahre alt, dabei, mit einer Rasierklinge eine Beute zu zerlegen – und was für eine! Ein ganzes Hippo! Unglaublich! Auf der Suche nach dem letzten Grünfutter hatte sich das Hippo ans Gemüse gemacht. Dummerweise die letzte nicht verdorrte Anpflanzung der Siedlung, da sie jeden Tag mit Wasser aus dem See begossen wurde. Ein Jäger der Regierung hat der Diebestour schließlich ein Ende gesetzt, nach dem Motto »lieber ein totes Hippo als Hungertod im Dorf«.

Und jetzt steht die große Verteilaktion an – jeder kriegt seinen Fleischstreifen! Am Abend in meiner Stammkneipe, dem *Hilltop Restaurant,* findet sich nun auch Hippo auf dem Menüplan. Ein quadratischer Klotz, aber weich wie Butter. Ich werde diesen köstlichen Genuss, diese Abwechslung, diese ersehnte Kalorienbombe nie vergessen!

Mit dem neuen Gefühl, ein Stück Hippo im Bauch zu haben, kann ich gut schlafen. Ich kann mir nun gut vorstellen, wie es einem Hippo wohl ist, mit *mir* im Bauch! Ich beschließe, ein paar Tage zu bleiben. Mein Zelt ist auf dem schönsten Sandstrand des Malawisees aufgeschlagen, vor dem legendären Livingstonia-Beach-Hotel. Jeden Morgen fallen ein paar Mangos von den Bäumen direkt vor meinem Zelt auf den Frühstückstisch. Die Sicht vom Frühstückstisch fällt auf den blühenden Garten des Hotels, auf ein paar vorbeizüngelnde Warane und auf das tiefblaue Wasser. Es ist schlicht ergreifend. Ein rundlicher Felsklotz thront in der Brandung, und jeweils frühmorgens sitzt einer oben, der einsam seinen einmaligen Job ausübt: Der *Crocodile watchman* – der Krokodileaufpasser! Der Mann sitzt stets bis zum Sonnenuntergang auf dem Felsen und sollte unter der prallen Sonne Ausschau halten nach Nilpferden und Krokodilen. Aber natürlich schläft er die meiste Zeit, vor allem jetzt, wo es ein Hippo weniger ist.

In der Reißbrett-Hauptstadt Lilongwe gibt es das Likuni-Hospital, ein Vorzeige-Spital, das in den sechziger Jahren aufgebaut worden war und heute noch vorbildlich funktioniert. Ich will es sehen. Ich will wieder schaudern. Mein Schweizer Freund Heinz hatte es mal mit aufgebaut. In den 1960-er Jahren. Heute empfängt mich ein junger holländischer Arzt in Gummistiefeln und Kittel. Die gesamte Anlage besteht aus fünf Häusern. Eines ist der Operationssaal, und der Arzt ist gerade damit beschäftigt, dort die Klimaanlage zu reparieren. Sie habe bisher gut gearbeitet, meint er, und das Zimmer auf 28 Grad runtergekühlt. Jetzt aber liegt das Ding auf dem Seziertisch wie eine zerlegte Leiche. Und im OP sind es jetzt 35 Grad. Der Holländer schwitzt. Nimmt es aber gelassen. Einen anderen Arzt hätte allein der Blick in den OP ins Schwitzen gebracht, denn es fehlen die Operationswerkzeuge. Es gibt nur einen kleinen Holzschrank mit Scheren, Sägen und Zangen. Und eine Maschine zum Desinfizieren der gebrauchten Nadeln. Das ist alles. Am schlimmsten kommt's nach der Operation: Wer aus dem OP raus will, muss entweder gehen können oder wird hinausgetragen – das Bett passt schlicht nicht durch die enge Türe. Und draußen steht man draußen – im Freien. Der Weg links führt zu den Männern, der Weg rechts zu den Frauen, der Weg zwischendurch zur Tuberkulose-Station. In der Halle liegen die Kranken dicht nebeneinander, ein Fall von Blutvergiftung neben dem Fall von Malaria neben dem Beinbruch. Der Direktor gesellt sich zu uns. Mit fließendem Berliner Dialekt (Na schau mal her!) erklärt er stolz das Hospital. Die Verwandten schlafen meist neben ihren Angehörigen am Boden und übernehmen auch die Pflege und das Kochen. Die häufigste Todesursache sei Durchfall bei Kleinkindern. An zweiter Stelle folge Malaria. Dann Aids. Krebs? Die beiden Ärzte schauen sich an. Ein Fall, jawohl, meint der Direktor lapidar und so trocken wie das Klima, in seinen Erinnerungen stöbernd. Vor drei Jahren. Brustkrebs. Die Frau sei gestorben, aber an etwas anderem. Man hätte sowieso nichts tun können … Der Holländer bringt die verdrehten Zustände auf einen Punkt: Was bei uns nicht einmal als Krankheit bezeichnet wird, der Durchfall, rafft in Afrika die meisten Menschen hin. Und was bei uns zweithäufigste Todesursache ist, die »Zivilisationskrankheit« Krebs, ist hier so gut wie unbekannt. Verkehrte Welt eben.

Zerstörtes Mosambik

Nach drei Wochen Malawi wird es Zeit zum Weiterfahren und ich besorge mir das Visum für Mosambik Erst vor einem Jahr war die ehemalige portugiesische Kolonie nach 17 Jahren Bürgerkrieg zur Ruhe gekommen. Vom Herumreisen auf eigene Faust wird abgeraten. Mit einer Arbeitslosenrate von schreienden 98 % und dem durchschnittlichen Jahreseinkommen einer Familie von 90 Dollar präsentiert sich Mosambik als das ärmste Land der Welt. Ich entscheide mich für einen weisen Schritt: Erstmals auf meiner Safari wird der Grundsatz, dass ich alles per Fahrrad zurücklege, ausgesetzt. Statdessen lade ich mich und mein Zebra auf einen Lastwagen. Für die 300 km durch den so genannten Tete-Korridor reihe ich mich ein in die Schlange der Lkws bei der Zollabfertigung, um einen Sattelschlepper zu finden, der mich rüberschleppt.

Trotz Wildwest-Zuständen im ganzen Land werden die Straßenverkehrsregeln von der Polizei strengstens durchgesetzt: Nur zwei Personen im Führerstand! Zwar lächerlich, wenn man den technischen Zustand der Lastwagen betrachtet – oder ist die Regel vielleicht genau deswegen gemacht, damit's weniger Tote gibt, wenn's kracht? Ein leerer, südafrikanischer Lastwagen mit leerem Beifahrersitz steht da, und Josef aus Pretoria, ein schwarzer Camioneur, ein vorsichtiger Mensch und Fahrer, lässt mich einsteigen.

»Wohin willst du? Kapstadt?« Er will mir für sein Südafrika schon mal Mut machen: »Hör mal! Die Firma, für die ich arbeite, hat in den letzten drei Jahren zehn ihrer 14 Lastwagen durch Hijacking verloren! Alle meine Kollegen hatten mindestens einmal eine Knarre am Kopf und mussten den Lastwagen hergeben. Willst du wirklich durch Südafrika radeln?«

Noch bevor er mir die Lust verderben kann, wird er in den ersten vorbeiflitzenden Dörfern von seinen angeblichen Freundinnen abgelenkt. Es folgt eine monologisierende Leier, wie seine Freundinnen entlang der Strecke heißen: Carmen, Anna, Bella. Er kennt nicht nur die Gesichter, sondern auch die Zimmer. Dann durchzuckt ihn etwas, er hebt plötzlich den Finger. »Nur für den Fall der Fälle, dass du mal meine Frau kennen lernen solltest … du darfst ihr nichts davon verraten! Du weißt ja, als Lastwagenfahrer und als Mann bin ich nicht gerne alleine.« Josef lacht erstmals laut auf.

»Aber davon weiß sie nichts! Ich will meine Familie nicht gefährden!« Und weiter laufen ihm die Saras, Josefinas und Marias auf der Zunge zusammen.

Josef – immer schön vorsichtig, aber völlig durchgebrannt, wenn ein weibliches Geschöpf am Straßenrand steht. Auch wenn er heute zwar nichts geladen hat und wir gemütlich über den (deutschen) Asphalt gleiten, bringt er trotzdem immer etwas von Dorf zu Dorf. Etwas, mit dem er sehr wohl seine junge Familie gefährdet. Josef ist eigentlich kein Dummkopf, er spricht Englisch, Afrikaans und Portugiesisch, dazu kommen noch sechs afrikanische Sprachen. Aber was nützen ihm so viele Sprachen, wenn er die Regeln des HI-Virus nicht verstehen will? Unser Gespräch steckt bald im Stau, wegen den Süßigkeiten, die er vehement ohne Verpackung genießen will …

Armes Mosambik. Seit Kenia sind die Länder immer ärmer geworden – dort dominierten noch die Steinhäuser. In Tansania ein Mix aus Stein- und Lehmbauten. In Malawi nur noch Lehm. Jetzt, hier in Mosambik, scheint es, sind die Pfahlbauer dran. Die »Häuser« bestehen nur aus Ästen, Pfählen und Stroh. Keine Privatsphäre, da man jedes Haus durchschaut. Ich sehe keinen einzigen Markt. Keine Menschen. Keine Busse. Die wenigen Steinhäuser sind alle vom Krieg zerstört. Deprimierendes Afrika. Von allen guten Geistern verlassen. So viele Fragen hätte ich, aber es ist mir lieber, hier durchzufahren.

Tierisches Simbabwe

Die Dritte Welt, so scheint's, liegt hinter mir. Harare, die Hauptstadt Simbabwes, funkelt als neuer afrikanischer Diamant. Modern. Glitzernd. Fromm. Die Skyline haut mich fast um, willkommen in Manhattan! Einfahrt auf Fahrradspuren, ein Einspuren in meine altbekannte Welt. Am ersten Abend stürme ich das Kino. Das Elend von Mosambik und Malawi hinter mir, ist der Action-Thriller »Speed« genau das Richtige um mich durchzurütteln. Nach meinem dreimonatigen Fahrrad-Thriller sind Verfolgungsjagden auf der Leinwand zwar zum Gähnen langweilig, aber anregend zum Nachdenken. Ich kriege es auf der Leinwand präsentiert: Was haben wir denn für Probleme?!

Zeit zum Nachdenken habe ich nun genug, denn es folgen fünf Tage hohes Fieber und somit fünf Tage im Bett. Der einheimische Doktor (Wolfsburger Dialekt!) verschreibt Deltaprim. Das Malaria-Mittel Simbabwes. Genauso wirksam wie Lariam, aber ohne die gefürchteten Nebenwirkungen, und zu 1 % des Lariam-Preises zu haben. Außerhalb Simbabwes völlig unbekannt. Meine Lariam-Kur ist hiermit nach drei Monaten zu Ende. Geschafft! An der Grenze zwischen Mombasa und Tanga hatte ich den letzten Lariam-Psychotiker getroffen. Am Zoll war es, ein Ire, völlig depressiv, den Tränen nahe. Es war sein Tag danach. Der Tag nach der Lariam-Einnahme. Die, die es schwer erwischt, begehen am Tag danach Selbstmord. Trotzdem wird den Europäern weiterhin Lariam verschrieben. Die Schweizer Pharmaindustrie freut's.

Wieder gesund, wieder unterwegs. Simbabwes Straßen kommen sympathisch daher. Die Weiden eingezäunt, alle Rinder hinter dem Zaun gehalten. Das auf 1800 Metern gelegene Harare stöhnt unter einer noch nie da gewesenen Hitzewelle. Bei 32 Grad im Schatten. Ich lache darüber. Es fehlt das Chaos, alles scheint wohl organisiert und nichts dem Zufall überlassen. Mich zieht es in den Norden des Landes, in eines der tierreichsten Gegenden der Erde. In einem privaten Wildtierreservat pirsche ich zuerst zusammen mit einem Ranger durch die Savanne auf der Suche nach Bewegung in den Büschen. Doch was sich als Erstes bewegt, sind unsere Beine, denn schon aus einem halben Kilometer Entfernung hat uns ein männlicher Strauß entdeckt, der seine Küken scharf verteidigt. Hals über Kopf rennen wir in den nächsten Wald und ducken uns. Während ich noch ahnungslos überlege, was gegen so einen Riesen von über zwei Metern Höhe zu tun ist, fällt der Ranger flink den erstbesten kleinen Baum, schneidet blitzschnell sämtliche Äste mit seiner Machete ab und lässt am Ende des Stammes eine Gabel entstehen. Eine Art schützende Lanze, die wir gegen den Hals des Angreifers halten können und ihn damit davon abhalten, uns mit seinen Füßen eins auszuwischen. Der schlaue Laufvogel aber rennt schon beim Anblick unseres Astes davon, richtiggehend verunsichert, und wir fühlen uns wohl. Erst am Ende der Wanderung rückt der Ranger dann aber mit der wahren Geschichte um diesen Strauß heraus. Das Lachen vergeht wieder. Dieser Strauß hatte nämlich genau hier vor zwei Wochen den vorherigen Ranger getötet. Mit einem Kick auf den Brustkorb. Wer hätte das gedacht – Strauße weit oben auf der Liste der Killer Afrikas?!

Ich hole mir meinen Kick nicht vom Strauß, sondern von den größten Landlebewesen der Erde, den Elefanten. Diese treffe ich im Städtchen Kariba, an der Grenze zu Sambia. Nicht dass die mich kicken sollen, aber der Adrenalin-Kick und mein Herzschlag sind doch beträchtlich, als ich denen das erste Mal gegenüberstehe. Dort, wo noch unbesiedelte Landschaft war, wurde das Städtchen vor nicht mal fünfzig Jahren hingepflanzt. Die Elefanten aber reklamieren diese wunderbare Gegend immer noch als ihr Land und lassen sich seither auch durch Verkehr, Elektrozäune und ab und zu fliegende Steine nicht von ihren historischen Wanderrouten vertreiben. Und so schlägt Kariba selbst Hollywood, was Entertainment betrifft: Die Dickhäuter befinden sich überall. Als ich im »Spar«-Supermarkt (österreichisch) einkaufen bin, getraut sich plötzlich niemand mehr auf die Straße – ein Elefant trottet genüsslich vor den Schaufenstern durch das Dorf. Jeden Nachmittag erwische ich die Dickhäuter auf ihrer Suche nach Wasser auf dem Campingplatz – auf ihrem Weg zum Swimming-Pool. Ein Schild verweist zwar darauf, dass keine Hunde am Swimming-Pool erlaubt sind, doch das kümmert die Dickhäuter wenig – wer würde auch diese beiden Tierarten gleichsetzen? Jeden Nachmittag gibt's somit immer das gleiche Schauspiel: Panikartig und kreischend rennen alle Badegäste aus dem Becken.

Hier will ich es mit der Angriffslust der Elefanten genauer wissen. Ich frage einen Einheimischen, wie nahe ich denn an einen Elefanten heran dürfe. Unkompliziert quittiert er meinen Wissensdurst mit einem coolen Blick auf meine Schuhe.

»Okay«, sagt er schließlich, »du hast Turnschuhe an! Du kommst jetzt mit mir mit! Wir gehen jetzt zum Elefanten hin. Wenn ich dir sage »jetzt«, dann rennst du um dein Leben!«

Ich bin bekloppt, ohne Zweifel, so was mitzumachen. Doch meine Neugier ist stärker als meine Vorsicht, und so setzen wir einen Fuß vor den anderen und nähern uns ganz langsam und leise dem Bullen. Er hat schon richtige Stoßzähne wie ein erwachsener Elefant und ist tief in einem Blätterdickicht auf Tauchstation. Erst als er unsere Tritte hört, dreht sich der Koloss um und beäugt uns von oben herab. Seine Augen schauen uns ungläubig an, als könne er nicht fassen, dass wir tatsächlich so irre sind. Wir aber marschieren weiter. Wie zwei Volltrottel. Der eine zielstrebig, der andere zitternd vor Angst. Der Elefant lässt uns nicht mehr aus den Augen und macht zwei Schritte seitwärts, zum Gebüsch hinaus, die freie Bahn zwischen ihm und uns sichernd. Ich erwarte aufgeregt jede Sekunde das »Jetzt« und mein Ende durch Plattwalzen. Doch beides bleibt aus. Stattdessen marschieren wir weiter. Zwei Wahnsinnige.

Weniger als zehn Meter vom nicht schlecht staunenden Ungetüm entfernt kommt es zum Show-down: Das Tier presst ein paar schiefe Töne aus seinem Rüssel, stellt seine Ohren auf und zeigt mit seinen erhobenen, spitzen Stoßzähnen die Richtung, in die er gleich losdonnern wird. Er zeigt auf uns! Das war's! Das Zeichen des Angriffs! Natürlich warte ich keine Sekunde mehr, dass mir jetzt einer sagt, ich müsse springen! Ich bin ja nicht bekloppt! Ich laufe was meine Beine hergeben! Quer über die Wiese, dann über Stacheln und Steine, während die Erde unter mir bebt und der Koloss voll in Fahrt kommt. Ich mache mir Sorgen um den anderen Typ. Denn ein »Jetzt« habe ich immer noch nicht gehört. Kein gutes Zeichen – Mist! Ein Selbstmörder!, schießt mir durchs Hirn. Mit einem Hechtsprung fliege ich ins erstbeste Haus – durch die offene Türe direkt in die Stube! Gerettet! Ich drehe mich um – und glaube meinen Augen nicht! Der Verrückte steht direkt vor dem Elefanten und schreit um sein Leben! Das Tier blickt böse von oben auf ihn runter, und ich sehe schon vor mir, wie der Typ gleich zur Briefmarke mutieren wird: Flach und fest am Boden klebend! Der Riese lässt sich damit Zeit, er hat viel Zeit, er schüttelt den Kopf, als ob er so was noch nie gesehen hätte, er will es begreifen, einen undichten Zweibeiner, der wie ein Affe vor ihm herumfuchtelt, wie ein Springbock vor ihm herumhüpft und wie ein Löwe aus voller Kehle seine Ohren vollschreit! Der Elefant versteht die Welt nicht mehr. Er dreht sich um und trottet davon.

Der Elefantenbändiger kommt mit einem breiten Grinsen zurück. Als ob nichts passiert wäre. Immer noch ruhig wie ein Fels im Sturm erklärt er: »Keine Angst, das war nur ein junger Bulle, der spielen wollte. Bei einem älteren Bullen, einem Beschützer einer Herde, wäre ich zu 100 % flach herausgekommen ...«

Das hatte ich befürchtet. Wenn zwei kindsköpfige Bullen aufeinander treffen, dann artet es in Spielen aus.

In der nächsten Nacht folgt das nächste ernste Spiel. Morgens um fünf. Ich liege flach unter meinem Moskitonetz, als mich ein schweres Schnaufen aus dem Schlaf katapultiert. Meine Augen können das Unheimliche nicht glauben: Keine zwei Meter neben mir wippen die Hörner eines grasenden Büffelbullen hin und her! Ich erstarre. Alteingesessene haben mir erzählt, dass auf diesem Campingplatz schon oft versucht wurde, Fotos von Büffelbullen zu schießen. Das harmlose Blitzlicht wird von vielen Tieren aber als Feuer eines Gewehrs verstanden, und so kamen diejenigen, die das Foto aufgenommen haben, oft nicht mehr in den Genuss, es sich anzuschauen. Ich entscheide mich, die nächsten zwei Stunden als Stein weiterzuleben und überlasse das Ins-Gras-Beißen dem Büffel. Das hat seinen Grund. Allein in der Stadt Kariba verursachen die Bullen jährlich im Schnitt sechs tödliche Unfälle. Genauso viele wie die Elefanten. Büffel sind aber, im Gegensatz zu Elefanten, meist harmlos. Nicht selten bin ich bisher schon in eine Herde Kaffernbüffel geraten, mit dem Resultat, dass diese schwarzen Kolosse sich in einer riesigen Wolke aus dem Staub machten. Gefährlich wird's, wenn die sogenannten *lonely-bulls*, die einsamen Bullen, herum sind. So wie jetzt. Wenn sie nämlich aus einer Herde ausgestoßen worden sind, greifen sie aus Frustration und aus Selbstschutz alles an, was nach Mensch aussieht. Ohne Weibchen drehen manche Männchen durch. Sie verstecken sich sogar, sobald sie von weitem einen Zweibeiner sehen oder riechen, und kaum spaziert einer nichts ahnend vor dem Hinterhalt durch, preschen sie hervor und nehmen ihn aufs Horn ... Für mich sind die Madenhacker, farbige Vögel, die die Maden und andere Parasiten aus seinem Leder hacken und auf seinem Fell überall hin mitreiten, das Schönste an diesem hinterhältigen Vieh.

Bald ist Weihnachten. Aber davon ist bei 40 Grad nichts zu spüren. Diese Woche will ich bei den Victoria-Fällen verbringen, zusammen mit Daniel und Astrid. Die beiden sind ebenfalls unterwegs auf einem metallenen Gestell mit Zebrastreifen, einem Honda-Motorrad; gestartet in Deutschland und das Kap als Ziel! Unsere Wege haben sich bisher schon zweimal zufällig am Malawisee gekreuzt. Und jetzt, das dritte Mal, bei den Victoria-Fällen. Am heiligen Abend gönnen wir uns ein saftiges Steak. Eine Christbaumkugel und eine Kerze auf dem Tisch des besten Restaurants – mehr fällt mir zum Thema Weihnachten nicht auf. Kein Stress. Alles nimmt seinen normalen Lauf. Nicht nur die Nächte sind friedlich, heilig und still.

Hier, wo das Wasser tief in die Schlucht fällt, droht der Fortgang meiner Reise ins Wasser zu fallen. Denn schon seit Kariba habe ich jeweils nach dem Trinken stechende Schmerzen im Oberarm und im Herzbereich. Da ich bei der Hitze fast ununterbrochen trinke, ist der Schmerz mein ständiger Begleiter, und es wird immer schlimmer. Rainer, ein Ambulanzfahrer aus dem süddeutschen Freiburg, bietet mir an, mich auf seinem Motorrad in die Klinik zu fahren. Ich denke ans Schlimmste, befürchte, dass mein Herz diese Strapazen des Strampelns und der Hitze nicht mehr mitmacht, und glaube schon fast an die Heimkehr. Wenn ich mir überlege, was ich meinem Körper antue, dann ist seine Rebellion durchaus legitim.

Das Krankenhaus steht ohne Arzt da. Eine Sekretärin wünscht *Merry Christmas,* wir sollen es morgen wieder versuchen. Wir versuchen es und haben Glück. Der anwesende Arzt entschuldigt sich dafür, dass jetzt in Simbabwe Weihnachten sei. Er habe keine Angestellten. Wir sollten am 28. Dezember wiederkommen, um etwas von ihm zu wollen. Drei Tage später, mein Herz schlägt zwar immerhin wie vermutet immer noch, klage ich dennoch weiterhin über Schmerzen. Der Arzt stellt ein EKG sowie ein Röntgenbild her und zapft Blut ab. Dann langes Warten im Warteraum, gefolgt von langem Schweigen in seinem Zimmer. Etwas stimmt nicht. Denn die Werte sind in Ordnung. Er kratzt sich am Kopf. Etwas Kompliziertes müsse es sein, und dieses Etwas können nur die United Bulawayo Hospitals herausfinden. Er verschreibt mir absolutes Trampelverbot und schickt mich per Bus und Dampfeisenbahn in die nächste, 400 km entfernte Stadt. Ich bedanke mich. Doch kaum stehe ich wieder draußen, springen mir alle Krankenschwestern hinterher: »Excuse me, Mister, Sie müssen noch bezahlen! Es tut uns sehr Leid, dass Sie als Aulsänder zahlen müssen, und entschuldigen Sie bitte, dass es so viel kostet!« Ich fürchte schon um ein Loch in meinem Geldbeutel und muss mich zusammennehmen, um nicht laut über die Rechnung zu lachen: acht Mark!

United Bulawayo Hospitals. Eine riesige Anlage aus Betonklötzen inmitten der zweitgrößten Stadt Simbabwes. Hier spielt das zweite Stück im Drama um mein Herz. Am 31. Dezember 1994 um 16:15 Uhr, stehe ich am Empfang. Die Sekretärin sucht für mich verzweifelt einen Internisten. Schon wieder eine Entschuldigung. Es sei kein Arzt mehr da. Alle seien schon zu Hause bei der Silvesterfeier. Das kenne ich schon. Aber einer muss her, das gebe ich ihr klar zu verstehen, denn meine Schmerzen ums Herz herum sind unverändert und mein Herz könne immerhin plötzlich aussetzen, denn es sei etwas Kompliziertes. Sie nickt. Der Inder, den es trifft, ist mehr als nur schlecht drauf, denn er musste seine Party unterbrechen und extra ins Spital zurückkommen. Und alles nur, um schließlich festzustellen, dass mein Herz zuverlässig wie eine Schweizer Uhr tickt und ich nur eine Art tropisches Magengeschwür aufgelesen habe. Seine milchige Flüssigkeit spült die Geschichte gleich fort. Glück gehabt – weiter geht's!

Das Neue Jahr beginnt im Matopos Nationalpark, dem einzigen Nationalpark weltweit, in dem ich zu Fuß und ganz allein auf Nashornpirsch gehen darf. Schon etwas schlauer geworden, habe ich vorsorglich die Turnschuhe angezogen. Noch in den sechziger Jahren fand man in fast jedem Gebüsch Simbabwes ein Nashorn. Die Situation heute ist aber verheerend. Anders als der Elefant steht das Nashorn nahe vor der Ausrottung. Von den beiden afrikanischen Arten leben noch je ein paar tausend Tiere, weit verstreut in kleinen Schutzgebieten, zum Teil aber auch schutzlos.

Kleine Schilder überall in Matopos machen dem Besucher klar, dass der Wert eines Nashornlebens hier höher gewertet wird als das eines Menschen: »Wer der Nashornjagd verdächtigt wird, wird auf der Stelle erschossen!« Ohne Diskussion.

Für den Nashornschutz scheut Simbabwe keinen Aufwand. Ein elektrischer Zaun umgibt zwar den ganzen Park, dennoch wird jedes einzelne Nashorn von einem bewaffneten Ranger rund um die Uhr bewacht. Alle drei Jahre wird es zudem betäubt und von seinem Horn befreit- ein schmerzloser Eingriff, da das Horn genauso unempfindlich ist wie ein Fingernagel. Die Nashörner werden dadurch leider so verunstaltet, dass ihr Anblick einen so traurig macht wie der Anblick eines Nasen-Amputierten.

Schuld am Gemetzel an den Nashörnern sind die Chinesen. Schon vor Jahrhunderten hatten erschlaffte Chinesen, die einen Aufsteller brauchten, bemerkt, dass im ganzen Tierreich die Nashörner die längste Paarungszeit haben – bis zu einer halben Stunde. Dies beflügelte ihren Glauben, dass mit der Einnahme des härtesten und stärksten Teils des Tieres, dem Horn (??!), diese Kraft auf einen übergehen könne. Dumm nur, dass klinische Untersuchungen bis heute keinerlei Zusammenhang zwischen dem Horn und der Potenz nachweisen konnten. Liebe Chinesen, so denke ich, Mann kann ja nehmen, was Mann will, wenn Mann dran glaubt, stellt's alles auf!

Da die Nachfrage nach diesem scheinbaren Wundermittel immer noch so ungebrochen groß ist wie das Elend in Afrika, findet die Nashorn-Mafia mehr als genug lebensmüde Burschen, die für eine lächerliche Belohnung von 100 Dollar ihr Leben riskieren und sich ein Horn beschaffen gehen. Die ganze Rhino-China-Afrika-Mafia verdient sich an diesem Geschäft dumm und dämlich, denn nur schon zehn Gramm des Pülverchens gehen in China für ein Mehrfaches von der Summe über den Ladentisch, für die der arme Kerl sein Leben riskiert hat!

Ich frage mich, ob man für den totalen Schutz dieser Spezies wirklich diesen Aufwand betreiben muss Denn immerhin gibt es in den Zoos der Welt tausende dieser Tiere, die den Erhalt der Art eigentlich sichern könnten. Doch Vivian Wilson, weltbekannter Tierforscher und Leiter eines Heims für verwaiste Wildtiere, zeichnet ein düsteres Bild. Er zeigt mir ein frisch erhaltenes, sechs Monate altes Nashornkalb – die Mutter von Wilderern erschossen.

»Das Problem«, so Vivian, »ist, dass einmal zahm gewordene Nashornbabys später nicht mehr in die Wildnis entlassen werden können, weil sie keine Furcht vor Menschen kennen. Und in Gefangenschaft vermehren sich die Nashörner kaum. Gelingt es also den afrikanischen Ländern nicht, Nashörner in der Freiheit zu schützen, dann hat die Spezies keine Chance … egal, wie viele momentan in den Zoos leben!«

Kriminelles Südafrika

Mit einem komischen Gefühl im Bauch stehe ich an der Grenze zu Südafrika. Es ist die letzte, möglicherweise schwierigste Etappe meiner Reise. Wir schreiben das Jahr eins nach der Apartheid. Mandela ist erst vor Kurzem Präsident geworden. Und die große Revanche der Schwarzen untereinander und gegen die Weißen scheint ihren Lauf zu nehmen. Gepanzerte Polizeiwagen überall. Ausufernde Kriminalität landesweit. Nur das Radio macht gute Miene zum bösen Spiel, erzählt von »Good News«: Die neuste Statistik fürs letzte Jahr, 1994, ist raus: »Die Anzahl der Morde ist klar gefallen! Ladies and Gentlemen, im neuen Südafrika ist nur noch jeder achte Todesfall auf Mord zurückzuführen!« Was ist das für ein Land, wo es als *Good News* gilt, dass jedes achte Grab wegen Mordes ausgehoben wird?

Wo auch immer ich hinrolle, rolle ich mit einem Gefühl eines momentanen Waffenstillstandes. Bis nach Swaziland verflüchtige ich mich über sechs steile Bergpässe und mache riesige Umwege, wo nur die Strapazen mörderisch sind. Doch daran hab ich mich gewöhnt inzwischen. Das finde ich überschaubar und allemal besser als die mögliche Alternative. Die Berggegend ist kaum besiedelt, im Gegensatz zum Flachland, wo die Gewalt zwischen den Schwarzen tobt. Für klingende Namen wie Blue Canyon bleiben kaum Emotionen, zu sehr bin ich mit den Hinweisen auf Kriminalität beschäftigt. Ab und zu hält ein Auto, immer freundliche Weiße, die mir die sicherste Route durchgeben. Irgendwann mag ich die Geschichten aller Morde, in welchem Gebüsch wer vergewaltigt, welche Pistole im Handschuhfach verstaut und wo welcher Motorradfahrer mit einem gespannten Seil vom Sattel geholt wurde, nicht mehr hören. Eigentlich dürfte ich mich niemals in einem Township, einem Dorf, wo Schwarze wohnen, zeigen. Trotzdem fahre ich durch, denn es ist unmöglich, jeglichem Township auszuweichen. Zu groß wären die Umwege. Das ist die kriminelle Seite des Landes.

Doch es gibt auch eine andere Seite. Für die Weißen bin ich eine Art entfernter Vetter – ihre Neugier ist nicht zu bremsen. Das kann mir nur zu Gute kommen, und so entwickle ich den Fruchtsafttrick. Ich stelle mich mit meinem schwer bepackten Zebra einfach vor einen Supermarkt und trinke einen Fruchtsaft, und schon wirke ich wie ein Magnet auf alle (weißen) Einheimischen. Eine typische

Konversation verläuft dann meist etwa so: Direkt auf mich zusteuernd wird gefragt:

»Oh, du fährst mit dem Fahrrad durchs Land?«

»Nein, durch den Kontinent!«

»Ach ja? Und wo bist du gestartet?«

»Da hinten«, ich zeige mit dem Finger nach Norden, »Nairobi hieß es dort!«

»Unglaublich! Du hast sicher viel zu erzählen! Unglaublich! Und du lebst noch? Hast du schon einen Platz zum Übernachten?«

So folgt Einladung auf Einladung. Einmal streiten sich gar zwei Farmer, wer zuerst da war und mich und mein Zebra auf seinen Pick-up laden darf. So lande ich unter anderem bei Joe und Joanne, die auf einer Hügelspitze wohnen, ohne Nachbarn im Umkreis von fünf Kilometern, dafür aber mit einer Badewanne im Freien, für mich alleine, mit Aussicht bis zum menschenleeren Horizont. Zu diesem Zeitpunkt kann ich noch nicht einmal ahnen, dass ich in den nächsten 70 Tagen genau 52-mal in einem Gästezimmer übernachten werde ... so zeigt Südafrika auch seine menschliche Seite!

Die Schwarzen dagegen kommen mir plötzlich mehrheitlich ignorant, finster und abweisend daher. Ich bin schockiert. Manchmal kriege ich gar keine Auskunft, und oft verstehen sie kein Englisch. Südafrika, so höhnen viele Weiße, sei das einzige Land der Welt, das Erste und Dritte Welt in einem sei. Was alle vereint, ist der Traum von einer besseren Zukunft.

Meine Räder führen mich weiter auf einer glitschigen Holzfällerstraße nach Swaziland, dessen Hügel und Kühe mich mehr ans heimische Emmental erinnern als an ein armes, afrikanisches Königreich, in dem ein 19-Jähriger auf dem Thron sitzt. Swazilands größte Gefahr herrscht generell und überall und speziell am Monatsende. Denn immer wenn die Löhne ausbezahlt sind, bilden sich vor den Whisky-Läden lange, schreiende Schlangen von ungeduldigen Männern und Frauen. Nach dem Motto: Die Tristesse muss ertränkt werden! wird auf die Pauke gehauen, werden Autofahrer zu hirnlosen Durchdrückern des Gaspedals und Radfahrer unfreiwillig zu Road-Kill-Opfern.

Die nächste Gefahr lauert im St.Lucia-Nationalpark an der Küste von Kwa-Zulu-Natal. Hier heißt es, im See neben dem Camping lägen 3000 Krokodile auf Lauer, die länger als zwei Meter und somit auf Menschen aus seien. Ans Baden ist somit, trotz herrlicher Lage und schwüler Hitze, nicht zu denken, obwohl sich weit und breit kein einziges Krokodil blicken lässt. Ich frage mich, wohin sich die Biester hier verkriechen konnten. Kein einziges blaues Augenpaar leuchtet in der Nacht auf, als ich mit der Taschenlampe den See beleuchte, dafür leuchten überall Verbotstafeln und Warnschilder. Dass die Echsen aber tatsächlich da sind, sollte ich zwei Wochen später aus der Zeitung erfahren. Während elf Jahren hat diesen Krokodilen kein Menschenfleisch mehr geschmeckt – bis ein Gast einer feuchtfröhlichen Bootsparty seine Füße im See kühlen wollte. Einem Krokodil als willkommenes Futter sehr gefallend zog dieses den ganzen Mann vom Schiff ins tiefe Wasser. Einem beherzten Retter gelang es noch, der Echse die Augen zuzudrücken, worauf diese reflexartig ihren Kiefer wieder öffnete und das Opfer losließ. Doch es nutzte nur wenig. Dafür verschwand das Krokodil mit dem Helfer, und am nächsten Morgen wurden die Reste des Unschuldigen ans Ufer geschwemmt …

Damit Kwa-Zulu-Natal gut ausgeht, bitte ich die Polizei in Umlazi um Aufnahme für einen müden Radfahrer. Ich bin doppelt erstaunt: Erstens brauche ich keinen Überfall auf mich zu erfinden, um wie ein Gast behandelt zu werden, und zweitens offeriert mir der Captain, ein wahrer Humorist, mich in seiner Polizeilimousine in den Supermarkt zu fahren – ganz im Ernst! Mir ist nicht mehr bewusst, wie verhungert ich wohl aussehe, und lehne trotzdem dankend ab. So darf ich mich in ein riesiges Festzelt inmitten der Polizeianlage werfen und schlafe auf weichen Matratzen völlig entspannt ein.

Am nächsten Mittag erreiche ich Durban. Etwas stimmt nicht. Betonklötze mit der Aufschrift »Holiday Inn« überragen alles. Sonnengebräunte Bikini-Blondinen schneiden in roten Cabriolets die Kurven. Ihre eigenen spitzen Kurven gieren nach Beachtung, während gestylte Burschen ihre Surfbretter und ihre Muskeln ausstellen, um die besten Wellen und schärfsten Blicke einzufangen. Hauptsache: Gesehen werden. Wer auch immer nach Durban kommt, kann es glatt mit Kalifornien verwechseln. Willkommen in Amerika! Ich habe Null Bock drauf. Wo ist mein Afrika?

Ich rufe Werner und June im Vorort Scottsborough an. Auf dem Kilimandscharo hatte ich ihre Visitenkarte samt Einladung erhalten, und jetzt bin ich hier. Unglaublich. Ihr Kärtchen hatte mir immer mein Ziel gewiesen, hatte mir immer wieder Energie in meine Waden gespritzt. Immer dann, wenn ich nicht mehr weiter konnte. Wenn Frust die Lust besiegt hatte. Weil ich durchgehalten habe, werde ich jetzt in einen noblen Vorort gefahren, in die Welt der reichen Oberklasse. Die nächsten Tage gehört mir ein ganzes Gästehaus samt Fernseher, prallem Kühlschrank und Telefon. Doch das Wichtigste, das sie offerieren: Ohren, die zuhören. Die Einsamkeit ist weg, wenigstens für die nächsten paar Tage. Ich könnte schreien vor Freude. Womit habe ich das bloß verdient?

Am nächsten Tag erkunde ich per Fahrrad sternförmig die Umgebung Durbans. Mbumbili steht auf einer Ortstafel – ein Ort, den ich nie vergessen werde. Eine eiserne Regel besagt, dass man als Weißer in einem schwarzen Township überhaupt und gar nichts zu suchen hat. Ich kümmere mich auch hier nicht darum. Wie schon oft. Paranoia ist nicht mein Ding. Als ich langsam durchs Dorf die Straße hinaufkeuche, biegen sechs Minibusse von der Gegenfahrbahn ab und umzingeln mich. Lautes Gehupe und Geschrei. Welch fröhliches Dorf! Sekundenbruchteile später erkenne ich meinen Irrtum! Schaufeln, Stöcke, ja gar eine Mistgabel stürmen auf mich zu, getragen von Männern mit zu Fratzen verzogenen Gesichtern und mit bösen Absichten. Blitzartig rase ich mit Vollgas den Berg hoch. Die riesige Menschenmenge strömt auf der Straße zusammen, flucht, fuchtelt, schimpft, droht, schreit, schwingt die Schaufeln, Stöcke und die Mistgabel. Dicke Frauen am Berghang schwabbeln vor Lachen. Kinder stocken ihre Hände mit Steinen auf. So schnell bin ich noch nie in meinem Leben einen Berg hochgeradelt. Oben steht ein friedlicher Typ. Außer Atem frage ich ihn, wie ich um Himmels Willen sicher zurückkehren kann. Er meint, es gäbe nur einen Weg, die gleiche Strecke zurück. Eine halbe Stunde später zischt eine Rakete durch Mbumbili. Auf der Rakete sitze ich, diesmal talwärts, erneut entkomme ich.

Für meine Eskapade kriege ich von Werner und June eine Standpauke. Ob ich denn nicht wisse, dass in historischer Zeit alle Streitigkeiten zwischen den Zulus und Xhosas, den beiden Hauptvölkern Südafrikas, hier in Mbumbili entstanden seien. Kein Xhosa dürfe sich je nach Mbumbili verirren, und auch kein Weißer. Ich kapiere. Südafrika kennt keine Ausnahmen. Ich beginne, mich in diesem Land unwohl zu fühlen.

Vorsichtig geworden, frage ich später im Polizipostten nach, ob ich durch die Transkei fahren könne, über die einzige Straße durch den Süden direkt rüber in den Westen, ans Kap. Die Transkei ist ein Homeland, eine riesige Provinz nur für Schwarze. Die schwarzen Polizisten lachen nur. Keine Antwort auf dumme Fragen. Ich kapiere und schlucke. Ans Aufgeben denke ich trotzdem nicht. Nicht jetzt, so kurz vor dem Ziel. Als letzte realistische Möglichkeit bleibt somit der Sani-Pass, die höchste Straße Afrikas. Wieder in die Berge, wo niemand wohnt und mir – glaube wer wolle – niemand gefährlich werden kann.

Der Aufstieg zum Pass und zur Grenze ins Königreich Lesotho

auf über 3000 Metern ü. d. M. dauert vier geschundene Tage. Ich zähle langsam schon zu den Obdachlosen, bin seit sechs Monaten unterwegs. Doch das ist Nichts im Vergleich zu Karl-Heinz aus Hamburg, den ich in Underberg, am Fuß des Passes, in einer Herberge treffe. Karl-Heinz reist schon seit 30 Jahren. Ein herumvagabundierendes Fossil. Begonnen hat alles als Matrose mit Heimathafen Hamburg. Sein Leben – grenzenlos. Ob er glücklich sei? Ich frage ihn nicht, denn Wortwechsel mit ihm strengen an. Keine Wurzeln, keine Perspektiven, keine Geduld zeichnen ihn aus. Egal was ich erzähle, jede meiner Geschichten hat er schon dreimal erlebt. Quälende Langeweile beißt ihn. Wie Karl-Heinz, der Reise-Junkie – nein, so möchte ich nicht enden. Er ist die Reise-Überdosis in Person, der Absturz des Tages. Zwei Stunden später folgt aus dem Nichts der Höhepunkt des Tages, der absolute Höhenflug: Ein paar Segelflieger nehmen mich mit auf einen Ausflug über die Drakensberge. Großartige Aussichten spornen an, diese Berge wie einen Drachen zu bezwingen, seinen Kopf abzuschlagen. Jetzt ist dieses Biest von einem Berg dran, der höchste und letzte. Ich schiebe und beiße auf die Zähne. Die letzten tausend Höhenmeter auf einer Erdstraße dauern geschlagene acht Stunden. Dann, endlich, oben auf dem Pass in der Kälte die Grenzstation! Hier wickeln sich die Zöllner auch im Sommer in dicke Mäntel ein. Good evening Lesotho. Statt der Stempel und viel Papier auf dem Tisch des Zollamts ein aufgeschlitzter Hund. Seit Monaten haben die Zöllner keinen Lohn mehr erhalten. Und kaum zu essen. Nun musste der Hund dran glauben. Willkommen zurück in der Dritten Welt. Wieder unterwegs tröstet mich, dass ich nicht der Einzige bin, der über diese Berge flüchten muss. Schon vor zweihundert Millionen Jahren nahmen Dinosaurier diesen Weg und hinterließen an vielen Orten Lesothos in den Bachbetten ihre Fußspuren.

Nach den kalten Drakensbergen folgt die heiße Karoo-Wüste. Ein Geschenk des Himmels erscheint in Form von Rückenwind. Ich schalte in den größten Gang und segle in vier Tagen 600 km die Karte hinunter. Wieder zwölf Zentimeter dazugewonnen. Ich will nur noch nach Kapstadt – nichts hält mich mehr zurück in dieser öden Landschaft. Der Klimawandel hat auch hier fast alle Farmen in Geisterhäuser verwandelt: Kein Regen mehr, seit Jahren. Für die Nacht bleibt mir nur der Gang zur Polizei. Mit schönen Erinnerungen an die Polizei von Umlazi erscheine ich auch in Steynsburg beim Captain und frage, wohl wissend, dass Erwartungen oft dazu führen, enttäuscht zu werden. Der Captain hier ist ein Bär mit wenig Fantasie, er kennt nur die Einzelzimmer seiner normalen

Kundschaft. Ich unterschreibe, dass ich mich dort freiwillig einschließen lasse, und kann nur beten, dass ich es mit ehrlichen Polizisten zu tun habe, die mich am nächsten Morgen um sechs Uhr wieder freilassen. Schon schiebt mich der Bär mit meinem Zebra in die Zelle, zuerst die falsche – da ist schon einer drin. Nackt, mit bauchlangen Haaren, eingefallenen Augen, verstörtem Blick. Weiter. Nächste Panzertüre. Die fällt ins Schloss. Ich hätte nie gedacht, selber im Knast zu enden! Ein Dach über den vier Mauern fehlt, stattdessen ein Gitter wie über einem Löwenkäfig. Eine Röhre kommt aus der Mauer, daraus spritzt erhitztes Wasser direkt aus einem schwarzen Wasserkanister vom Dach auf den nackten Betonboden. An eine Dusche ist nicht zu denken, das Wasser kocht. Das Klo – ein Loch im Boden. Mehr braucht ein Mensch scheinbar nicht: Eine Leitung, die Flüssiges reinführt, und eine Leitung, die Überflüssiges rausführt. Wie hält ein Mensch diese Isolation bloß jahrelang aus? Kann sich einer überhaupt je wieder etwas Positives ausdenken, wenn einem Hirn jahrelang jegliches positiv geladene Erlebnis verwehrt wird, wenn es total auf negativ umgepolt wird? Wird aus Züchtigen so nicht ein Züchten – von Unmenschen?

Nachdem um sechs Uhr die schwere Panzertüre pünktlich wie eine schweizer Uhr wieder aufgeht und ich fortan zu den Glücklichen gehöre, die behaupten können, eine Nacht im afrikanischen Knast überlebt zu haben, suche ich weitere Abenteuer. Oder wenigstes Abenteuerchen. Doch dafür ist dies der falsche Ort. Die Gartenroute, die letzten paar hundert Kilometer bis nach Kapstadt, hämmern mir jegliches Feeling für Afrika aus dem Kopf. Dies ist Pseudo-Afrika für bierbäuchige Touristen, die sich mit der Dampfeisenbahn herumkarren lassen und aus Bureworst (Bauernwurst) und Bier Afrika-Reisestorys schustern. Ist Afrika schon zu Ende? Es ist vielleicht schon Zeit, meine letzten fast sieben Monate zu analysieren, auszuwerten, die Statistik zu machen: 10 000 km sind gefahren, 22-mal Reifen geflickt, neun Bergpässe überquert, viermal Reifen gewechselt, dreimal von Tieren angegriffen, zweimal flach und krank gelegen und einmal ausgeraubt (dazu noch von stinkreichen »Mitteleuropäern«, jawohl, ich nage immer noch dran!). Und wozu? – so die unweigerliche Frage, die nach einer Antwort schreit. Ich erspare mir den Stress mit der Suche nach der passenden Erwiderung. Solch eine Frage ist erstens zu früh gestellt, und zweitens kommt die Antwort meist eh von allein.

Dann passiert Unerwartetes. Gut 100 Kilometer vor meinem Ziel rufen mir die Einheimischen immer öfter ein *Hopp! Hopp!* zu und applaudieren. Was für eine lustige Gewohnheit! Bis ich einmal einen wurstbäuchigen, jungen Buureworst-Esser zur Strecke bringe und frage, was denn in die Kap-Bewohner gefahren sei. Ich kann mir die Aufregung wirklich nicht erklären. Sein fettes Gesicht zerfällt augenblicklich in einen Ausdruck der Ungläubigkeit.

»Weißt du denn nicht«, so der Dicke ganz verdattert, »dass nächste Woche in Kapstadt das große Fahrradrennen stattfindet?«

Ich quittiere mit schweigendem Kopfschütteln.

Er hakt nochmals nach, um sicher zu gehen, dass er nicht einen Volltrottel vor sich hat, der grundlos mit dem Fahrrad durch die Gegend fährt: »Du bist doch am Trainieren, oder?«

Ich muss ihn enttäuschen, seine schlimmste Befürchtung bewahrheitet sich: Ich bin nicht wegen eines Fahrradrennens hier, sondern ich bin komplett und total grundlos, einfach zum Spaß von Nairobi hierher geradelt! Mein Erscheinen bringt den jungen Mann offensichtlich ins Grübeln, fast um den Verstand, und er verabschiedet sich vom *poor guy* mit den Worten, ich solle ja nicht vergessen, mich morgen sofort bei der Zeitung für das »Two Oceans Race« anzumelden.

Doch an einem Fahrradrennen teilzunehmen, ist definitiv das Letzte, das ich mir noch wünsche – obwohl … Eigentlich hab ich das Rad fahren relativ satt, wünsche mir stattdessen nur noch ein Bad und frische Kleider und Ruhe und ein Steak und ein weiches, sanftes Bett. Das Schöne: Ich durfte bisher bereits vier Adressen einstecken von zufällig getroffenen Leuten, die mich in Kapstadt zu sich nach Hause einladen wollen. Ich entscheide mich für Allen und Cherie, ein junges Ehepaar, dem ich ebenfalls an einer Würstchenbude unweit Kapstadts begegnet bin. Zwei Minuten Small Talk haben mir instinktiv mitgeteilt, dass die zwei keine schlechten Menschen sind und die Einladung ernst gemeint war. Auf der langen Fahrt durch Kahelitsha, dem größten Slum Kapstadts (zur Sicherheit auf der eingezäunten Autobahn), mache ich mir nochmals Gedanken zum Rennen. Schlage nie eine Offerte aus, von der du nicht alles weißt!

In einem der höchsten Häuser Kapstadts, im 16. Stockwerk, empfängt mich eine hinreißende Sekretärin am Schalter des *Argus*, der größten Zeitung. Auf meine Frage, ob ich denn bei dem Rennen mitmachen dürfe, antwortet sie glatt, ohne zu wissen, dass sie mich damit fast umbringt: »Sorry, du kannst nicht mehr mitmachen. Es findet am Sonntag statt, und du hättest dich schon im Januar anmelden sollen. Dies ist das größte Fahrradrennen der Welt, und wir haben schon 25 000 Anmeldungen!« Ich lasse mir den Satz zweimal wiederholen und beuge mich zu ihr rüber, einfach um sicher zu gehen, dass ich auch von ihren feuerroten Lippen alles richtig abgelesen habe. Meine Alarmglocken schrillen. Was für eine bizarre Unmöglichkeit! Am Sonntag, am letzten Tag meiner Reise (denn für Montag ist mein Heimflug gebucht), könnte ich mit 25 000 (!) Radfahrern ums Kap der Guten Hoffnung radeln, über eine der schönsten Küstenstraßen der Welt, südwärts den Atlantik entlang und nordwärts neben dem Pazifik zurück!

Falls ich nur einmal in meinem Leben je gelogen habe, dann soll das jetzt sein. Ich beuge mich nochmals über die Theke zum Gewissen der Lady hin, schaue ihr tief in die Augen und hole noch tiefer Luft, um loszukeuchen: »Weißt du, ich bin extra für euer Fahrradrennen von Nairobi nach Kapstadt gefahren, quer durch neun Länder, und ich habe für dieses Rennen sieben Monate lang trainiert!«

Die Lady, wegen meiner herzzerreißenden Story schon ganz blass, schreitet ganz aufgeregt zum Big Boss ins Hinterzimmer. Ich glaube, ich tönte hinreißend genug, und warte gespannt. Und warte. Als sie endlich wieder erscheint, hält sie ein Anmeldeformular in der Hand:

»Nur unter einer Bedingung! Nur wenn du jetzt gleich mit dem Fahrstuhl ein Stockwerk weiter hinauffährst und unserem Mister Aranes ein Interview gibst, geben wir dir ausnahmsweise die Startnummer 25 001! Er wartet schon auf dich!«

Die Lady zwinkert mit den Augen. Ich bin zwar knapp vorm Verdursten, doch da muss ich jetzt wohl durch. Das Interview dauert drei geschlagene Stunden. Aber das stört mich nicht. Am Ende verfrachtet mich Mister Aranes mitsamt meinem Zebra in einen VW Jetta, und ein hypernervöser Robert, der Fotograf, heizt über alle Rotlichter der Stadt zur Talstation der Tafelberg-Bahn, um dort oben ein Sieger-Foto von mir und meinem Zebra zu schießen. Mit der Begründung, er müsse gleich weiter zu einem Termin mit Mandela, stellt er mich dort oben ab und braust davon, ohne mir zu sagen, wann ich überhaupt in der Zeitung stehen werde. Ich weiß nur, dass es nicht schon morgen sein wird, denn bis zum Rennen ist noch eine Woche Zeit.

Allen und Cherry gehören zu den herzlichsten Gastgebern, die man sich vorstellen kann. Diese Spontaneität, Unkompliziertheit und Lebensfreude der Südafrikaner werde ich wirklich vermissen.

Am nächsten Morgen bricht ein wunderbarer Tag an, den ich im Laden um die Ecke beginne. Die Frau an der Kasse liest auf dem Förderband sitzend die Zeitung und hält sie mir gleich ins Gesicht: »Bist du der Kerl in der Zeitung?« Die Story des Tages: »Der junge

Schweizer ist bereit. Nach einer erlebnisreichen Fahrt quer durch neun Länder extra für unser Rennen ist er jetzt in Kapstadt angekommen! …«

Ich kann's nicht glauben! Kaum in Kapstadt angekommen – und schon bin ich der bunte Hund und jeder erkennt mich, den Radfahrer mit seinem Zebra. Und das Beste: Selbst Präsident Mandela erscheint heute nur schwarzweiß und auf einem kleinen Bild im Ecken des Titelblattes, während mein Bild die ganze Mitte farbig ausfüllt! Wenigstens einmal in meinem Leben bin ich wichtiger als Mandela!

Einen schöneren Schluss meiner Reise hätte ich mir nicht vorstellen können! Ist das die Antwort, weshalb ich alle Strapazen und Gefahren in Afrika auf mich genommen habe? Allein für dieses wunderschöne Radrennen rund um die Kap-Halbinsel, zusammen mit 25 000 anderen Radlern, so denke ich, waren es alle Mühen wert! Als einziger mit Gepäcktaschen am Fahrrad falle ich auf, und das liebe ich! Ohne weitere Umstände beende ich das Rennen auf dem 19 624. Rang …

Der Tanz auf der Nase des Nilpferds ist somit überstanden. Ich bereue keinen Moment. Was hätte ich alles verpasst, wäre ich wegen des Hippos schon nach einer Woche nach Hause gereist? Ich lebe. Bin lebendiger als je zuvor. C'est la vie! Oder was denn sonst?

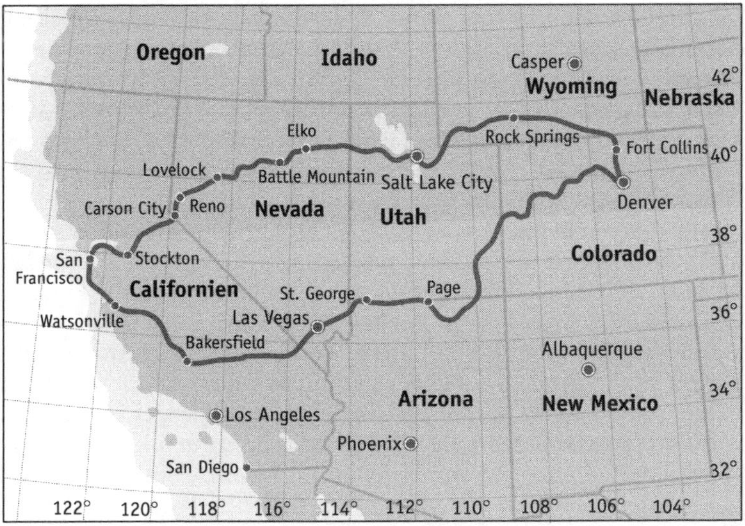

AMERICAN SKY – 1996

Im Ultraleichtflugzeug durch den Wilden Westen – 3 Monate – 6000 km

Der Traum vom Fliegen

Es fällt mir natürlich schwer, mich in einem geordneten Leben in der Schweiz rasch wieder zurechtzufinden. Meine Gedanken kreisen wieder in der Ferne, doch weiß ich zunächst nicht, wann und wohin mich eine nächste Reise führen soll. Es liegt nahe, dass ich wieder einen Kontinent durchquere, doch allein die Idee, es erneut per Fahrrad zu versuchen, liegt mir fern. Den Gefahren, die da unten in Augenhöhe auf mich lauerten, möchte ich das nächste Mal lieber ausweichen. Doch wie?

Ich weiß nicht, was es ist, das mich durchs Leben trägt: Der

Wind? Eine unsichtbare Hand? Oder einfach nur das Schicksal? Jedenfalls bin ich gerade mal zwei Wochen wieder zurück, eingespannt zwischen Alltag und Geldverdienen, als unerwartet mein Onkel aus Kanada vor meiner Haustüre steht. Im Gepäck hat er eine Idee, die alles bisher Gedachte auf den Kopf stellt: Wieso ich denn nicht wieder einmal vorbeischaue, sein Sohn arbeite jetzt als Fluglehrer und könne mir das Fliegen beibringen!

Wie bitte? Fliegen? Ich, der ich nicht einmal Auto fahren kann, soll jetzt Pilot werden? Aber andererseits: Warum nicht? Wer hat nicht schon einmal davon geträumt, sich schwerelos in die Lüfte zu erheben? Der Traum vom Fliegen ist so alt wie die Menschheit selbst, doch trotz des Jet-Zeitalters ist es bis heute nach wie vor nur Vögeln und Insekten möglich, nach Lust und Laune dorthin zu fliegen, wo es ihnen gerade gefällt. Selber so ein Vogel zu sein, das muss ich zugeben, das wäre was! Ich könnte dann allen Gefahren, die einem Radfahrer unten auf der Straße lauern, elegant nach oben ausweichen! Das wäre schon genial, gleichzeitig aber auch wie ein Tanz auf einem Hippo. Ich beginne zu träumen.

Doch dann spüre ich, wie der in die Ecke gedrängte Realist in mir zum hinterlistigen Angriff übergeht. Allein wenn ich an alle Restriktionen denke, vergeht mir die Lust. Die Schwerkraft, eine Menge Gesetze, nicht vorhandenes Wissen, der Zeitaufwand und auch das Budget setzen den allermeisten Menschen, die solche Träume haben, Grenzen. Das Fliegen ist für mich bisher zwar der Traum der Träume gewesen, aber gleichzeitig auch etwas, das stets so weit entfernt lag, dass ich es nie ernsthaft in Betracht gezogen hatte. Ich meine: Wieso fliegen nicht viel mehr Menschen? Es gibt doch so viele, die sich ein Flugzeug leisten können! Wenn es so einfach wäre, würde sich doch jeder in die Lüfte erheben!

Ich versuche meine Gedanken zu ordnen, doch erst Richard rückt die Welt wieder gerade: Im sprichwörtlichen Land der unbegrenzten Möglichkeiten sei vieles anders – auch in der Luftfahrt. Dort könne ich viele Hürden umgehen, denn Dank der liberalen Gesetze und des Umstands, dass Ultraleichtflugzeuge weit verbreitet sind, könnte es für mich möglich werden, mit einem eigenen Flugzeug die Welt so intensiv wie nur denkbar zu bereisen – fliegerisch die Welt von oben zu betrachten! Ob ich denn wüsste, was das sei, ein Ultraleichtflugzeug? Klaro! Mir kommen die klapprigen Gestelle in den Sinn, die meist von einem Rasenmäher-Motor angetrieben und nur von Bastlern geflickt werden können. Ehrlich gesagt, sehen sie nicht gerade so aus, als ob man damit durch die ganzen USA fliegen möchte. Man muss wohl froh sein, wenn man's schafft, damit heil eine Runde um den Kirchturm zu drehen.

Doch Richard lässt nicht locker: »Du willst doch die Welt bereisen. Genau das kannst du damit tun, und zwar so intensiv wie nur denkbar! Außerdem nähmest du mal eine andere Perspektive ein; die Welt von oben betrachtet, ist etwas anderes als das, was du bisher kennst. Du kannst damit landen, wo du willst, fliegen, wohin du willst, und sehen, was du willst. Die Aubildung? Pah, die dauert zwischen 12 und 16 Stunden, mehr ist das nicht. Aber dann gehört der Himmel dir! Hey, das ist Kanada! Worauf wartest du?«

Laut Richards Aussagen würden Ultraleichtflugzeuge in Nordamerika ab 10 000 $ massenhaft zu kaufen sein. Und mit etwas Glück auch für noch weniger! – Nun, wer kann da Nein sagen?

Richard ist ebenfalls ein Abenteurer, wenn auch aus ganz anderem Holz gemacht als ich. Seine Erfüllung fand er einst bei der Air Force als Pilot, als er die Gefallenen des Vietnam-Krieges über den Pazifik nach Hause brachte. Er weiß, wovon er spricht. Ich denke nicht mehr lange nach, wenige Wochen später ist mein erster kurzer Einsatz als Lehrer schon wieder vorbei, und ich fliege gespannt über den Teich. Auf der noblen Westseite der Insel Montreal wartet die gewünschte Metamorphose auf mich, werde ich umgeschult vom rollenden »homo pedalis« zum fliegenden »homo airbus«.

Wie einfach die ganze Ausbildung tatsächlich vor sich geht, grenzt dann schon fast ans Unfassbare: Als Erstes darf ich das blaue Formular über den Zustand meiner Gesundheit selber ausfüllen, mit einem Kreuzchen am rechten Ort, dass ich mich selber für flugtauglich erkläre. Fertig! Als nächstes dann die Theorie-Prüfung, die rund 500 Fragen betrifft. Doch auch das ist keine Hexerei, denn ich kann alle Fragen und Antworten vorher in Ruhe mit dem Fluglehrer besprechen. In der eigentlichen Prüfung werden schließlich sogar nur 100 gestellt, und von denen müssen wiederum lediglich 85 im Multiple-Choice-Verfahren richtig angekreuzt werden. Ich habe viel Respekt, lerne wie ein Besessener und schaffe zu meinem Erstaunen immer locker die volle Punktzahl – was in mir wiederum etwas Angst auslöst. Kriegt hier eigentlich jeder, der antritt und Geld zahlt, seinen Pilotenschein? Die Prüfung scheint mir viel zu einfach. Noch einfacher, ja, geradezu ein Witz, ist die anschließende Funkprüfung: Ein paar Ausdrücke auswendig gelernt und der Sekretärin des Flugplatzes vorgetragen, fertig! Hätte ich doch schon früher gewusst, dass es so wenig braucht, um Pilot zu werden! Ich hätte wohl schon längst eine Piste auf meinem Hausdach.

Die große Überraschung ist aber das Fliegen selber: Jeff, mein Fluglehrer, begleitet mich die ersten Stunden und nimmt's easy – er lässt mich bereits nach elf Stunden Flugpraxis alleine mit seinem 50 000 $ teuren »Pelikan« in den Himmel losziehen. Bis zu dem Moment hatte ich erst zwei Landungen mit Mühe und Not alleine geschafft, oder besser gesagt so, dass er nicht einzugreifen brauchte und die Maschine keinen Achsbruch erlitten hat. Natürlich zittere ich bis zum Geht-nicht-mehr und bade im eigenen Schweiß, als ich bemerke, dass nur wirklich keiner mehr neben mir sitzt und korrigierend eingreifen kann. Und ebenso natürlich kommt es so, wie es in solchen Fällen immer kommt: Ich setze beim ersten Solo-Flug zu früh auf und hüpfe mit der Maschine mehrmals auf der Piste auf und ab wie ein Jojo, direkt auf die benachbarte Gebrauchtwagen-Ausstellung zu. Jeff aber sitzt zu dem Zeitpunkt zum Glück entspannt in der Caféteria, so bekommt er nicht mit, was sein Flugschüler da anstellt. Als ich meine zwei vorgeschriebenen Solo-Flugstunden beieinander habe und mich geschafft zu einem Tee zu ihm setze, kommt der Schock: »Ich gratuliere dir«, spricht Jeff, »du bist jetzt Pilot!« Sein starker Händedruck lässt keinen Zweifel zu: Das war kein kanadischer Humor, sondern todernst gemeint!

Ich bin wie erschlagen. Das soll alles gewesen sein? Ich darf von nun an mit einem Ultraleichtflugzeug genau wie ein Jumbo-Jet jeden Flughafen Kanadas ansteuern, auch wenn dieser Toronto International Airport heißt? Jeff nickt bestätigend. Mit meinem gut durchstrukturierten und mit Gesetzen geschwängerten schweizerischen Denken bin ich natürlich total überfordert, sehe mich bereits ganze Flughäfen lahm legen und Schadensformulare von Versicherungen für beschädigte Hausdächer ausfüllen. Die berechtigte Frage bei dem Gedanken ist nur, ob ich überhaupt dazu komme, diesen Genuss nachher noch zu erleben … Ehrlich gesagt, finde ich die ganze Ausbildung so bedrohlich einfach, dass es mir fast den Glauben daran nimmt, dass ich fähig bin, ein Flugzeug überhaupt irgendwie durch die Luft zu steuern.

Der erste Schritt für mein Vorhaben ist also getan. Gut so. Nun kommt der schwierigere zweite Teil: Das Geld für ein Flugzeug muss her! Ein kleines, 120 kg schweres gebrauchtes Flugzeug ist in einer amerikanischen Flieger-Zeitschrift schnell gefunden, der Preis von 6000 $ erscheint mir fair, und seine zehn Meter Flügelspannweite, so denke ich, wird sich für jeden Sponsor als Argument für die Bemalung bestes eignen. Denn in der Zwischenzeit ist in mir der Plan herangereift, dass ich mit diesem ultrakleinen Flugzeug von seinem Standort Denver aus Nordamerika bereisen und so den

Wilden Westen unsicher machen könnte. Mit dem kleinsten Flugzeug der USA wie eine Heuschrecke durch den Wilden Westen! Das sollte Schweizer Zeitungen eine Notiz wert sein – und einem Sponsor ein paar Franken!

Vier Monate und rund 100 Sponsoren-Kontakte später zeichnet sich der erste Absturz ab, und das, bevor ich mein Flugzeug überhaupt je gesehen habe: Von den angeschriebenen und besuchten Sponsoren ist kein einziger bereit, auch nur einen Cent für solch ein Wagnis zu geben! Ich habe keine andere Wahl, ich muss die Reise selber finanzieren. Eine bittere Pille, denn diese Option ist mehr als nur wackelig. Das kann nur klappen, wenn wirklich nichts schief geht. Die Rettung kommt in Form eines Faxes nach Denver: Ich bin bereits in den USA, als bei der im letzten Augenblick angefragten Spedition Danzas in Basel der Verantwortliche fürs Marketing bemerkt, dass sein Budget noch nicht aufgebraucht ist. Genau zu disem Zeitpunkt landet mein Brief auf seinem Tisch, und der Verantwortliche hat einen guten Tag – für mich. Ich bin extrem happy über meine bislang glücklichste Landung!

Während ich das Flugzeug bei einem Maler in den Danzas-Farben anmalen lasse, füllt sich mein Bankkonto wieder etwas. Es kommt mir vor, wie wenn sich der Himmel nun wirklich geöffnet hat, damit ich kreuz und quer durch den Westen der USA mein fliegerisches Abenteuer unternehmen kann. Doch auch die Angst ist mit mir, denn ich weiß trotz der Euphorie eines ganz genau: Nicht immer wird alles nach Plan verlaufen – schließlich verstehe ich so viel von Flugzeugen wie ein Fisch vom Velofahren … Und zudem bin ich ein Fremdling und erstmals im Wilden Westen. Beste Voraussetzungen also für ein verrücktes Abenteuer zwischen Himmel und Erde, in den unbekannten Höhen und Tiefen zwischen Denver und San Francisco!

Das frisch gespritzte Flugzeug kommt in einem Truck von Granby nach Colorado Springs. Der wilde Betreiber des Flugplatzes von Granby, der mir diesen Flieger verkauft hat und nun den Truck mit mir und meinem neuen Reisevehikel im halsbrecherischen Tempo über die Pässe der Rocky Mountains steuert, kann mir nicht einmal sagen, wie alt mein Flieger ist. Er sei nämlich erst seit zwei Jahren hier – und so lange stehe auch dieses Fluggerät im Hangar. Gut, für mich spielt das eh keine Rolle, und der Typ ist sichtlich froh, mich und den Flieger endlich los zu sein. Meinen Plan findet er sympatisch: »*Just do it!*«, grinst er. Ich grinse zurück. Darüber hinaus haben wir etwas gemeinsam: Er kennt Afrika wie seine Hosentasche. Als einer, der Overland-Trucks durch Afrika gesteuert hat, muss er einer der wilden Sorte sein. Sein Stolz ist es, dass er gebrochene LKW-Achsen mit Strumpfhosen flicken kann. Moment mal! Die Geschichte kommt mir bekannt vor, mir stockt der Atem! Das kann nur der berühmt-berüchtigte Mad Adrian sein! Von diesem teuflischen Typ habe ich von Matthiew auf Sansibar schon gehört – und nun sitze ich nicht nur in seinem Truck – nein, viel schlimmer – ich habe ihm sogar ein Flugzeug abgekauft! Mad Louis! Das fängt ja gut an. Mit dem Flugzeug eines Teufels wird das sicher eine teuflische Reise! Ich merke, wie klein die Welt ist

Ankunft und Abladen des Flugzeugs. Abschied von Adrian mit einem herzlichen »All the best!«. In einer gewaltigen Abgaswolke verschwindet er hinterm Horizont. Ich hingegen muss als erstes meinen Flieger in einer Flugzeugteile-Fabrik reisetauglich machen und erhoffe mir vom Chef, einem in der Szene weltbekannten Flugzeug-Konstrukteur, ein paar letzte Ratschläge. Es ist Bill Raisner, ein Ultralight-Pilot der ersten Stunde, der sich gar Erfinder des Ultralights nennen darf. Er gilt als absoluter Ultralight-Guru, der soeben von Flugaufnahmen für Discovery-Channel auf den Galápagos-Inseln zurückgekehrt ist.

»Du wirst dich umbringen! Todsicher!«, ist seine einzige Antwort auf meinen Plan, die Rocky Mountains mit meinem Ultraleichtflugzeug zu überqueren und 6000 Kilometer rund um den Südwesten der USA zu fliegen. In einer Imbissstube lauscht Bill meinen Plänen. Dabei bin ich mir inzwischen ganz sicher, dass ich dank meiner soliden Grundausbildung zum Ultraleichtflugzeug-Piloten ein Jahr zuvor genügend Erfahrung für diese Tour gesammelt habe.

»Wie viele Stunden Flugerfahrung hast du? Du hast doch bestimmt erst hundert, oder?«, mustert mich Bill mit einem harschen Ton.

»Hm …«, ich überlege kurz und schieße lachend heraus: »Zwanzig Stunden!« – Wohl wissend, dass die Wahrheit eine Null weniger hat, ist das immer noch viel zu wenig, um Bill auch nur annähernd zu überzeugen.

Bill Raisner nimmt sich zusammen und findet das Ganze alles andere als lustig. Ganz klar hält er mich für einen der Sorte, der lebensmüde ist. Tatsache ist, dass selbst er noch nie in seinem Leben, trotz mehrerer tausend Stunden Flugerfahrung, die Rocky Mountains in einem Ultraleichtflugzeug überquert hat, denn so was käme ihm nie in den Sinn, und seine mehr als berechtigte Frage lautet somit: »Wie soll das einer mit kaum nennenswerter Flugerfahrung schaffen?«

Nur wenige haben sich dies je vorgenommen, und jeder dieser

verrücken Piloten hat vorher hunderte Stunden Flugerfahrung gesammelt, bis er sich ans Felsengebirge wagte. So einem wie mir ist Bill wohl noch nie begegnet, und so endet unsere Unterhaltung damit, dass er mir zwar viel Glück für die Reise wünscht, aber ansonsten keine zehn Cents darauf verwetten würde, mich nach der Reise lebend wiederzusehen. Tragischerweise wird er leider Recht behalten damit.

Wir verdrücken hastig unsere Cheeseburger, und damit ist die Fragestunde beim amerikanischen Ultralight-Oberlehrmeister nach zwanzig Minuten beendet. Das war's also! Statt wie erhofft ein paar guter Tipps habe ich jetzt von Bill höchstpersönlich die Bestätigung, dass meine Pläne früher oder später am Boden zerstört sein werden.

Doch es ist erstaunlich: Selbst die giftigsten Argumentationspfeile Bills prallen an meinem Dickschädel ab, und zügig gehen meine Vorbereitungen trotzdem weiter – mit Bill. Unternehme ich denn nicht eigentlich eine ganz normale Reise von A nach B? Das habe ich doch wirklich schon oft und lange gemacht! Und nun, bei dieser Reise, tausche ich einfach das Fahrrad gegen ein Flugzeug. Fliegen ist doch die sicherste Fortbewegungsart der Welt – statistisch betrachtet.

Angesichts meines Ultralights der Marke »Quicksilver« ist »Flugzeug« aber vielleicht schon zu viel gesagt. Im Grunde genommen ist es ein fliegendes Wunder. Man stelle sich Folgendes vor: Ein paar starke Aluminiumstangen um einen Gartenstuhl herum gebaut, die Flügel bespannt mit Zeltstoff und oberhalb des Kopfs des Piloten ein surrender 40-PS-Zweitaktmotor, der eigentlich auch ganz gut in einem Rasenmäher Verwendung fände.

Zweifel an der Durchführbarkeit meiner Tour wechseln sich mit euphorischen, mentalen Höhenflügen ab. Und schließlich – endlich – am 14. August 1996 ist der Motor wieder am Gestänge, Bill etwas weniger pessimistisch, und das Wetter bessert sich auch schon. Also los!

Doch halt! Wohin mit all dem Gepäck? Was ich bereits durch Afrika geschleppt hatte, will ich auch in Amerika nicht missen: 20 kg Gepäck, bestehend aus Kleidern, »Airport-Bibel«, Satelliten-Navigationsgerät, 100 Rollen Film, Tagebuch – damit ist meine Sporttasche, die ich mit einem Gummiseil zwischen Hinterachse und Sitz befestige, bereits gefüllt.

Meine zwei Fotoapparate und die Video-Kamera hänge ich mir um den Hals, und im letzten Moment finde ich auch noch ein Plätzchen für den Schlafsack und das Zelt: Ich stopfe beides kurzerhand in die Flügelspitzen hinein! *Just do it!* Auf geht's ins Abenteuer durch unbekannte Lüfte!

Innerhalb weniger Minuten steigt in mir ein Gefühl auf, wie wenn ich mich auf einer einsamen Bergspitze ausruhen würde. Ich genieße das 360°-Panorama und komme sogar noch vorwärts dabei! Es ist wortwörtlich ein himmlisches Gefühl. Erst als ich senkrecht hinunterschaue, wird mir klar, dass unter mir nur Luft ist, mich nur ein unsichtbares Element vor dem zerstörerischen Aufprall bewahrt. Lebenshochgefühl und den Tod immer vor Augen – beide waren noch nie so nahe beieinander. Beide Gefühle in leidenschaftlicher Symbiose – keines ließe sich ohne das andere erleben.

Unglaublich, wie schön sich die Welt von oben gesehen präsentiert: Der atemberaubende Ausblick in gut 100 bis 300 Metern Höhe garantiert mir schon nach wenigen Minuten einzigartige Fotos: Riesige Bewässerungssysteme, die Kreise in die Landschaft ziehen und alles innerhalb der runden Felder in sattem Grün wuchern lassen, oder in jeder Ortschaft der Fuhrpark der in den Sommerferien ungenutzten Schulbusse, die einen leuchtend gelben Tupfer entstehen lassen.

Selbst Hunderte Meter über dem Boden riecht man die riesigen Rinderherden, die unten aus tausenden von Leibern bestehen und sich als braunweißschwarze Punkte über die Wiesen schieben. Oder die farbige, flatternde Wäsche rund um das Haus von Mrs. Jones und der kolossale Autofriedhof ihres Nachbarn …

Als ich über den landwirtschaftlichen Gegenden meine ganze Aufmerksamkeit dem Erspähen von Mäusebussarden widmen muss, komme ich aus dem Staunen nicht heraus. Das sind Herausforderungen, mit denen ich überhaupt nicht gerehnet hatte! Der Sog meines Propellers könnte problemlos solche Greifvögel, die oft nur wenige Meter neben mir vorbeisegeln, zu Hackfleisch verarbeiten und das ganze Menü mit mehreren hundert Stundenkilometern durch den stoffbespannten Flügel hindurchschießen. Leicht zu erahnen, was dann passieren würde ...

Mein erster Flug beginnt wirklich – so kann man es einfach ausdrücken – frei wie ein Vogel. Ich genieße meinen Sitz in der »First Class«, und alles geht glatt und ohne besondere Vorkommnisse, bis die Turbulenzen nach einer Stunde um den Mittag herum so heftig werden, dass sich meine Gesichtsfarbe langsam den Grüntönen zuneigt. Ich muss aber weiter, denn den vor mir liegenden internationalen Flughafen von Denver, dem flächenmäßig größten der Welt, muss ich so weiträumig wie möglich umfliegen. Die Erleichterung folgt erst, als mein Tagesziel endlich zu sehen ist – eine Kuhwiese neben einer Tankstelle. Ich bin heute exakt den Wegbeschreibungen Bills gefolgt: »80 km der Hauptstraße bis zum Highway folgen, dort drei Meilen weiter nach links fliegen und rechts neben der Autobahnraststätte auf der Kuhweide landen!«

Über der Tankstelle angekommen, passe ich höllisch auf, dass die überraschten Rinder ja nicht in Panik geraten, und so lande ich in gehörigem Abstand zu ihnen im Gras. Doch, dear Bill, du hättest mir besser gesagt, was mich hier wirklich erwartet: Kakteen nämlich! Wie ein riesiger, stacheliger Teppich überziehen sie das Feld! Und ich bin auf sie runtergeschossen, meine Pneus haben die Stacheln umarmt, und dann bläst es nur noch aus den Löchern! Dreißig, vierzig Löcher sind es bestimmt, verteilt auf die beiden hinteren Pneus. Was für ein Drama an meinem ersten Flugtag! Ich hole sofort wie gewohnt mein Veloflickzeug aus dem Hosensack, doch die Sache erweist sich hier als aussichtslos. Bis ich mir in einem Hardware-Store endlich ein Lochflickspray besorgt habe, sind eine ganze Anzahl Stunden vergangen. Und kaum ist der Pneu mit dickem Gummischaum gefüllt, realisiere ich, dass sich über mir unterdessen ein Gewitter zusammengebraut hat – und was für eines! Das Radio hat sein Programm bereits unterbrochen, und aus den schläfrigen Cowboy-Songs sind wichtige Durchsagen geworden, die müde Beine zum Laufen bringen wollen – mit einer Tornado-Warnung nach der anderen! Rund um den Flughafen sollen 17 Tornados wüten! Auch das noch!

Ich binde mein ultraleichtes Ding zwischen zwei Telefonmasten fest. Über mir türmt sich ein fast schon schwarzer Himmel, in dem riesige Auswölbungen wie Stalaktiten nicht zu wissen scheinen, ob sie sich zu einem Schlauch in Richtung Erde versammeln sollen oder nicht. Das mühsame Warten beginnt. Alle an dieser einsamen Tankstelle versammelten Leute hoffen und starren gemeinsam gespannt gen Himmel. Jedes Jahr gibt's besonders im Mittleren Westen »fliegende Tankstellen« und »fliegende Kühe«. Wir zittern – vor allem wegen der plötzlichen Kälte, als der Regen runtergießt. Ansonsten scheint man die Bedrohung nicht allzu ernst zu nehmen, es gibt wichtigere Dinge, im Shop gibt's heiße Cheeseburger und einen quatschenden Fernseher. Ich staune über dieses *take it easy.* Erst als es dunkel wird, schlüpfe ich in mein Zelt und zucke bei jedem Donner zusammen, während ich dem lang anhaltenden Dröhnen des Gewitters lausche.

Am nächsten Morgen steht mein frisch verregneter (und endlich sauberer), aber unversehrter Flugapparat noch immer zwischen den Kühen. Mir bleibt nichts anderes übrig, als auf der Kakteenwiese wieder zu starten. Dies geht natürlich nicht, ohne dass beide Hinterreifen wieder dutzendfach durchstochen werden! Wieder in der Luft, überlege ich, dass für die nun erforderliche, riskante Notlandung ohne Luft in den Pneus der weitläufige Flugplatz von Ft. Collins geradezu ideal als »Notlandeplatz« in meiner Richtung erscheint. Gedacht, getan. Obwohl der Runway gut drei Kilometer lang ist, komme ich bereits nach 40 Metern zum Stehen. Nur unter voller Motorenleistung gelingt es, den Flieger mit diesen Schlappen fortzubewegen, und wie auf Waschlappen geht's zum erstbesten Hangar. Dort lasse ich mir von einem Motorradfachgeschäft zwei neue Pneus und Schläuche bringen, dazu eine Pizza (mit vollem Bauch arbeitet sich's nun mal besser …). Ich schwöre mir, nie mehr abseits von Flugplätzen zu landen.

Eine Heuschrecke ist kein Adler

Als ich mich am Abend erstmals über meinen Benzintank beuge und versuche an einem Schlauch meinen Benzinverbrauch abzulesen, stehen mir fast die Haare zu Berge, denn ich muss feststellen, dass ein grundsätzliches Problem meine Reise erheblich erschweren wird: Mein Benzinverbrauch liegt nämlich erheblich höher als das, was von Mad Adrian wie auch vom Hersteller im Prospekt versprochen wurde. In den bisherigen acht Flugstunden lag er bei fast 30 Litern auf 100 Kilometer! Bei einem Benzintank von 44 Litern Fassungsvermögen heißt das, dass ich (bei ruhigen Windverhältnissen und bis zum letzten Tropfen) eine für amerikanische Verhältnisse mickrige Strecke von gerade mal 150 Kilometern zurücklegen kann – genau halb so viel wie erwartet!

In Amerika gilt für mich zudem: Der Wind bläst immer, und zwar grundsätzlich von vorne, egal, in welche Richtung ich gerade fliege, was meine Reichweite nochmals drastisch verkürzt. Die Überquerung der Rocky Mountains, meine nächste Etappe, ist so an einem Stück garantiert nicht mehr drin. Wo sollte ich aber diesmal in den Bergen landen und mir Treibstoff besorgen?

Beim Studium der Karte kommt mir die glänzende Idee: Spontan kontaktierte ich telefonisch den Manager eines für mich am idealen Ort gelegenen Campingplatzes zwecks einer kleinen Zwischenlandung. Doch wer weiß, ob es dort a) eine pistengroße Fläche in der Nähe hat, und b) ob mich dort überhaupt jemand landen lässt? Douglas, der Mann am anderen Ende der Telefonleitung, ist für mich wie der Fund einer Schatztruhe. Er ist nicht nur hilfs- und risikobereit, sondern er gibt mir zu meinem völligen Erstaunen auch gleich die Erlaubnis, innerhalb des Campingplatzes auf der Spielwiese zu landen! »Hey man, flieg einfach im Tiefflug über mein Haus nebenan, dann scheuch ich die Leute von der Spielwiese und du kannst kommen.«

Kaum habe ich die neuen Reifen und Schläuche montiert und getankt, geht's also fröhlich weiter zu einer Landung auf dem Campingplatz. Nach einer Stunde locke ich mit meinem Tiefflug wie verlangt die fassungslosen Touristen aus ihren Motorhomes, bis ich sehe, dass ein großer Typ zum Haus hinauseilt, sich in einen Dodge-Truck setzt und neben den mächtigen Motorhomes vorbeibraust, quer durch den Campingplatz, um am unteren Ende eine Federball spielende Schar von der Spielwiese zu vertreiben.

Meine »Piste« ist diesmal etwa 140 Meter lang, wobei an beiden Enden Büsche gefährlich hoch hinaufragen. Die Seiten sind begrenzt durch einen Zaun auf der einen und eine johlende Menschenmenge auf der anderen Seite. Unter dem Applaus der anwesenden Augenzeugen gelingt die Landung zu meinem eigenen Erstaunen recht sanft, allerdings etwas knapp: Der Flieger kommt erst fünf Meter vor dem eingezäunten Gebüsch zum Stillstand.

Douglas ist total begeistert. Das war die erste Landung eines Flugzeugs auf seinem Platz, und deswegen und »for the show« offeriert er mir für ein paar Tage einen speziellen Standplatz neben den riesigen Motorhomes – kostenlos. Zwei Tage lang tun Douglas' Gäste dann auch fast nichts anderes, als sich über das »Flying home« zwischen den Motorhomes zu wundern, und ich amüsiere mich köstlich über all die Texaner, denen es vor Staunen fast den Hut vom Kopf bläst.

Die Zeit auf dem Campingplatz nutze ich, um stundenlang in meinem Airport-Führer und auf der Luftfahrtkarte herumzukritzeln und mir den Kopf zu zerbrechen. Es gilt nun, die Rocky Mountains zu überqueren, und zwar mit einem (aufgrund des Gepäcks) um 10 % überladenen Flugzeug, was ein ernsthaftes Problem darstellt. Um die Rocky Mountains von Denver her zu überfliegen, gibt es drei Möglichkeiten: Entweder man fliegt weit südlich via New Mexico, weicht den großen Bergen damit aus und langweilt sich über einer eher unspektakulären Landschaft. Oder man wählt den direkten Weg, die Überquerung des Berthoud-Passes oder irgendeiner anderen Bergstrecke, wobei die Passstraßen selbst schon eine Höhe von 3000 Meter erreichen – dafür wäre das Gebirgsfliegen landschaftlich absolut sensationell. Genauso außergewöhnlich wie der Blick wäre es aber auch, wenn man lebend durch diese windumtosten Berge käme. Eine Menge Flugzeugwracks, alle mehr oder weniger an denselben Stellen, beweisen, dass selbst gut motorisierte Sportflugzeuge die im Gebirge herrschenden Auf- und Abwinde nicht immer meistern.

Ich entscheide mich für die dritte, die nördliche Route, für die Durchquerung des Südens von Wyoming. Diese alte Luftpostroute führt über ein riesiges und immer windiges Hochplateau, das immerhin auch schon auf 2500 m über dem Meeresspiegel liegt, hinüber nach Salt Lake City. Auch Charles Lindbergh wählte als einer der ersten Luftpostboten Amerikas mit seinen viel stärkeren Flugzeugen diese Strecke und erlernte hier seine fliegerischen Fähigkeiten, ehe er als erster Mensch 1911 nonstop und alleine über den Atlantik von New York nach Paris flog.

Auf der Zufahrtsstraße zum Campingplatz setze ich meine Maschine wieder in Bewegung und lasse mich von einem ungewöhnlichen Ostwind problemlos den Pass hinauf aufs Plateau tragen. Nun bin ich im Bundesstaat Wyoming. Das üppige Grün Colorados ist einer trostlosen, windumbrausten Steppe gewichen. Gerne würde ich auch etwas über diese fade Gegend schreiben – nur kommt mir einfach nichts in den Sinn.

Je weiter ich nach Westen vorankomme, umso mehr muss ich mich an die warnenden Worte aller Piloten erinnern: »Wyoming ist der windigste Ort der Welt! « Das habe ich schon oft gehört, und es bewahrheitet sich am dritten Tag auf dem Hochplateau tatsächlich.

Kaum habe ich früh am Morgen auf dem Flugplatz von Rawlins abgehoben und steuere auf den ersten Hügel zu, da sehe ich, wie meine Geschwindigkeit über Grund drastisch langsamer wird. Ich schaffe es bis zu einer Tankstelle und weiß, dass ich mich in Geduld üben muss. Nun gut, geradeaus starrend und nichts weiter hoffend lasse ich mich von den heftigen Turbulenzen zwei Minuten lang arg durchschütteln und schaue erst danach wieder auf den Boden runter. Ich kann es kaum fassen: Ich bin immer noch über derselben Tankstelle!

Unverzüglich kehre ich nach Rawlins zurück und verfluche Wyoming und den Wind, den Wind und Wyoming, womit ich natürlich bei den herumstehenden Jet-Piloten für riesiges Gelächter sorge.

»Du wirst hier in Wyoming noch ein halbes Jahr auf einen anderen Wind für deine alte Kiste warten müssen! Das ist der windigste Orte der Welt! «, prophezeien sie mir, setzen sich in ihre Jets und Turboprops und sausen unbekümmert vom Wind in alle Richtungen davon, um ihre Pakete auszuliefern, nachdem sie mir scherzhaft ein »See you tomorrow! « zugerufen haben.

Klar, dass sie am nächsten Morgen immer noch laut über mich lachen, während ich ohne große Hoffnung auf den voll aufgeblasenen Windsack starre und auf besseres Flugwetter warte. So komme ich wieder mit einem wilden Haufen Piloten in Kontakt, vor allem mit Jeff, dem gesprächigsten von allen. Jeff arbeitet für einen Kurierdienst und stammt aus Georgia. Wir diskutieren über Gott und die Welt. Jeff, 45 und stets elegant gekleidet, verdient meine Bewunderung, weil er immer noch mit seiner ersten Frau verheiratet ist und weil er sie mit jungen 22 Jahren heiratete – heutzutage ja alles keine Selbstverständlichkeit – und weil er seinen Traumjob hat. Amerikaner reden oft gerne, und mir ist ihre offene Art ganz sympathisch, ich finde es sogar wunderbar, und meistens geht auch alles gut, so lange ich das Thema Politik meide und nicht allzu viel weiten Horizont erwarte – auch von Piloten nicht. Doch Jeff wird mich eines Besseren belehren. Ich glaube, wir reden über Umweltschutz und wir sind sogar gleicher Meinung, selbst nach einer halben Stunde, als ich weiß Gott wieso einmal ganz beiläufig erwähne, dass der Mensch ja vom Affen abstamme. Jeff rastet völlig aus.

»Wie kannst du es wagen, die Bibel anzuzweifeln! Wer spricht hier von Affen? So was kennen wir hier nicht, dass wir die Schöpfung des Allmächtigen anzweifeln! Gott allein hat uns erschaffen, *don't you know?*« Und weg ist er.

Verdattert bleibe ich zurück. Ungläubig – wenn nicht vorher, dann jetzt ganz sicher. Soll ich nun lachen oder weinen oder mich vor Scham verkriechen? Ich weiß nicht einmal, ob ich meinen Ohren glauben kann. Wie kann das sein: Jeff fliegt eines der modernsten Geschäftsflugzeuge in der Weltgeschichte herum, während sein Denken zweifellos auf dem der tiefgläubigen Christen basiert, auf dem Alten Testament nämlich, weit über 2000 Jahre alt! Ich hätte es wissen müssen, als er mir seine Herkunft verriet. Der ganze Süden der USA, von Georgia bis Colorado, ist fundamentalistisch christlich eingestellt. Dieser so genannte Bibelgürtel scheint den Horizont einzuengen.

Ich mache mir nichts mehr vor: Der windigste Ort der Welt bezieht sich hoffentlich nur auf den Umkreis von fünf Kilometern. Am dritten Tag habe ich die Nase von der Warterei endgültig voll und schreite noch vor Sonnenaufgang zu einer Radikaltour: Ich verschwinde in halber Dunkelheit in den Himmel, in der Hoffnung, so früh am Morgen auf etwas ruhigere Winde zu treffen. Und prompt zahlt sich der Versuch aus.

Jubelnd ziehe ich über den Hügel und die Tankstelle, kreise über nackte Hügel und eine monotone, braune Landschaft – und stelle nach nicht mal 30 Kilometern mit Schreck schon wieder einen halb leeren Tank fest, obwohl es noch weitere 80 Kilometer bis zum nächsten Flugplatz zu fliegen gilt. Mein enorm hoher Benzinverbrauch ist alles andere als befriedigend. Unter mir erscheint bald schon eine kleine Garage neben dem Highway, ein riesiges »Texaco«-Schild ragt in den Himmel empor. Da habe ich wohl wieder einmal Glück gehabt, denke ich, lande auf der Schotterstraße nebenan und fahre mit laufendem Propeller, eine mächtige Staubwolke produzierend, direkt an die Zapfsäule, zur Freude der Zuschauer. Selbst der Sheriff findet seine Freude an meiner Straßenlandung und fährt winkend neben mir vorbei. Ich beginne

Amerika zu lieben, dafür, dass man hier frei und unbekümmert leben kann. Keiner, der sein Maul aufreißt, weil ich irgendwo ein Flugzeug lande. Grandios.

Langsam, aber sicher und mit viel Improvisation (Felder und Tankstellenzufahrten werden von mir zu Flugplätzen umfunktioniert) kann ich Wyoming eine Woche später verlassen. Ich schätze, dass ich wohl selbst per Fahrrad noch schneller gewesen wäre. Doch kaum bin ich Richtung Utah eingebogen, geht mir in der Luft das Benzin wieder bedrohlich zur Neige. Die hier am besten geeignete Notlandepiste führt diesmal mit zwei Kurven einen kleinen Hügel hinunter direkt zu einer Farm. Die erste Kurve erwische ich noch im Flug, die zweite beim Ausrollen, und eine heftige Bremsspur hinterlassend, kommt mein Flugzeug holpernd kurz vor einem Steinbruch neben der Farm zum Stehen.

Das eigentlich Abenteuerliche beginnt aber erst jetzt, denn genau genommen befindet sich mein Flieger plötzlich in einem wildfremden Privatgarten im Wilden Westen! Ich bin es von der Schweiz her gewohnt, dass selbst beim Velofahren im Fahrverbot sofort einer um die Ecke kommt und sein Maul aufreißt. Wie werden dann erst die Cowboys reagieren, wenn ich auf ihrem Privatweg gleich per Flugzeug entlangdonnere? Die haben doch alle ihre Gewehre und schießen auf jeden, der auch nur versehentlich sich über ihr privates Grundstück schleicht! Und überall stehen die Tafeln »Private area, no trespassing – Privatgrundstück, kein Durchgang!« herum. Mir wird mulmig.

Tatsächlich kommen beinahe augeblicklich aus drei Richtungen die Cowboys mit ihren Fahrzeugen auf mich zugerast, per Truck, Quad-Bike und einem ungeheuerlichen Mähdrescher. Die Situation ist mir nicht ganz geheuer, bis ich den ernsten Gesichtern erzähle, dass ich mit diesem fliegenden Ding von Denver her unterwegs sei, unterwegs zur Küste, und mir das Benzin ausgegangen sei. Da beginnen sich die Männer vor Lachen zu krümmen, dass sie sich gegenseitig stützen müssen. Ich platze ebenfalls fast vor Lachen, mir ist klar, ich habe die Story zu ernst erzählt. Viel zu ernst. Bei meinem Flugzeug und mir handelt es sich ja um eine Lachnummer!

Und schon klopft mir ein Cowboy auf die Schultern und lädt mich auf den Mähdrescher auf, womit ich zur Tankstelle gefahren und mit Benzin versorgt werde, und sogleich wird noch eine kleine Sightseeing-Tour auf der Farm mit lebhafter Diskussion und Anschauungsunterricht über die Haltung von Pelztieren arrangiert.

Ich erlebe mich als willkommenen Gast, und als ich am Abend auf der anderen Seite des Steinbruchs auf einem geraden Straßenstück diese kleine, heile Welt wieder verlassen will, teilen die Cowboys mir noch mit, ich solle das nächste Mal unbedingt wieder hier landen und sie besuchen! Klar: Nicht jeden Tag fällt ein Schweizer vom Himmel!

Endlich, nach zwei Wochen fast ununterbrochenem Reisen, tut sich unter mir der Bundesstaat Utah und die Großstadt Salt Lake City auf. Die Geschichte dieser Stadt ist eng mit der Geschichte der Mormonen verknüpft. Die »Church of Jesus Christ of Latter-Day Saints«, »Kirche Jesu Christie der Heiligen der letzten Tage«, wurde 1830 von Joseph Smith in Fayette (New York State) gegründet. Der Farmerssohn verkündete, dass ihm der Engel Moroni sowie göttliche Erscheinungen den Text zu einem Buch offenbart hätten. Das Buch handelt vom Schicksal eines alten Volkes aus dem Nahen Osten, das nach Amerika auswandert – eine Fortführung der biblischen Geschichte auf amerikanischem Boden. Die Glaubensgemeinschaft der Mormonen schwoll innerhalb weniger Jahre auf Tausende Mitglieder an. Wo auch immer sie hinkamen, brachten ihre rigiden Gesetze – Verbot von Genussmitteln wie Kaffee, Alkohol und Tabak, aber erlaubte Polygamie – die Mormonen in Schwierigkeiten. 1844 wurde Smith von seinen Gegnern in Illinois ermordet, und unter der Führung seines Nachfolgers, des »Propheten« Brigham Young, wanderten sie daraufhin in den Westen aus. In dem völlig abgelegenen Tal am Great Salt Lake verkündete Young am 24. Juli 1847 mit den Worten »This is the Place!« das Ende der Reise. Seither ist dieser Flecken Erde die Heimat der Mormonen.

Vier Tage lang folge ich diversen Einladungen von Mormonen-Familien. Zu Hause bei Betty und John dreht sich alles um die Religion, und die beiden erklären mir, wie sie ihr Leben streng danach ausrichten: Jeder Mormone müsse ein bis zwei Jahre, noch bevor geheiratet wird, im Dienste Gottes irgendwo auf dieser Welt missionieren und neue Mitglieder werben. Das Leben folgt strengen Strukturen, das Heiraten gilt für die Ewigkeit, und die Treue sei vorgeschrieben. Betty gibt sich auch zum amerikanischen Dauerbrenner-Thema namens »Abtreibung« kämpferisch überzeugt, dass die Frau das Recht habe darüber zu entscheiden, ob sie ein Kind austragen will oder nicht. Diskussionen über Abtreibung seien sinnlos, meint sie, denn es sei grundsätzlich Sache der Frau: Sie entscheidet, ob sie Sex haben will oder nicht.

Am Flugplatz lasse ich mir frische Luft in mein Hirn pusten und genieße es, endlich wieder mal unter einem Baum Briefe zu schreiben und das Fluggerät auf Herz und Nieren zu überprüfen, um jegliche Gefahr eines Unfalls auszuschalten. Man glaubt es kaum, aber das ständige Herumrennen nach dem richtigen Benzin (nur Super-Benzin ist okay, und das ist nicht an jeder Tankstelle erhältlich) und nach dem richtigen Öl (Zwei-Takt-Öl, das dem Benzin im Verhältnis 1 : 50 beizumischen ist) und diverse lustige Einladungen haben mir bisher fast keine Minute Freizeit gelassen.

Man braucht nicht Perfektionist zu sein, um zu sagen, dass man sich einfach nicht in ein fliegendes Metallgestänge setzt, wenn eine Schraube nicht angezogen werden kann, eine Mutter verloren gegangen ist oder ein Kabel einen Knick hat. Lieber tagelang am langweiligsten Ort der Welt ausharren und Ersatzteilen hinterherrennen, als mit einem Flugzeug starten, das nur zu 99,9 % sicher ist, und sich dann eventuell den Hals zu brechen. Vor jedem Flug muss deshalb jede Schraube, jedes Kabel, einfach jedes Ding überprüft werden. Dazu gibt es eine Check-Liste wie für jeden Airbus, nur halt etwas kürzer. Vor allem gilt dies jetzt, da ich zwei außergewöhnliche Flüge plane, die nicht ganz ungefährlich sind.

Auf dem geschäftigen Flugplatz »Salt Lake City No. 2« steht mein Ultralight neben der Basis einer Helikopter-Staffel der Air Force, und regelmäßig bin ich von neugierigen Piloten umzingelt. »Weißt du, was ich tun würde, wenn ich so ein kleines Flugzeug hätte?«, fragt mich einer, wie wenn er mit seinem eleganten und sauteuren Sportflugzeug nicht ganz zufrieden wäre. Seine Idee: Hinter einem der Hügel, keine zehn Kilometer vom Flugplatz entfernt, befinde sich nämlich die Bingham-Kupfermine, das größte von Menschenhand erschaffene Loch der Welt, das so tief sei, dass man darin den höchsten Wolkenkratzer Amerikas zweimal aufeinander stellen könnte. Der Typ krächzt wie eine Kröte, aber seine Idee macht ihn zum Leuchtkäfer – seine Logik leuchtet ein! Klar, muss ich auch einmal die Vorteile meiner niedrigen Geschwindigkeit ausnutzen!

Natürlich würden mir alle Piloten am liebsten mein Ultralight aus den Händen reißen und selber ins Loch hineinfliegen. Denn ihre Flugzeuge sind zu wenig wendig. Die Idee zu diesem Flug finde ich umwerfend, und so hänge ich über der Luftfahrtkarte, versuche herauszufinden, ob irgendwelche offizielle Flugverbote über der Mine herrschen. Die Suche verläuft negativ – durchaus positiv also für mich … Also nichts wie hin! Der letzte Tipp der schnellen Kröte: »Frag ja nicht vorher bei der Minengesellschaft, ob sie dir den Einflug erlauben – *just do it,* flieg einfach und *that's it!*«

Als sich früh am nächsten Morgen das gigantische Loch unter

mir auftut, fühlt sich das an, als würde die Welt mir gehören. Mit wenigen Metern Abstand fliege ich über die Kante und die Abräumhalden, halte zuerst die Video-Kamera in beiden Händen, drossele dann den Motor und tauche ins dunkle, vier Kilometer breite Loch hinab. Ich erlebe einen wahren Flugrausch! Am meisten faszinieren mich die riesigen Lastwagen, die wie winzige Käfer tief unten im Loch die über 300 Tonnen schwere Gesteinsfracht von überdimensionierten Baggern aufgeladen kriegen und sich auf winzig erscheinenden Straßen, in Wirklichkeit aber so breit wie Autobahnen, langsam ans Sonnenlicht zur Abladestelle hinaufquälen.

In meinem Flugzeug surre ich nur wenige dutzend Meter neben den Monstern vorbei, verschieße mehrere Filme und flippe fast aus. Mehrmals umkreise ich auch einen von mehreren riesigen Bohrtürmen, bis nach einer Stunde der Benzinvorrat mich wieder zur Rückkehr zwingt.

Auf dem Airport erzähle ich allen anwesenden Piloten von meinem atemberaubenden Erlebnis, bis ihnen beim Wort »Bohrturm« die Luft wegbleibt. Sichtlich erschrocken teilen sie mir mit: »Wir haben noch vergessen dir mitzuteilen, dass beim Turm jeden Tag drei- bis viermal gesprengt wird!«

Es gibt nichts Schöneres als Fliegen und tagtäglich zu den Überlebenden zu zählen, davon bin ich überzeugt!

Noch am selben Tag ist auch die große Salzwüste an der Reihe. Eine gut 150 km lange, pfeilgerade Strecke muss bewältigt werden, und zwar immer schön dem Highway folgend, der die Wüste durchtrennt und aussieht wie ein riesiger, schwarzer Pinselstrich auf dem Mond. Übermut wäre hier mehr als fehl am Platz. Ich genieße das Spiel mit den 50-Tonnern, den Königen der Highways. Gut zweihundert Meter neben den Trucks fliege ich im halsbrecherischen Tiefflug wie auf einer Achterbahn und probiere in Bodennähe alles aus, was man nicht tun sollte. Alles, was es sonst nur als Video-Spiel gibt. Ab und zu befinden sich die riesigen Ungetüme plötzlich wieder knapp unter mir, ab und zu fahren sie auf ihrem zwei Meter hohen Damm höher oben als ich fliegend nebenan unterwegs bin. Bevor die Trucks mit ihrer hohen Geschwindigkeit mich wieder abhängen, winke ich den Fahrern jeweils noch zu. Meine fliegerischen Fähigkeiten haben sich spürbar weiterentwickelt: Wenn ich eine Kurve kratze, kratzt die Flügelspitze fast den salzverkrusteten Boden auf. Aber nur fast. Ein Wahnsinn! Mich schaudert's. Am Schluss des Tages kommt mir in den Sinn, wie viele Menschen von

1

2

3

Go South! Fahrradsafari durch Massai Mara und Amboseli Nationalpark Kenia.

Die Tour startet bei der größten Vogelkolonie der Welt, am Lake Bogoria in Kenia.

Vulkanische Quellen am Lake Bogoria, Kenia.

4

5

6

7

8

Schmelztiegel der Kulturen: Stone Town, Sansibar.

Wie lange es die Gletscher am Kilimandscharo wohl noch geben wird?

6 Fischer an der Ostküste Sansibars.

7 Sansibars Zauber spiegelt sich in der Lebensfreude seiner Einwohner wider.

8 Aus Weißblechdosen werden Spielzeuge. Chalinze, Tansania.

9 Leider nur ausgestopft: der Sansibar-Leopard.

10 Die Juwelen Malawis: Buntbarsche in allen Farben.

11 Malerischer Malawisee (Senga Bay).

9

10

11

12

13

12 Wo der träge Sambesi in die Tiefe stürzt: Victoria Falls, Simbabwe/ Sambia.

13 Das war noch vor wenigen Stunden ein Nilpferd! Malawi.

14 Nachmittäglicher Schwerverkehr auf dem Campingplatz in Kariba, Simbabwe.

15 Katz- und Mausspiel mit einem ausgewachsenen Elefanten in Kariba, Simbabwe.

16 Unheimliche Überreste des 16-jährigen Bürgerkriegs überziehen Mosambik.

17 Beeindruckender Sonnenaufgang bei den Victoria Falls.

18 Straußenfarm im Süden Südafrikas.

14

15

16

17

18

19 »The Argus« – das größte Fahrradrennen der Welt. Mit 25 000 Radfahrern geht´s zum Ende der Safari rund ums Kap der Guten Hoffnung.

20 Vergebliches Warten eines Aasfressers auf zartes Radfahrersteak.

21 Auch der Löwe geht leer aus.

einem Raketenflug auf den Mond träumen. Wieso diese Träumerei? Man nehme einfach ein Ultralight und fliege im Tiefflug über die Salzwüste. Just do it!

Die vier Kilometer lange Piste des Flugplatzes von Wamsutter kommt mir wie ein Schlussstrich unter diesen erlebnisreichen Tag vor. Vergnügungen wie die Spielereien nahe am Boden sind natürlich nur selten möglich, das weiß ich. Gesetz ist Gesetz, auch in Amerika. Vor allem beim Anfliegen diverser Flugplätze muss allerhand beachtet werden. Wamsutter, so meine Airport-Bibel, schreibt kein Funkgerät vor, trotzdem lande zweimal täglich eine DC-9 hier, ein eigener Charterflieger des Dorf-Casinos. Somit gilt: Ausschau halten! Ich starre in die weite Wüste hinaus, sehe nichts, drehe nochmals eine Runde, wieder nichts. Erst als ich mir ganz sicher bin, dass der Anflug kein Glückspiel ist, setze ich auf und parke auf dem menschenleeren Vorplatz. Ich kann mir nicht im Traum vorstellen, was eine DC-9 hier suchen würde. Doch nicht einmal zehn Minuten später ist eben diese da, direkt neben meiner kleinen Heuschecke spuckt sie ihre 140 aus Colorado eingeflogenen Passagiere in die heiße Wüste aus. Niemand würdigt mich eines Blickes, die Ladies und Gentlemen sind erfüllt von der Aussicht auf ihr Glücksspiel. Wenn die wüssten, denke ich, wie hier schon in der Luft gepokert wird! Ich stelle mein Zelt unter meinem Flügel auf und verbringe die Nacht in angenehmer Gesellschaft des großen Jets. Heute esse und trinke ich nichts. Dieser Flugtag hat mich nudelfertig gemacht. Für heute gilt: »Game over!«

Am nächsten Tag komme ich erstmals nicht darum herum, einen größeren Flughafen anzusteuern, bei dem ein Funkgerät zwingend vorgeschrieben ist. Da ich nun mal keines bei mir habe, aber unbedingt zwecks Nachtanken in Elko landen muss, lande ich 50 km vorher auf einem kleinen Flugfeld direkt neben einer Telefonkabine und lasse mich mit dem Controller des Towers verbinden. Einen kleinen Funken Hoffnung habe ich noch – immerhin habe ich doch gelernt, dass ich mich im Land der unbegrenzten Möglichkeiten befinde! Ich erzähle dem Fluglotsen wirklich alles, was mir gerade in den Sinn kommt, in der Hoffnung, dass er mir eine Ausnahmebewilligung für eine Landung ohne Funk auf dem Rollfeld oder von mir aus neben der Piste erteilt. Mir fällt fast der Hörer aus der Hand, als dieser kurz entschlossen in den Hörer ruft: »Just come and land!«

Ich kann es kaum glauben, mir verschlägt es fast die Sprache. Habe ich richtig verstanden – der will, dass ich einfach so auf der Hauptpiste lande? Ich lärme schon fast empört zurück: »Wie, um

Himmels Willen kannst du mich auf der Piste landen lassen, wenn da auch große Jets auf derselben Piste aufsetzen? Weist du nicht, wie klein ich bin? Oder kannst du mir vielleicht auch ein spezielles Landeprozedere angeben?«

Den Controller scheint aber gar nichts zu beunruhigen, lautes Gelächter: »Flieg einfach auf den Tower zu! Dann *watch out*, schau herum. Wenn du siehst, dass gerade ein anderer kommt, drehst du ein paar Runden um den Tower. Und sobald du siehst, dass keiner kommt, kommst du runter. Verstanden?«

Ich staune. »Easy-going« findet in den USA scheinbar auch in der Luftfahrt Anwendung.

Mit deutlich beschleunigtem Puls lasse ich mich in den Sessel fallen und lege mit Vollgas die 50 Kilometer nach Elko zurück, wofür ich wegen Gegenwind exakt 90 Minuten benötige. Kaum sehe ich den Tower vor mir, suche ich mit Adleraugen den ganzen Luftraum nach anderen Jets ab. Nichts! Zur Sicherheit drehe ich nochmals eine Runde und lande wie eine ängstliche Libelle direkt vor dem Tower. Der Controller öffnet das Fenster im Turm und winkt mich hinauf, und so statte ich ihm einen Besuch ab, der erst spät am Abend damit endet, dass ich mein Zelt für die Nacht zwischen Tower und Runway auf der Wiese aufstellen darf! Easy going, wahrhaftig!

Am nächsten Morgen hat Dwight, der Mann im Tower, erneut Dienst und rüttelt mich aus meinem Zelt, damit ich die frühmorgendliche Ankunft der United Airlines-Challenger vom Tower aus fotografieren kann. Da es noch ziemlich dunkel ist, murmele ich vor mich etwas hin wegen der zu langen Verschlusszeit meiner Kamera: »Das Bild wird unscharf.«

Dwight erkennt meine Notlage sofort und lärmt der heranrollenden United ins Mikrofon: »United, Achtung! Hier Elko Tower. Wir haben heute Morgen einen Fotografen aus der Schweiz im Tower, und wir wären euch sehr dankbar, wenn ihr etwas langsamer fahren könntet heute morgen!«

Befehl ist Befehl, und die Piloten der United drücken sogleich aufs Bremspedal und rollen fast im Schritttempo an uns vorbei. Sie wünschen mir alles Gute für meinen weiteren Flug, während Dwight und ich uns krumm lachen.

Als ich endlich starten kann, ist es wieder Dwight, der dafür sorgt, dass der ganze Luftverkehr das Ultralight im Auge be- und einen Mindestabstand einhält. Ich fühle mich wahnsinnig wohl dabei und glaube, dass ich definitiv nicht mehr zur Spezies »homo pedalis« (Velofahrer) gehöre, sondern zu einem »homo airbus«

geworden bin … Mein Selbstvertrauen wächst in den Himmel, ein Was-kostet-die-Welt-Gefühl nimmt überhand. Wow!

Wenige Kilometer weiter westlich brennen unter mir die Sträucher und Wälder Nevadas, seit 27 Jahren gab's keine solch gewaltigen Waldbrände mehr in den USA. Unbeeindruckt fliege ich durch den stickigen Rauch und gehe durch die Feuerprobe, alles um mich herum ist grau in grau, folge dem einzigen weißen Strich unter mir, dem Highway. Ich fühle mich unverwundbar und wunderbar. Vom Husten mal abgesehen.

Auch bei der nächsten Landung suche ich, so wie immer bei Landeanflügen, den Himmel nach anderen Flugzeugen ab. Auch hier beim Landeanflug auf das Nest namens Battle Mountain, zu deutsch »Schlachtberg«, rechne ich mit keinem anderen Luftverkehr. Doch zwei Kilometer vor der angepeilten Landung über dem letzten Hügel vor der Piste werde ich vor lauter Schreck fast aus meinem Sessel geworfen. Nein, keine Windböe und auch keine Vulkaneruption unter mir, sondern nur ein winzig kleiner Punkt. Fast zufällig hatte ich etwa zwei Kilometer von mir entfernt einen kleinen Punkt in der Luft entdeckt. Sehr schnell entpuppt er sich als ein riesiger, viermotoriger Bomber, der mit vollem Speed auf mich zurast! Ich beginne sofort, hilflos mit den Flügeln zu wackeln – eine andere Chance habe ich gar nicht!

Weniger als einen Kilometer von mir entfernt dreht der bucklige Flieger endlich ab, landet vor mir auf der Piste und hinterlässt bei mir einen abartig hohen Puls. Wenig später setze ich auf. Dabei wird es mir gleich nochmals schwindlig, denn bei dem »Bomber« handelt es sich auch noch um das größte Feuerlöschflugzeug der USA, eine Boeing KC-97! Mit wackligen Knien schreite ich hinüber zu den Piloten, um diese Fast-Kollision zu besprechen. Ich weiß, dass im Prinzip folgendes gilt: Weder ich noch die Flugmannschaft der KC-97 haben einen Fehler begangen, es ist einfach so, dass man aufeinander schauen muss, und nur so können Zusammenstöße vermieden werden! Diese Ansicht vertreten auch die Piloten, und gemeinsam gehen wir zum Mittagessen ins größte Hotel von Battle Mountain (was nichts heißen muss).

Bei gedörrtem Zwetschgenpüree und Chicken erzählen wir einander die besten Storys aus unseren Luftfahrerkarrieren. Nun, die aufregendste Sache im Leben dieser drei ehemaligen Pan Am-Piloten scheint ihr Flug nach Moskau gewesen zu sein, während des kalten Krieges. Danach werden die drei stumm, wissen nichts mehr. Da realisiere ich, dass ich in den letzten drei Wochen mit meiner Art von Fliegerei wahrscheinlich mehr erlebt habe als diese Piloten während dreißig Jahren bei der damals größten Fluggesellschaft Amerikas! Wenn man nach dreißig Jahren Arbeit keine Geschichte erzählen kann, so denke ich, dann muss Linienpilot ja wohl der langweiligste Job der Welt sein!

Zurück am Flugplatz kriege ich auch eine exklusive Besichtigung des zweistöckigen Innern dieses Flugzeug-Oldtimers. Die Pilotenkanzel erreichen wir, als die Mountain-Bikes (die die Piloten als Fitness-Gerät auf jede Reise mitnehmen) von der Treppe zur Seite geschafft werden, und ich darf sogar mal Platz nehmen auf dem uralten und zerfetzten Sitz des Captains. Ich kann ja wirklich nur froh sein, dass ich mir nicht den Sinn und Zweck hunderter Hebel, Armaturen, Lämpchen und Knöpfe zu merken brauche! Die vier Instrumente des Quicksilver sind für meine zwei Augen schon genug. Und manchmal sogar immer noch zu viel.

Absturz!

Mit einem seltsamen Gefühl, einer Mischung aus dem noch nicht ganz verdauten Schock vom Fast-Zusammenstoß, dem netten Treffen mit den Piloten und dem gedörrten Zwetschgenpüree im rumorenden Magen, starte ich den Motor. Klar fliegt jeder gute Pilot nur dann, wenn er ausgeruht ist und sich optimal fühlt. Und klar ist auch, dass jeder gute Pilot vor dem Start seine Maschine nochmals durchcheckt, auch wenn's nur vier Punkte sind! Man muss zum Beispiel daran denken, dass bei jeder Tankfüllung der Benzinhahn abgedreht werden muss, damit man ja nicht vergisst, ihn beim Starten wieder zu öffnen! Und hier geschieht es tatsächlich das erste Mal, dass ich vergesse, die Leitung wieder zu öffnen!

Zehn Meter über dem Boden spotzt der Motor ohne Vorzeichen den letzten Ton von sich – dann höre ich nur noch das beängstigende Pfeifen des Windes und spüre bereits den Absturz! Ohne irgendeine Möglichkeit, das Fluggerät noch aufzufangen, kommt der nächste Ton in Form eines heftigen, alles zerfetzenden Knalls. Das war's! Die ganze Maschine zerschellt nach einem freien Fall im Sand neben der Piste, im Boden einen Krater hinterlassend! Wie ein Pflug gräbt sich meine Quicksilver noch meterweit durch den Boden. Unter meinem Sitz spüre ich, wie sich Achse und Räder sowie mein Gepäck in ihre Einzelteile zerlegen.

Das ist das Aus! Aus für mein Flugzeug. Aus für die ganze Reise. Das ganz große Aus!

Erst Sekunden später, als sich die mächtige Staubwolke verzogen hat und ich meine Augen wieder öffnen kann, merke ich, dass ich zu den Überlebenden dieses Flugzeugabsturzes zähle. Und nicht nur das, nein, ich bin zudem noch heil!

Etwas benommen und mit dem Sand Nevadas zwischen den Zähnen steige ich aus und sehe ein halbes Dutzend Autos heranbrausen. Es sind die Piloten und Mechaniker der KC-97, die mich – tot oder lebendig – bergen wollen. Zur allgemeinen Überraschung finden sie einen ganz munteren Piloten vor. Und so lachen wir wieder weiter wie am Mittagstisch, und wir alle sind um eine Story reicher.

Da die Piloten lapidar feststellen, dass mein Flugzeug jetzt den Eindruck eines Fundstücks einer archäologischen Ausgrabung macht, bleibt ihnen nichts anderes, als eine ganze Fallschirmspringer-Einheit von 14 Mann, die so genannten Fire-Jumpers, abzukommandieren, um das Flugzeug zurück aufs Vorfeld zu tragen.

Da liegt also der Rest meiner Träume. Der eine Flügel zeigt gegen den Himmel und wackelt im Wind, während der andere mit Ziegelsteinen beschwert auf dem Boden bleibt und dort herumknarrt. Und die brutale Wahrheit lautet: Ich habe es nicht einmal bis San Francisco geschafft! Das erste Mal zweifle ich ernsthaft an meinen Fähigkeiten als Pilot. Vielleicht hätte ich ja doch lieber Radfahrer bleiben sollen …

Während der ersten drei Stunden, die in der Atmosphäre eines Begräbnisses vergehen, sitze ich nur auf der Veranda und schaue den startenden und landenden Feuerlöschflugzeugen apathisch zu. Ich habe keine Ahnung, wie es weitergehen sollte, ich weiß nur, dass meine Reise zu Ende ist. Da stoppt plötzlich ein Geländewagen neben mir, und die Fensterscheibe geht hinunter. Ich glaube meinen Augen nicht! Es ist Dwight, der Controller von Elko Airport! Und zu meiner totalen Überraschung stelle ich fest, dass er hinter seinem Isuzu einen Hebekran angehängt hat, mit dem er mir nun zu Hilfe geeilt ist. »Wie ist das denn nur möglich?«, frage ich ihn, »dass du von meinem Crash gehört hast und schon so schnell da bist?«

»Als ich über Funk von anderen Piloten gehört habe, dass Battle Mountain wegen einem gecrashten Ultralight gesperrt wurde, wusste ich, dass es sich nur um den crazy Schweizer handeln kann! Ich habe den Tower gleich meinem Kollegen überlassen und bin mit dem Kran hierher gefahren! Komm, wir flicken dein Flugzeug!«

»What!?«, stammele ich nur noch und bringe kaum ein Wort heraus. Dieser Dwight! Denkt der wirklich allen Ernstes daran, dass man mit diesem Wrack wieder würde fliegen können? Ich weiß nicht, wie viel Optimismus ein Mensch verträgt, aber Dwight und auch die Amerikaner im Allgemeinen leben scheinbar im unzerstörbaren Glauben, dass es immer weiter geht, dass alles möglich ist. Das Aufgeben ist keine Option, und so inspizieren wir den Flieger etwas genauer, und Dwight überzeugt mich, dass ich mal den Hersteller des Quicksilver in Kalifornien anrufen soll, um mir Ersatzteile schicken zu lassen. Denn der Flieger scheine in Ordnung, zweifelsfrei seien nur die Achse und drei Stangen verbogen.

Am nächsten Vormittag, Dwight ist wieder zurückgefahren nach Elko, parkt ein brauner Lieferwagen von United Parcel Service neben meinen Flieger, und der Fahrer reicht mir eine lange Röhre aus Kalifornien heraus – das ging ja wie der Blitz! Nun beginne ich in der Mittagshitze einen großen chirurgischen Eingriff am

Flugzeug. Die Achse kommt weg, die beiden Tragelemente zwischen Vorderrad und Sitz ebenfalls sowie eine Stange, die bisher das gesamte Gewicht des Fliegers aufs rechte Hinterrad brachte. Wow, das Auseinandernehmen ist ja fast so einfach wie das Fahrradflicken, nur vom Zusammenbau habe ich plötzlich keine blasse Ahnung mehr.

Während ich noch immer die uralte KC-97 verfluche (obwohl nur ein verirrter Velofahrer Schuld am Absturz hatte), kriege ich wieder einmal Besuch von den neugierig gewordenen Mechanikern des alten Feuerlöschflugzeugs. Man stelle sich vor: Weil diese uralte Klapperkiste namens KC-97 mit Baujahr 1952 so viele Defekte erleidet, stehen dauernd fünf zu Tode gelangweilte Flugzeugmechaniker auf dem Flugplatz herum, in der Hoffnung, dass es möglichst bald an ihrer Kiste etwas zu reparieren gibt. Doch momentan fliegt sie absolut pannenfrei – umso größer insgeheim die Freude der Mechaniker, dass mal einer abgestürzt ist! Endlich gibt's wieder was zu tun!

Und so packen sie mit ihren kräftigen Händen zu, schieben mich zur Seite und gehen mit ihren raffinierten Werkzeugen zur Sache, während ich nun stundenlang neben ihnen stehe und mich darüber amüsiere, wie sie sich über technische Fragen streiten. Nach zwei Tagen ist das Gestänge beieinander und das Flugzeug wieder in perfektem Zustand.

»Drehe mal eine Runde, und wenn alles so ist wie früher, kannst du gleich weiterfliegen!«, meint der Chefmechaniker, und so winke ich beim Abheben der ganzen Bodencrew von Koch bis Sekretärin über Piloten, Löschmittelabfüller, Löschmittelmixer, Mechaniker und Betriebsfeuerwehrleuten nochmals freudig zu, ehe ich mit einem eigenartigen Gefühl im Bauch in einem zusammengeflickten Ultralight wieder in den amerikanischen Himmel verschwinde. Ja, der Flieger ist wieder der alte! Ich glaub's ja nicht! Wenn einer absichtlich abstürzen möchte, dann kann ich nur Battle Mountain empfehlen, es ist der beste Flugplatz der Welt! Wie habe ich das verdient, dass ich genau hier abgestürzt bin?

Dass ich von jetzt an bei jeder Landung ans Drama von Battle Mountain erinnert werde, verdanke ich übrigens dem Umstand, dass es den Mechanikern nicht mehr gelang, meine Bremsen zum Funktionieren zu bringen. Ich habe nun keine Wahl: Will ich meine Reise fortsetzen, so müssen also von jetzt an meine Schuhsohlen die Arbeit der Bremsklötze übernehmen.

An einem einzigen Tag fliege ich sogleich die Rekorddistanz von 200 Meilen, lege zuerst – am Sonntagmorgen – einen Zwischenstopp bei einem Cowboy zwischen seinen Pferden ein, dann auf einer privaten Landebahn zwischen Pflanzenschutzsprühflugzeugen und schließlich am Rand einer Wüste auf einer unbenutzten Motocross-Bahn.

Die Wüste hat die Eigenschaft, dass sie weder Möglichkeiten zum sich Verstecken noch fürs Überleben bietet. Freiwillig wohnt hier keiner mehr. Hier leben nur die, die am untersten Ende der gesellschaftlichen Skala angekommen sind, die zwanghaft hier festgehalten werden. In einem Land, wo jeder siebzigste eingesperrt ist, ist die Wahrscheinlichkeit, auf eine Hochsicherheits-Haftanstalt zu treffen umso größer, je unwirtlicher die Gegend ist. Denn einen idealeren, feindlicheren Standort für Gefängnisse gibt es gar nicht. Die Bruthitze soll menschliche Wärme ersetzen und bessere Menschen schaffen. Eine größere Fehlinvestition hat sich die Menschheit wohl selten geleistet.

Kurz bevor ich den Flugplatz von Reno erreiche, durchfliege ich mit weit geöffneten Augen die Einflugschneise des internationalen Flughafens. Tatsächlich, keine zwei Kilometer vor mir erspähe ich eine DC-9 der American Airlines. Zum Glück bin ich zu klein, als dass mich die Passagiere hätten sehen können (… sonst hätten sie sich vor Schreck wohl den heißen Kaffee über die Hosen gekippt). Ich bin genau zur richtigen Zeit in Reno angekommen. Die Stadt ist in dieser Woche das Mekka aller Luftsportfans aus der ganzen Welt. Am nächsten Morgen erlebe ich den Massenstart von 80 Heißluftballonen mit, die ich aus sicherem Abstand aus der Luft fotografiere. Das Gesetz schreibt vor, dass ich fünf Meilen Abstand halten muss – so ist es Gott sei Dank unmöglich, zwischen den fliegenden Cheeseburgern, Weltkugeln, Bierdosen und Luftschlössern verloren zu gehen …

Gleichzeitig laufen am Boden die Vorbereitungen zu den Reno-Air-Races auf vollen Touren. Man stelle sich vor: Dutzende Rennteams aus allen Staaten der USA sind mit ihren auf mehrere tausend PS aufgemotzten Kriegsflugzeugen aus dem Zweiten Weltkrieg angereist und wollen vor über 100 000 Zuschauern beweisen, dass ihr High-Tech-Gerät zu den schnellsten Propeller-Flugzeugen der Welt gehört. Dazu hat man an den Enden der Piste je eine gut 50 Meter hohe, rote Stange aufgezogen, um die nun die Runden geflogen werden. Es geht zu wie bei einem Pferderennen, nur rennen die Pferde diesmal durch die Luft, liegt sogar die Rennbahn im Himmel! Wer in zwölf Minuten die meisten Runden fliegt, hat gewonnen. So was Verrücktes kann sich nur Amerika ausdenken!

Californian Dream

Ich denke, dass Kalifornien das verrückteste Amerika ist. So ziehe ich von dannen über die sattgrünen Tannenwälder des Lake Tahoe und überquere die Staatsgrenze. Unter mir nur Wald, nichts als Grün und der eiskalte See – endlich einmal unberührte, paradiesische Natur. Durch meinen Kopf geht der Gedanke an meinen Flugzeugmechaniker in Colorado Springs, der mir dauernd seine Statistik wiederholte und einimpfte: »Mit diesem Motor musst du immer irgendwo landen können, er kann jederzeit aussetzen, statistisch gesehen alle 250 Stunden!« Ich hoffe, dass diese Stunde nicht gerade jetzt geschlagen hat, nicht über diesem schönen Stück Erde, wo eine Notlandung halsbrecherisch wäre und die Türe zum himmlischen Paradies wohl aufschlagen würde!

Dieses Stück Erde namens Kalifornien war schon immer auch Teil meiner kindlichen Träume, die Erfüllung meiner Sehnsucht nach dem typischen, freien Amerika. Der erste Flugplatz, Cameron bei Sacramento, übersteigt auf dieser kindlichen Skala selbst meine kühnsten Erwartungen. Ein ganzes Quartier hat sich um den Flugplatz entwickelt, und zwar ein Wohnquartier, alles Einfamilienhäuschen, bewohnt von gut Betuchten, die Null Bock darauf haben, täglich stundenlang mit einem Fahrzeug im Stau zu stehen. Hier besitzt jeder mindestens ein Flugzeug. Hier wohnen die wirklichen Flugzeugnarren, die, die mit ihrem Flieger bis an ihr Schlafzimmer fahren, um dann auch ja keinen Schritt ohne ihr »Spielzeug« aus dem Haus machen zu müssen. Umso entsetzlicher das Spießertum, das mir entgegen schlägt. Der Chef will mich so schnell als möglich loshaben, Ultralights seien nicht erlaubt hier, und um seine Forderung zu unterstreichen, hält er mir mit aufgekrempelten Hemdsärmeln die Platzordnung unter die Nase. Macht nichts, ich bleibe nur ein paar Stunden, allein um das Spießbürgertum zu nerven, bis ich weiterfliege in Richtung San Francisco, in Richtung eines hoffentlich besseren Kaliforniens.

San Francisco soll das Highlight der Reise schlechthin werden. Doch zuerst braucht es eine gehörige Portion Geduld. Je näher ich nämlich zur Küste komme, desto mehr nimmt die Zahl der Flugplätze zwar zu, doch auch der Gegenwind bläst umso stärker. Einmal zeigt mein Satellitennavigationsinstrument eine Geschwindigkeit von sage und schreibe sechs km/h – da wäre ich ja besser zu

Fuß gegangen! Eine ungeplante Notlandung folgt der anderen. Da ich für zweieinhalb Stunden Benzin tanken kann, scheint es bei dieser Langsamkeit aussichtslos, den nächsten Flugplatz, der diesmal bloß 25 Kilometer entfernt ist, anzufliegen. So steuere ich in einem wild galoppierenden Flugzeug wieder auf eine kurze Privatpiste zu, die ich mit viel Glück in einer Monokultur von Aprikosenbäumen erspäht habe. Diese Landung glückt zunächst auch beinahe perfekt, doch plötzlich geht alles blitzschnell. Gut zwanzig Meter vor dem Pistenanfang fegt mich eine Windböe einfach von der Piste weg – und schleudert mich dreißig Meter nebenan in ein ausgedörrtes Maisfeld! Es ist zwar weiter nichts passiert, aber aus eigener Kraft komme ich hier nicht mehr aus dem Gestrüpp. Also klopfe ich an der Holzhütte nebenan.

Ein Nachbar mexikanischer Abstammung guckt aus dem Fenster, und ein Lächeln so breit wie sein Hut sagt, dass ich nichts erklären muss. Schon holt er beherzt seinen riesigen Chevrolet samt Anhänger aus der Garage, und wir fahren Vollgas durchs Feld hinüber zum Flugzeug. Als es uns im Zick-Zack-Kurs fast zum Wagen rausschüttelt, muss ich den Wortkargen fragen, wieso er es denn so eilig habe im Maisfeld. Das haben Autofahrer weltweit an sich: Sitzen sie zu Hause, haben sie alle Zeit der Welt, sitzen sie mit dem großen Zeh auf einem Gaspedal, haben sie plötzlich hundert Gründe für die Eile! Darüber kann ich nur lachen. Witzfiguren. Doch Pedro hat einen guten Grund. Mit typisch mexikanischer Gelassenheit beginnt er zu erklären:

»Mein Auto ist sehr alt, es hat viele Löcher im Auspuff, deshalb fahre ich schnell und zünde so hoffentlich nicht das ganze Maisfeld an!«

Am nächsten Tag nichts Neues. Bei starkem Gegenwind schaffe ich knapp die restlichen 15 Kilometer bis Rio Vista, wo ich den Flieger genervt stehen lasse und kurzerhand mit einem Ortsansässigen im Auto die 50 Meilen nach San Francisco mitfahre, wo ich mir ein paar Tage Ruhe gönnen möchte. Aussicht auf ruhigere Windverhältnisse besteht sowieso nicht. San Franscisco, wieder eine Großstadt, wieder viele unheimliche Typen, wieder eine Ansammlung von Menschen, die sich gegenseitig wohl sehr lieben. Weshalb sonst können sie sich keine andere Art von Leben vorstellen als hier im Großstadtsumpf? Nach drei Tagen habe ich genug von den Massen in Nahaufnahme gesehen. Ich will die Welt wieder von oben sehen, aus der Entfernung.

Doch wie soll ich zurück nach Rio Vista? Das Problem der Rückkehr ist natürlich, typisch amerikanisch, dass weder Busse noch

Züge verkehren. Das lässt sich nur nur auf unkomplizierte, amerikanische Art und Weise lösen, mit Inspiration und Improvisation. Ich schaffe es, zu einem nahe gelegenen Flugplatz mit diversen Flugschulen zu gelangen. Meine Frage lautet, ob ein Fluglehrer, der mit seinem Schüler irgendwohin fliegen geht, mich nach Rio Vista mitnehmen könnte. So kommt es, dass ich nach Rio Vista zurückkehre – anstatt per gewöhnlichem hitch-hiking diesmal per hitch-flying!

Zurück bei meinem Flugzeug ist der Himmel zwar strahlend blau, doch die Fahnen flattern und der Windsack steht waagrecht im Wind. Meine Geduld wird arg strapaziert. Das Einzige, was weitergeht, ist das Warten.

Vielleicht haben Sie schon mal etwas von einem Kerl namens Dennis Hope gehört, dem weltweit einzigen autorisierten Verkäufer von Grundstücken auf dem Mond (und mittlerweile auch auf dem Mars). Jawohl, das gibt's! Er betreibt seine »Lunar Embassy« am Flugplatz von Rio Vista, und somit ist ein guter Zeitvertreib für mich gefunden. Seine Geschichte beginnt so normal, wie er aussieht: Kleine Glatze, Schnauz, um die fünfzig. Dennis' Ehe war, das ist schon ein paar Jahre her, in Brüche gegangen, gleichzeitig ging es mit seinem Job als Kaufmann bergab. So fuhr auf dem Highway in »die beschissenste Nacht« seines Lebens hinaus, mit der Wahl, entweder in eine Schlucht abwärts zu steuern und allem ein Ende zu setzen oder ein neues Leben zu beginnen. Den ganzen Bullshit hinter sich lassen, so oder so. Er starrte durch die Scheibe auf den Mond, und da kam ihm die Erleuchtung: Wieso denn nicht da oben Grundstücke verkaufen? Er recherchiere in der Charta der UN und fand heraus, dass kein Land der Welt Besitz ergreifen darf da oben. Von Privatpersonen stand dort allerding nichts. Also ließ er sich von der UN das alleinige Recht dazu geben. Für 15 Dollar gibt's bei ihm jetzt einen Hektar Mondland zu kaufen. Im Preis inbegriffen ist eine Urkunde mit genauer Karte, wo denn die Landparzelle steht. Dennis ist glücklich, dass viele Menschen nun durch ihn glücklich geworden sind, denn alle können nun davon träumen, dass sie vielleicht die neuen Nachbarn von Nancy Reagan oder Madonna werden …

Unterzeichnete Kaufverträge hat er bereits kistenweise, ein Großteil der Kunden seien Leute aus Germany und Switzerland, die kürzlich in einem RTL-Magazin von Hope die Hoffnung bekamen, dass sie das, was auf dem Planet Erde Mangelware geworden ist, viel, viel günstiger auf dem Mond erwerben können. Das Ultralight, mit dem man zu seinem Mondgrundstück fliegen kann, wird

Hope vielleicht auch noch dazu erfinden. Er ist einer von den Menschen, denen man alles zutraut und der für alles einen Käufer findet …

Am nächsten Tag scheint der Wind früh am Morgen etwas sanfter zu blasen. Ich binde den Flieger los und renne nochmals zum Abschied zum Flughafenmanager. Wenige Sekunden später erlebe ich den Schock meines Lebens: Mein Flugzeug steht nicht mehr da! Und der zweite Schock folgt sogleich: Es ist vom Wind fortgeblasen worden und hockt an einer jetzt beschädigten Piper. Mir bleibt angesichts der Konsequenzen fast das Herz stehen! Ich fluche so laut und ausdauernd, dass selbst Hopes Mondparzellen durcheinander wirbeln.

Meinen Flieger ziehe ich wie ein ungestümes Ross zurück an seinen Platz und binde ihn wieder an, anschließend inspiziere ich den Schaden an der Piper. Die Fiberglas-Kante des hinteren Flügels ist zersplittert sowie das Höhenruder verbogen. Ich fluche erneut. Mein Herz flattert. Doch dann realisiere ich, dass mein wild gewordenes Ross keine einzige Schramme aufweist. Ich glaube es einfach nicht, eine Welt bricht zusammen. Wäre ich doch hinter dem Mond!

Ein alarmierter und lamentierender Flugzeugmechaniker erscheit zeitgleich mit dem Besitzer des Flugzeugs. Der Besitzer ist ein Arzt, der ganz ungesund dreinschaut. Gemeinsam wird ein Deal vereinbart, eine Rezeptur, die den weißhaarigen Doktor wieder gesund machen sollte: Der Mechaniker eilt auf seiner Kawasaki zu einem Flugzeugfriedhof nach Sacramento, wo er von einem Wrack ein Ersatzteil abschrauben könne. Let's hope! Einen halben Tag später ist das verbogene Höhenruder mit ein paar Hammerschlägen wieder gerade. Am Schluss bezahle ich für alles 227 Dollar und bin, so kann man sagen, mit einem blauen Auge davongekommen. Wäre mein Flieger in den Propeller der ärztlichen Piper gerutscht, hätte dieser Ausflug locker ein paar tausend Dollar gekostet!

Der nächste Tag ist zum Fliegen endlich traumhaft geeignet. Kein Nebel über der Bucht, selbst der Wind hat sich verabschiedet, dafür hat sich gute Fernsicht eingestellt. Ich kreise ein paar Mal über vier abgestellte, verrostete Militärschiffe in der San Francisco-Bay und komme stark ins Grübeln, als ich merke, dass unter mir auch ein ausgemusterter Flugzeugträger vor sich hindümpelt. Scheinbar ohne irgendeine Bewachung weit und breit. Soll ich oder soll ich nicht? Kaum auszumalen, wie verrückt und faszinierend eine Landung auf diesem Militärschiff wäre! Doch mein Verstand siegt über meine Neigung zum Abenteuer: Kaum vorstellbar, was für ein Nachspiel so eine Landung haben könnte. So lande ich nördlich der Bucht an der Stadtgrenze ganz gewöhnlich auf einem Flugplatz.

Hier beginnt der bisher schönste Flug meines Lebens. Er führt mich über riesige Villen der Superreichen, wo ich so weit hinuntergleite, dass ich fast in die Stuben hineinblicken kann. Die Bay ist nun gesäumt von künstlichen Inseln, hier wohnen die Wohlhabenden, die, die es wohl haben. Dieses Wohl ist ausgestellt in Form von teuren Yachten, immensen Garagen und noch teurerer Architektur direkt am Meer. Über die offene Wasserfläche zieht's mich hinüber zur ehemaligen Gefängnisinsel Alcatraz, bis sich nebenan majestätisch die Wolkenkratzer zu mir hinaufstrecken. Unter mir liegt der alte Hafen mit den Souvenirshops und Ice-Cream-Buden. Daneben zahlreiche vor der Uferpromenade treibende Flöße, die bis an den Rand von faulen Seelöwen beschlagnahmt sind. Während unten winzige Autos über die Bay Bridge und die Highways flitzen, steigt in mir eine irrsinnige Freude auf: Ich hab's geschafft! Es ist der tollste Anblick, den man sich wünschen kann!

Fast eine Stunde lang durchkreuze ich wie ein Albatros das Dreieck zwischen Alcatraz, Bay Bridge und den Wolkenkratzern über den schäumenden Wellen, wie wenn der Himmel über San Francisco mir allein gehören würde. Dann setze ich meinen Flug fort zur Golden Gate-Bridge, wo ich direkt neben dem Verkehr herfliege und filme, wie die Autos durch den Himmel fahren, während unten ein riesiger Supertanker das Meer durchpflügt. Mit einem sensationellen Rückenwind jage ich weiter nach Süden und lande auf dem erstbesten Flugplatz namens Half Moon Bay, erfüllt mit großartigen Eindrücken.

Mit meinen Schuhsohlen bremsend, bringe ich meinen Flugapparat in enorm starkem Wind gerade noch vor den Füßen des Flugplatzchefs zum Stillstand, der auf dem Vorfeld mit einem alles anderen als freudigen Gesichtsausdruck auf den unangemeldeten Gast wartet.

»Was willst du hier?«, fragt er mich in einem Ton, als ob ich gerade in der Waffenkammer eines Mafiabosses eingebrochen wäre. »Ultralights sind hier verboten! Das gibt einen Rapport. Du kannst gleich ins Büro mitkommen!«, kommandiert er mich weiter.

»Na so was!«, denke ich mir, »vielleicht bin ich jetzt tatsächlich hinter dem Mond gelandet!«

Während draußen der Wind immer stärker aufdreht und mein Flugzeug in seiner Verankerung quietscht, muss ich vor einer Kommission von fünf Leuten (Chef Nr. 2, Flugzeugbetanker, Chef Nr. 3 und Chef Nr.4 sowie dem Hauswart) überrascht Rede und Antwort stehen, wieso ich verbotenerweise mit meinem Ultralight hier den Boden berührte.

Meine Antwort ist klar: Auf keiner Karte und in keiner Bibel steht etwas von dem Verbot! Mich amüsiert dieses Verhör doch ziemlich, während die Gegenseite seriös die Schreibmaschine klimpern lässt, bis ich glaube, etwas falsch zu verstehen. Was, ich soll sofort wieder starten!? Sofort? Und das bei einem Wind von 45 km/h?!

»No way!«, rufe ich in die Runde. Niemals! Worauf die Knie der fünf anwesenden Flugplatz-Cowboys laut zu zittern beginnen. Ich erfahre, dass der Big Boss gleich erwartet wird, und wenn der jemals ein Ultralight auf seinem Flugfeld sähe, dann gäbe es für alle riesengroßen Ärger, der Flieger würde sofort auseinander genommen und per Lastwagen weggeschafft. Mir fällt in dem Moment nichts Besseres ein, als laut loszulachen. Ist das lustig! Noch nie hatte ich davon gehört, dass ein Flugplatzchef Flugzeuge, die ihm nicht passen, abtransportieren lässt! Ich kriege schließlich eine Kopie von dem Rapport und sehe ein, dass ich's auf anderen Flugplätzen mit anderen – und besseren! – Menschen zu tun habe.

Mit etwas Kopfzerbrechen überlege ich's mir nochmals und entscheide mich, im stärksten Wind, den ich je beim Take-off hatte, zu starten. Es wird schon gehen, denke ich mir. Die Cowboys halten mein Flugzeug am Ende der Piste fest, damit es nicht weggeblasen wird, bis ich ihnen mit einem nach oben gereckten Daumen das Zeichen gebe und den Gashebel voll durchdrücke. Genau fünf Meter rolle ich über den Boden, schon erhebe ich mich sprunghaft in die Luft. Ich steige gut 15 Meter über den Boden und stelle fest, dass der Aufstieg schon zu Ende ist, dass mein Sprungkäfer bei dem Wind keinen weiteren Satz mehr nehmen kann und über der Piste stillsteht! Es geht weder hinauf noch vorwärts! Wie ein Helikopter!

Weil ich über den Köpfen der Flugplatzchefs keinen akrobatischen Tanz in den Turbulenzen vorführen will, ziehe ich den Steuerknüppel bald nach rechts und drehe 180° in den Rückenwind. In der stark durchwirbelten Luft werde ich umhergeschaukelt wie ein Schmetterling in einem Orkan. Ich bin machtlos dem Wind ausgeliefert, der mich mit genau 105 km/h über die ersten Häuser und halsbrecherisch knapp über die Masten der Yachten in der Marina fegt, bis sich die Turbulenzen über dem Pazifik plötzlich wieder legen und ein gemächlicher Steigflug möglich wird. Uff, da bin ich wieder mal knapp davongekommen …

Das Wetter über dem blauen Pazifik präsentiert sich glücklicherweise von seiner angenehmsten Seite. Obwohl ich über 100 km/h drauf habe, ist die Luft so still wie eigentlich nur an den besten Tagen frühmorgens. Kein Flattern in den Flügeln, keine wilden Schläge aus der Luft. So schön müsste Fliegen immer sein, so kommt es in den Träumen vor. Trotzdem, der Schein trügt: Würde der Wind plötzlich etwas mehr nach Westen drehen und befände ich mich zu weit auf dem offenen Meer draußen, könnte ich Mühe bekommen, gegen den Wind ans Land zurückzufliegen. Wenn ich dann nicht baden gehen möchte, müsste ich westwärts eine Piste suchen … Aloha!!

Nicht nach Hawaii, sondern auf den Flugplatz von Watsonville treibt es mich, und zwar direkt vor den Hangar einer fröhlichen Fliegergruppe, die ihre Zeit soeben mit Biertrinken totschlägt. Hier ist's lustig! Die nächste Hauseinladung folgt schon kurze Zeit später – diesmal beim Hangarbesitzer und tollkühnen Akrobatik-Piloten namens Keith. Keith stellt sich als überaus begabter Mechaniker heraus, und gerne übergebe ich ihm meinen Motor zu einer schnellen Inspektion. »No problems«, behauptet er, trotz bereits 60 Flugstunden seit der letzten Revision. Meine Reise kann also mit gutem Gewissen weitergehen!

Mit bestem Dank für die Gastlichkeit zische ich am nächsten Morgen davon – um am nächsten Flugplatz von einem Motorschaden völlig überrumpelt zu werden. Mein genügsamer Motor startet zwar so einfach wie ein Rasenmäher – normalerweise reiße ich einmal am Seil und er springt an –, doch heute muss ich wirklich mein Bestes tun, rupfe am Seil, ziehe schnell, heftig, ruckartig und schwach – doch nichts hilft. Er springt nicht an, der Motor ist mausestill. Mit erlahmten Armen stelle ich fest, dass ich mitten im Nirgendwo in einem Dorf namens King City gestrandet bin. Die Luft ist durchzogen von den Düften einer riesigen Zwiebelverarbeitungsindustrie – dies ist zweifellos der falscheste Ort, um nach einer Flugzeugmotorenwerkstatt zu suchen. Bei Keith klingelt bald darauf das Telefon, worauf knappe dreißig Minuten später nebenan eine Piper mit einem lachenden Keith drin landet. Keith ist meine Feuerwehr – schnell und hilfsbereit und immer auf Abruf! Doch das Lachen vergeht auch ihm bald, denn die Krankheitsursache meines Motors ist nicht zu finden. Ohne lange zu überlegen, schraubt Keith den Motor vom Gestänge und fliegt mich damit spontan ins Silicon Valley zurück nach San Francisco.

Es geht unglaublich schnell, noch am gleichen Abend sind wir wieder zurück, und Keith kann das geflickte Stück mit einem neuen Kondensator drin keine 24 Stunden nach der Panne wieder an meinen Flieger hängen. Als das Ding auch noch zu surren beginnt, traue ich fast meinen Augen nicht, denn ich habe bei der Reparatur nicht einmal schwarze Hände gekriegt! Zum Abschied frage ich Keith, was ich ihm für die 360 geflogenen Meilen und all die geleistete Arbeit schulde. Seine witzige Antwort trifft den Nagel auf den Kopf: »Wenn du beim Grand Canyon wieder Probleme hast, dann ruf mich einfach wieder an!«

Dass in diesem Land der Einwanderer jeder jedem hilft, ist heutzutage auch nicht mehr selbstverständlich, doch dass unter Piloten dieser Grundsatz immer noch weit verbreitet ist, beweist mir noch am selben Abend auch das nächste Ereignis:

Kurz vor Bakersfield parke ich mein Fluggerät bei Einbruch der Dunkelheit auf einem kleinen Flugpatz vor einem Hangar, in dem noch Licht brennt. Ich habe Durst und Hunger und bin überrascht, nichts mehr vorzufinden, kein Mensch mehr weit und breit. Nur in diesem einem großen Hangar brennt noch Licht. Ich schiebe die Türe zur Seite und glaube meinen Augen nicht: Drin steht ein aufpolierter Mustang, sozusagen ein Rolls-Royce unter den Flugzeugen, den ich schon bei den Reno Air Races im Einsatz gesehen habe. Dieser Anblick lässt jedem Flugzeugbegeisterten das Herz höher schlagen.

Als Chuck, der Mechaniker, mit schwarzen Fingern aus dem Cockpit steigt und mein Ultralight erblickt, frage ich ihn: »Wo gibt's hier etwas zu essen?«

»Drei Meilen die Straße runter!«

»Und Benzin?«

»Drei Meilen die Straße runter!«

Heute ist nicht mein Tag. Ich stelle mich drauf ein, einen Abend als Obdachloser zu verbringen. Aber Obdachlose mit unbekanntem Akzent und eigenem Fluggerät kriegen oft schneller ein Dach über dem Kopf als andere. Ohne dass ich weiter irgendetwas erklären müsste, offeriert Chuck seinen Hangar. Nicht den kalten, ölverschmierten Boden, sondern eine integrierte, klimatisierte Zwei-Zimmer-Wohnung im oberen Stockwerk, mit prall gefülltem Kühlschrank sowie dem obligatorischen Fernseher. Dazu jeder erdenkliche Luxus, alles vom Feinsten – gedacht für spezialisierte Mechaniker, die von weit her anreisen.

»Wenn du morgen früh weiterfliegen willst, dann schließ die Tür einfach hinter dir wieder zu. « – Und weg ist Chuck! Ich habe verstanden und kann den restlichen Abend endlich mal das amerikanische Fernsehen genießen. Mein Fernsehpartner ist diesmal einer der teuersten Flugzeugoldtimer der Welt, auf den ich nun aufpassen darf. Ich frage mich oft, wieso die Piloten so viel Vertrauen in andere Menschen haben. Haben sie so viel Gottvertrauen, oder schauen sie nie TV?

Der Fernseher spuckt mit »Crash and Crime« nur so um sich – auf der Welt sind scheinbar die Kriminellen, Betrüger, Randalierer, Waffenmissbraucher und Kinderdiebe nicht weniger geworden. Das überrascht beim Fernsehen nicht wirklich. Eher frage ich mich, was denn ein »History-Channel« im TV soll. Die ganze Zeit Schwarzweißaufnahmen von früheren Kriegen, von Heldentaten amerikanischer Soldaten. Patriotismus nonstop, pausenlos »das Gute, das sind wir!«-Geschwafel. Dass ich keine News aus Europa finde, erstaunt mich widerum nicht weiter. Amerika denkt anders, und das ist gut so. Ganz Amerika nimmt diese Einimpfung von isolierten Crash&Crime-News freiwillig und gerne auf. Es gibt jeden Abend das freudige Gefühl, auch heute wieder einmal nicht niedergestochen, ausgeraubt oder vom Babysitter betrogen worden zu sein.

Betrogen fühlen dürfen sich höchstens die Menschen, die sich anderntags unter mir in der Landwirtschaft bücken und abkrampfen müssen. Riesige Wüstenstriche sehe ich, alle bewässert und grün, bearbeitet von mexikanischen Landarbeitern, so genannten *Wetbacks,* die mit dem »nassem Rücken«. Dieser Ausdruck für die illegalen Einwanderer aus dem Süden stammt vom Durchschwimmen des Colorado River. Am Nordufer des Flusses hoffen sie alle ihr Glück zu finden – für zwei Dollar die Stunde, bei der Erdbeerernte. Schuften weit unter dem gesetzlichen Minimallohn, zu Bedingungen der Dritten Welt. Das belebt die Wirtschaft. Garantiert Typen wie Keith und Chuck ihren Wohlstand, ihre Flugzeuge, ihre freie Zeit. Das Leben war noch nie gerecht – der Geburtsort entscheidet, ob man Geld haben wird oder nicht. Zum Glück aber gibt's auch andere Formen von Glück. Ich denke zurück an Tansania. Malawi. Sansibar. An die glücklichen Kinderaugen

Auf den Spitzen der Sierra Nevada erwartet mich die größte Windkraftanlage der Welt. Den Grund, weshalb diese zierlichen Propeller (mehr als 5000 an der Zahl!) genau auf einem Hügel am Eingang zur Mojave-Wüste stehen, verstehe ich schnell. Nirgends auf dem Kontinent habe ich bisher solch einen kräftigen Wind erlebt – hier bin ich wieder mit nur sechs km/h unterwegs, aber diesmal rückwärts!

Auf meinem weiteren Flug durch diesen Backofen Kaliforniens folge ich schön den gleichmäßig am Boden aneinander gereihten Blechpyramiden. Unmissverständliche Signale, dass sich keiner, nicht einmal irrtümlich, auf die andere Seite dieser Linie verirren darf. Ich würde sofort zu einem Eindringling in die streng bewachte, weltberühmte Edwards Air Force Base erklärt. Ein paar dutzend Meilen entfernt sehe ich auch den Weltraumbahnhof – eine riesige Halle zum Versorgen der Space Shuttles. Militärische Sperrgebiete sind ein großes Thema in der Fliegerei in den USA. Kaum vorstellbar, was geschehen würde, wenn ich als Tourist gar auf einem Luftwaffenstützpunkt landen würde und denen erklärte: »Ich wollte nur ein paar Fotos schießen!«

Stattdessen begnüge ich mich mit dem Fotografieren des größten Solarkraftwerks der Welt. In diesem Gebiet scheint an 360 Tagen im Jahr die Sonne, und wie! Wegen der enormen Erhitzung des Wüstenbodens und den daraus entstehenden Turbulenzen ist das Fliegen zur heißen Tageszeit schlicht unmöglich. Mir würde speiübel. Aber selbst im nächsten Tal, eine Stunde vor Sonnenuntergang, produzieren gewisse erhitzte Bodenstellen noch Turbulenzen, die meinen Flieger wie in den Strudel eines unsichtbaren Tornados ziehen. Innert zwei Minuten werde ich gut 500 Meter in die Höhe geworfen, sehr zu meinem himmlischen Gefallen natürlich. Wow! Plötzlich sind alle Autos so winzig, die Straße so dünn – und selbst als ich den Motor drossle und sinken will, schiebt mich die Luftsäule weiter ungewollt immer höher und höher – ich bin nur noch ein Punkt irgendwo im Weltall! Irre!

Aber kaum hat sich der Höhenmesser stabilisiert, gerate ich auch schon in den dazugehörigen Abwind! Ich stürze einfach runter, kann den Flieger nur schlecht unter Kontrolle halten, während der Highway unter mir immer breiter und breiter wird. In diesen Momenten hilft weder Vollgasgeben noch Fallschirmziehen, sondern nur beten und hoffen, der Abwind möge noch über dem Boden aufhören. Von so einem extremen Fallwind, der kein Ende nehmen will, habe ich noch nie etwas gehört. Bin ich noch in der Luft oder schon in der Schwerelosigkeit? Erst 50 Meter über dem Boden spüre ich endlich wieder tragende Luft unter den Flügeln. Eine Erklärung für dieses Phänomen ist schnell gefunden: Ich überfliege gerade das Tal des Todes!

Verschollen im Niemandsland

Es wird Zeit, die faszinierenden, aber auch meist öden Wüstenlandschaften endlich zu verlassen. Plötzlich ungläubiges Staunen. Unter mir: Zwei riesige Mississippi-Dampfer, die im Sand feststecken! Nach näherer Begutachtung ist klar: Hier muss die Grenze zu Nevada sein, die Schiffe sind die Umrisse eines riesigen Casinos! Ich lande nebenan auf einer Salzkruste – ein idealer Ort für ein Frühstücksbuffet! Vier Dollar sind schnell ausgegeben, dafür kann ich essen, so viel ich will. Anschließend nehme ich mit vollem Bauch und trägem Flugzeug Kurs auf den Hoover-Staudamm, hinter dem sich der schöne, blaugrüne Lake Mead auftut. Dann folgt endlich der erste der zahlreichen berühmten Nationalparks: Zion. Dies ist der Beginn der Aufzählung von landschaftlich eindrucksvollen und einmaligen Gegenden.

»Was, du willst den Bryce Canyon gar nicht besuchen?«, wundern sich mehrere neugierige Leute vom Flugplatz von Kanab. Da viele Berge den Weg zum Bryce Canyon versperren, habe ich mich tatsächlich bereits entschieden, auf diesen einzigartigen Park sicherheitshalber zu verzichten. Doch die Leute lassen nicht locker, und ich erfahre erstmals von einer Schotterstraße, die mich ohne Bergpass zum Bryce Canyon führen könnte. »Just follow the road!«, heißt es. Das tönt ja wirklich easy. Schon lasse ich mich überreden und fliege weiter Richtung Bryce Canyon, nicht ahnend, dass sich dieser Schnellentschluss als größter, beinahe tödlicher Irrtum meiner Reise herausstellen sollte.

Ich folge zuerst fröhlich der Schotterstraße, bis diese sich abermals verzweigt, doch als ich merke, dass ich die falsche Abzweigung genommen habe, bin ich bereits mindestens 20 Kilometer in der Wildnis, in einer Sackgasse. Ich habe mich verflogen! Mehr als die Hälfte des Benzins ist schon verbraucht, und der kräftige Gegenwind tut sein Übriges, sodass ich mich in einer Lichtung auf der Schotterstraße zu einer Notlandung gezwungen sehe, und das ohne Bremsen! Zum Glück sehe ich massenhaft Sträucher, die mich auffangen und abfedern können.

Unten kann ich in aller Ruhe die Karte studieren und den nächsten Schritt überlegen. Kanab befindet sich 30 Kilometer südlich, der Bryce Canyon 30 Kilometer nördlich, doch davor liegt eine kleine Ortschaft, mit etwa 16 Kilometern Entfernung garantiert innerhalb meiner Reichweite – also nichts wie hin! Ich drehe die Nase des Fliegers in den Wind, setze mich rein und hüpfe mit vollem Schub von Schlagloch zu Schlagloch. Rein ins Verderben. Wie ein Gummiball beginnt mein Vorderrad plötzlich zu hüpfen, und daraus resultierend schießt mein Gefährt wild galoppierend von der Startbahn. Leider nicht nach oben, sondern seitwärts – direkt ins nächste Gebüsch, direkt in die Katastrophe: Achsenbruch!

Die Lage ist ernst, ich darf keine Zeit verlieren, nicht einmal fürs Nachdenken. Was ich in meiner Euphorie unterlassen habe, ist nun folgenschwer: Ich habe nichts mehr zu trinken bei mir, die zwei Schluck Gatorade waren die letzten. Mir bleibt nichts anderes, als mich ohne zu zögern in der brütenden Vormittagshitze zu Fuß über Stock und Stein in Richtung der 16 Kilometer entfernten Zivilisation nach Canonville zu quälen. Die Natur ist ausgetrocknet, dürres Gras und viel Gestein begleiten mich. Das Reich des Pumas ist unheimlich. Ich träume von einem hübschen Dorf mit einem Lebensmittelladen. Stattdessen präsentiert sich nach fast drei Stunden vor mir ein abgrundtiefer Canyon, ein tiefer Riss im Boden, gut 200 Meter breit und mindestens ebenso tief! Ich muss einsehen, dass schlicht und einfach kein Weg nach Canonville führt! Ich muss die ganze Strecke zurückmarschieren – zurück zum Flugzeug! Nochmals drei elendig lange, durstige Stunden!

Meine Zunge klebt mir am Gaumen. Aus einer konstanten Höhenflugstimmung ist Endzeitstimmung geworden. Fremde Hilfe ist hier aussichtslos. Und Wasser zu finden ebenso. Ich kämpfe bereits gegen allerhand Schwindelgefühle und Halluzinationen – die Austrocknung nagt an mir. Langsam überwältigt mich auch die Angst, demnächst den Verstand zu verlieren und in Panik zu geraten. Loszurennen, kopflos, 25 km weit zurück zum letzten gesehenen Haus.

Doch halt! Unweit meines Flugzugs habe ich ein Haus gesehen. Ein verlassenes, verlottertes. Das könnte meine Rettung sein. Da will ich hin. Bei diesem einzigen Ferienhaus weit und breit greife ich mit letzter Kraft zu einer Schaufel und verschaffe mir durchs Küchenfenster Zugang. Meine letzte Chance. Ich greife durchs Fenster zum Wasserhahn – auch der versiegt! Drin sehe ich auf den ersten Blick einen Stapel Kalenderblätter, von denen das letzte abgerissene Blatt vor sechs Monaten aktuell war! Die Hütte wurde also vor einem halben Jahr das letzte Mal aufgesucht! Besteht dennoch Hoffnung für mich? Erst auf den zweiten Blick entdecke ich einen uralten, mit Gas betriebenen Kühlschrank. Ich stelle mich davor, atme nochmals tief durch, mein Leben zieht an meinen Augen vorbei. Dies ist meine letzte Chance, dieser Kühlschrank entscheidet, ob ich weiterleben darf oder alles sein Ende hat. In diesem Sesam-öfffne-Dich finde ich tatsächlich etwas Brauchbares, ich kann es kaum glauben: Fünf Dosen Cola! Ich bin gerettet! Na ja, wenigstens die nächsten 24 Stunden werde ich weiter funktionieren. Ich denke an den Hexendoktor in Malawi, auch bei ihm gilt Coca-Cola als Lebensretter. Wenn es nicht so ernst wäre, müsste ich lachen: Das Gefühl, die Dosen zu trinken ist noch weitaus besser, als jeder Werbespot es transportieren könnte!

Ich übernachte in dem von mir völlig durchwühlten Häuslein, doch ich kann kaum ein Auge zudrücken. Soll ich nun wirklich in dem Land, wo unbegrenzt Pepsi und Ice Cream sprudelt, verdursten? Es ist der totale Alptraum, nur die Tatsache, dass es keinen Strom hier gibt, fesselt mich ans Bett, während meine Gedanken ganz entfesselt mich die ganze Nacht hindurch zum Grübeln bringen. Wie soll ich von hier wegkommen?

Mit dem ersten Licht am Morgen und mit nur noch zwei Dosen Cola übrig, ist nur eines klar: Die 25 Kilometer schaffe ich nicht mehr zu Fuß. Bin zu erschöpft. Ich muss mit meinem Flugzeug von hier weg, ich muss einen in der Nacht ausgeheckten, halsbrecherischen Plan in die Tat umwandeln: Mit den wenigen Sachen, die hier herumliegen, muss ich mein Flugzeug wieder flügge machen. Mit einer Leiter bocke ich den Flieger auf, damit ich mit der Schaufel die gebrochene Achse schienen kann. Was mir jetzt noch fehlt, sind fünf Briden, um die Achse und die Schaufel zusammenzuhalten, und in irgendeinem Schrank, weiß Gott wieso, finde ich welche, die genau passen. Es ist unfassbar. In dieser Hütte befindet sich wirklich nichts, außer das, was ich gerade benötige. Meine Bastelei scheint mir nach drei Stunden stabil genug, um den Start zu versuchen. In letzter Minute, bevor der steife Gegenwind wieder aufkommt, gelingt mir zwar nicht gerade ein Vorzeigestart (die überflogene Tanne war nur knapp unter mir), die Schaufel quietscht wie ein armes Schwein, doch sie behauptet sich tapfer gegen die Schlaglöcher. Und ich bin – knapp – wieder in der Luft! Kaum bin ich oben, gibt auch noch die Batterie meines Satellitennavigationsgerätes den Geist auf. Verdammt, wo geht es denn hier zurück nach Kanab!? Ich orientiere mich an einem fernen Hügel und bin mir ziemlich sicher, dass dieser in südlicher Richtung liegt. Tatsächlich gelingt es mir, zurück nach Kanab zu fliegen und dort mit den letzten Tropfen Benzin und einem letzten, lauten Seufzer der Schaufel aufzusetzen.

36 Stunden nach der letzten Mahlzeit werde ich von den Flug-

platzleuten eingesammelt. Ich muss wohl erbärmlich aussehen. Notfallmäßig geht's zum erstbesten McDonald's, wo ich mich vom Schrecken schnell wieder erhole. Am Abend lande ich für eine Übernachtung sogar im Gästezimmer des Sheriffs, der mich statt wegen Einbruchs ins Gefängnis einzusperren auch noch ins Kino mitschleppt – zu »Independence Day«!

Meine Story macht rasend schnell die Runde im ganzen Dorf, und noch in der gleichen Woche berichtet die »Southern Utah News« auf der ganzen Rückseite über den Schweizer Abstürzler: »A great journey takes a tumultuous detour …«

Großartiger Südwesten

Erneut kriege ich eine neue Achse aus Kalifornien und ziehe zwei Tage später endlich meine Runden über dem Ostteil des Grand Canyons. Ein absolut irrsinniges Spektakel. Mit nur ein paar Metern Abstand gleite ich neben der abgrundtiefen Felswand vorbei und folge meinem eigenen Schatten. Unten schimmert smaragdgrün der Colorado-Fluss, während im Sonnenaufgang die Felsen in den bekannten Orange- und Braunschattierungen des großen, berühmten Canyons erglühen.

Alle Unannehmlichkeiten sind vergessen, und fast wähne ich mich nicht mehr in einem Metallgestell, sondern auf einer Wolke schwebend. Nur ab und zu müssen die Instrumente überprüft werden, doch die zeigen alles normal an. Über eventuelle emotionale Regungen in Flugzeugteilen schweigen sie jedoch. Der grandiose Flug über dem Grand Canyon ist nicht nur für mich ein emotionales Highlight, sondern – scheinbar – auch für mein Hinterrad. Die Aussicht gefällt ihm offenbar dermaßen gut, dass es sich, ohne dass ich es merke, irgendwo verabschiedet.

Was für eine unschöne Landung! Ohne etwas zu merken, vollbringe ich direkt vor der Caféteria des Flugplatzes von Page eine unsanfte Bauchlandung, während der Flieger schräg auf der Piste rutschend nach wenigen Metern jäh zum Stillstand kommt. Peinlich! Wieder einmal bin ich auf einem kleinen Airport gefangen, und die erst drei Tage alte und frisch eingebaute Achse landet erheblich schneller als gedacht im Alteisen. Ich telefoniere wieder einmal ins Ersatzteillager nach Kalifornien, und werde dort – kaum verwunderlich – inzwischen wie ein Stammkunde behandelt.

Page ist eine dahindämmernde Kleinstadt, wo ich mich gerne auf ein paar ruhige Tage einstelle, bis das Rad eintrifft. Im Hangar, in dem mein Flieger nun steht, unterhalte ich mich mit dem Chefmechaniker namens Oliver. Wie viele Verrückte denn jährlich so vorbeiflögen, um sich den Grand Canyon anzuschauen, will ich wissen. Ich staune. Oliver erinnert sich an keinen einzigen. Frei wie ein Vogel herumzufliegen soll einmalig sein? Das geht mir kaum in den Kopf. Noch weniger Kopf will mir, dass Oliver plötzlich neben mir ausrastet – nur weil ich bemerkt hatte, dass ein anderer herumstehender Flieger das gleiche Rad wie mein fehlendes hätte. »Glaub bloß nicht, ich würde dir das Rad ausleihen! Oh nein, ganz sicher nicht! Das gehört mir und das kommt bestimmt nicht an dein Flugzeug!« Auf mein verdattertes Nachfragen, was denn eigentlich los sei, erklärt er: »Hey man, das ist Amerika hier! Wenn du mit meinem Rad an deinem Flugzeug einen Crash baust, kannst du mich deswegen vor Gericht ziehen! Dann bin ich dran, Mann. Hier klagt jeder gegen jeden wo immer er kann. Also schlag dir den Gedanken lieber gleich wieder aus dem Kopf, okay?« Verunsichert nicke ich.

Kaum ist mein Rad eingetroffen, entpuppt sich Page als idealer Ausflugsort – wortwörtlich.

Eine ganze Woche verbringe ich mit verschiedenen kurzen Trips in den Grand Canyon hinein sowie über den Glen Canyon Dam. Dieser wurde ab 1956 errichtet, und dasselbe Datum gilt auch als Gründungsjahr des Städtchens Page. In den später folgenden paar Jahren staute sich hinter dem mächtigen Damm das Wasser und überflutete den Glen Canyon, den kaum Menschen vorher je gesehen hatten. Wer ihn einst besucht hatte, schwärmt noch heute davon, dass er dem Grand Canyon in fast nichts nachstehen soll. Dass dem so ist, sehe ich beim Fliegen über den Lake Powell, unter dem der Glen Canyon ruht. Aus dem Wasser ragen unzählige, verschiedenförmige Säulen und Inseln heraus. Was für ein landschaftlicher Schatz sich wohl erst unter dem Wasser befinden muss!

Willkommen im Marlboro-Country. Hier folgen Flüge zwischen den Säulen des Monument Valley im Gebiet der Navajo-Indianer. Bei Sonnenuntergang produzieren diese monumentalen Steinkolosse kilometerlange, schwarze Schattenstreifen in die rotglühende Prärie. Ein fantastischer Anblick. Eines Tages lande ich auch in einem Indianerdorf. Doch vergeblich warte ich auf die gewohnten neugierigen Blicke. Niemand scheint mich zur Kenntnis zu nehmen, einzig der Dorflehrer kommt nach einer halben Stunde vorbei und erklärt sich bereit, mir ein paar Liter Benzin aus einer entfernteren Ortschaft zu bringen. Gerne wäre ich mitgefahren, doch hält er es für wenig weise, das Flugzeug ohne Aufsicht zurückzulassen, wenn ich nachher nicht ein paar Schrauben locker haben möchte. In den Indianerreservaten gelten eigene Gesetze …

Meine nächste Zwischenstation, Moab, erwartet mich mit den Nationalparks Canyonlands und Arches. Man fühlt sich winzig klein über den grandiosen Naturwundern! Der Unterschied zu den übrigen Gegenden der USA ist offensichtlich: Während das Wirken des kleinen Käfers namens Mensch auf dem ganzen Kontinent bis ins hinterste Tal seine Spuren hinterlässt, sind die als Nationalparks ausgewiesenen Gebiete noch weitgehend intakt und unberührt. Nichts von Ferienhaussiedlungen, Rodungen oder Rinderherden! Nur scheint es, dass man in Amerika Mühe hat, die Straßenbauer von den Parks fernzuhalten. Ein wild angelegtes Straßennetz zeugt vom Hang zur Bequemlichkeit, auch bei touristischen Aktivitäten.

Ich bin keine 500 Kilometer mehr vom Ziel entfernt, doch der schwierigste Teil der Reise steht mir noch bevor: Nochmals über die Rocky Mountains! Diesmal gibt es kein Hochplateau und keine Abkürzungen, die mir das Überfliegen der Berge auf relativ geringer Höhe gestatten würden. Die Topografie erlaubt nur, dass ich dem Colorado-Fluss folge, und der führt in ungeheuerliche Schluchten hinein, die teilweise maximal 200 Meter breit sind. Ein absolut konzentriertes Fliegen wird verlangt, damit ich dort mit meinen Flügelspitzen keine Felszeichnungen hinterlasse.

Ich suche Aufwinde, die mich entlang von Felswänden in einer Minute bis zu 400 Meter in die Höhe befördern. In diesen heimtückischen Turbulenzen, den Abgrund dauernd vor Augen, leuchtet mir auch ein, wieso sich selbst Bill Raisner mit einem Ultralight noch nie ins Gebirge gewagt hat. Die Luft verwandelt sich mit zunehmender Höhe immer mehr in einen brodelnden Hexenkessel, und ich rechne jede Sekunde damit, auf einen Schlag plötzlich auf den Kopf gedreht zu werden. Krampfhaft halte ich den Hebel in beiden Händen und erreiche die Rekordhöhe von 3800 m über dem Meeresspiegel. Am liebsten hätte ich die 4000er-Rekordmarke erreicht, doch dann hätte mich der Wind locker über den Gebirgskamm geblasen, und ich wäre hinter dem Berg in einem wohl menschenleeren Tal wieder hinuntergekommen. Die allgegenwärtigen Bären hätten sich die Tatzen geleckt …

Genau zwei Monate nach dem Start des Unternehmens komme ich auf einem der höchstgelegenen Flugplätze Nordamerikas wohlbehalten wieder runter, auf 2900 m über dem Meeresspiegel in Granby – dort, wo ich den Flieger gekauft hatte. Ich atme auf, denn ich habe das Unmögliche – die fliegende Umrundung des Südwestens – geschafft … ein unbeschreibliches Hochgefühl!

Hier nehme ich mein Flugzeug auseinander und verstaue die Einzelteile in ein paar von Danzas für mich hergestellten Kisten. Kaum zu glauben, was für ein ganz normales Motörchen und welch gewöhnliche Aluminiumstangen und Schrauben sich da präsentierten – sie alle haben mich entgegen allen Befürchtungen neun Wochen lang über 6000 km weit in der Luft gehalten.

Zwei Tage später bringt mich ein moderner Linienjet in der Economy-Class 9000 km von Denver wieder nach Hause. Das dauert 13 unendlich langweilige Stunden.

SÜDAMERIKA VON OBEN – 1998

Per Ultraleicht-Wasserflugzeug von Patagonien nach Amazonien – 7 Monate – 15 000 km

Fiasko in Florida

Das Fliegen als Reisemittel hat mich definitv gepackt. Immer mehr treibt mich zu Hause die Unlust auf ein bodenständiges Leben dazu, den nächsten Kontinent, Südamerika, anzugehen. Mein größter Traum ist zugleich eine schreckliche Realität, vor der andere Zeitgenossen eher die Augen zukneifen. Ich will den Zustand Südamerikas aus der Luft eruieren, möchte die Abholzung des Kontinents mit eigenen Augen sehen. Um das weniger Angenehme mit dem Schönen zu verbinden, liebäugle ich mit dem Langstrecken-Weltrekord für Ultraleichtflugzeuge. Ich hatte schon bei meiner Rückkehr aus den USA beschlossen, dass mich meine nächste Reise vom windigen Patagonien durchs wilde Amazonien, kreuz und quer durch die karibische Inselwelt und dann weiter nach New York und Alaska führen muss. Eine Distanz so lang, wie es bisher noch keiner mit einem solch kleinen Flugzeug geschafft hat. Dazu muss auch ein neues »Flying home« her, denn diesmal soll es Wind und Weiten trotzen – und den Wellen. Mit einer Geschwindigkeit von gut 100 km/h muss es an einem Stück bis zu 500 km zurücklegen können. Denn der Amazonas-Dschungel kennt kaum Pisten, dafür aber umso mehr Wasserstraßen, die sich für gewöhnliche Flugzeug zum Absaufen eignen, für mich aber als Notlandeplätze hinhalten müssen. Mir ist klar, dass die Konstruktion meines Traumflugzeugs auch Start und Landung auf dem Wasser erlauben muss, ein »fliegendes Boot« oder »schwimmendes Flugzeug« oder so was in der Art müsste es sein.

Bei aller Träumerei lässt sich irgendwann die reale Frage nicht mehr verdrängen, ob so was denn überhaupt machbar ist. Denn die Idee, mit einem ultraleichten Flugzeug Südamerika zu durchfliegen, hat vor mir noch keiner in die Tat umsetzen wollen – oder waren alle klamheimlich und still gescheitert?

Ich weiß es nicht. Beste Gründe also, um es jetzt erst recht zu versuchen. So mache ich mich im Dezember 1997 auf die Suche. Es fängt eigentlich ganz normal an: Wie wenn ich in eine Bäckerei gehe, um mir einen Nussgipfel zu besorgen, so gehe ich nach Florida, um mir dort ein Flugzeug zu kaufen. Dies ist zweifelsohne der ergiebigste Ort der Welt, um nach amphibischen Ultralights Ausschau zu halten und den Duft einer weiten, kaum regulierten Welt zu atmen. In jeder Stadt erwartet mich eine hilfsbereite Ultralight-Szene, und nicht wenige Hersteller tummeln sich hier an der Ostküste und buhlen um die betuchte Kundschaft. Zu denen zähle ich aber bestimmt nicht, mein »Tuch« ist knapp bemessen, denn mein Motto heißt: Erlebe Einmaliges mit wenig Geld! Und so blättere ich durch die Inserate-Seiten der Flugzeug-Zeitschriften auf der Suche nach einem flugfähigen Gebrauchtflieger.

Einen Telefonanruf später lande ich unverhofft im Garten von Fernando in Orlando. Ein Multimillionär, der so gut aussieht, dass man sein Alter um mindestens 20 Jahre unterschätzt, zudem ehemaliger Formel-1-Testpilot und heute Besitzer einer millionenschweren Telecom-Firma. Wie soll ich diese Welt beschreiben, wenn mir nicht nur die Worte fehlen, sondern sogar die Luft wegbleibt?

Fernando steht sonnengebräunt wie ein Zeus vor seiner mehrstöckigen, säulenverzierten Villa, und seine bildhübsche Frau kommt mir vor wie die Fruchtbarkeitsgöttin des altertümlichen Griechenlands. Die beiden sehen aus wie von allen Sorgen dieser Welt befreit. Das wäre ich wohl auch, hätte ich ebenfalls neun gigantische Zimmer, einen Garten, so groß wie zwei Fußballfelder mit einem freien Blick auf mein eigenes Seeufer, an dem ich zwei Yachten vertäut hätte, die mich und meine Freunde während der Hälfte des Jahres zum Fischen und Party-Feiern in die Bahamas entführen würden. Natürlich weiß jeder normale Mensch, dass Geld unglücklich macht. Doch so brutal wie hier wurde mir die Gültigkeit dieses Spruchs noch nie widerlegt.

Ich bleibe Realist und begnüge mich mit dem Träumen – auf zu neuen Ufer, beflügelt von der Idee, bald schon sorglos über Wolken und Wälder und Wellen zu schweben … nach dem Motto: Die Welt gehört mir!

Am Ufer neben Fernandos Yachten sehe ich erstmals unter dicken Lianen und runzligen Mangrovenbäumen ein schneeweißes, nigelnagelneues Ultraleichtflugzeug, das dank einziehbarem Fahrwerk zu Wasser wie auch zu Land starten und landen kann. Schon nach dem ersten Testflug über Fernandos Anwesen bin ich hell begeistert. Das Ding geht mit seinen 55 PS ab wie ein Formel-1-Bolide! Mir ist sofort klar: Das ist das ideale Flugzeug, um meine Reise sorglos in Angriff zu nehmen! Ich schwebe vor Vorfreude. Nur noch ein bisschen Geduld, und schon werde ich damit über den größten Urwald dieses Planeten schweben! Das denke ich jedenfalls. Einen Handschlag später bin ich stolzer Besitzer – natürlich erst, nachdem ich vorher unglaublich viele komplizierte Papiere unterzeichnet habe, in denen ich mich verpflichte, den Verkäufer, warum auch immer, auf keinen Fall irgendwie rechtlich zu belangen …

Doch meine Freude an diesem Geschoss hält gerade mal zwei Tage. Mein erster längerer Flug endet im Fiasko! Ich habe mich soeben von Fernando verabschiedet und bin unterwegs nach Miami, von wo aus ich den Flieger nach Uruguay schicken werde. Hinter mir mein Klappfahrrad, festgezurrt auf dem Hintersitz, und unter mir eine flache, grüne Scheibe mit vielen Seen, in denen sich der weite Himmel glasklar spiegelt. Ich surre wie Biene Maja über die riesige Halbinsel, die sich Florida nennt, südwärts. Aus 1500 Metern Höhe erscheint alles, selbst das hier in den Himmel ragende Disneyland, winzig wie eine Landschaft aus Spielsachen. Meine Freude kennt keine Grenzen. Hier bin ich wieder – oben im

Himmel und erneut grenzenlos frei! Nur aufgepasst: Dies ist eine Flugverbotszone – wer zu tief über Disneyland fliegt, der wird von Daniel Düsentriebs Helikoptern zum Teufel gejagt. Ich als Biene Maja habe aber absolut keine Lust, eine Top-Gun-Episode mit realen Disney-Figuren zu erleben, deshalb bleibe ich lieber hoch und unbemerkt. Kaum liegt diese Fantasiewelt zwei Minuten hinter mir, kann ich doppelt froh sein, dass ich so verdammt weit oben bin! Denn urplötzlich gibt der Motor keinen Ton mehr von sich. Es kommt mir vor wie in einem Disney-Trickfilm: Kopfvoran stürze ich vom Himmel, kann dann ein paar hundert Meter weitersegeln, um erneut kopfüber vom Himmel Richtung Disneyland zu fallen. Mein Blut schießt in meinen Kopf, während der Höhenmesser vertikal nach unten zeigt. Obwohl ich die Kontrolle mit Krachen und Biegen der Stangen erneut zurückgewinne, sacke ich weiter wie ein Stein ab – bloß weg von Disneyland! Haarscharf segle ich über eine Baumreihe und sehe plötzlich nur noch zwei Gehege vor mir: Im einen stehen schwarze, im andern weiße Kühe. Zwischen zwei dutzend verblüfften schwarzen Milchkühen setze ich auf, nicht weniger verblüfft.

Ich werde, solange ich lebe, die Grimasse des Cowboys nicht vergessen, als er zwischen seinen schwarzen Kühen mein schneeweißes Ultralight entdeckt: »Hey man«, hört man ihn schon von weitem, »wenn du bei meinen weißen Rodeo-Kühen nebenan gelandet wärst, dann hätten die aus dir und deinem Flugzeug schon längstens Kleinholz gemacht!«

Kaum zu glauben: Da war ich noch keine zwei Stunden in der Luft, und hatte schon meinen ersten Absturz überlebt, war knapp einem Stierkampf entgangen und mein frisch erstandener Flieger war bereits im Eimer. Um meinen Schock zu lindern, bleibt keine Zeit, denn wenn ich will, dass diese friedliche, schwarze Kuhsorte mein Flugzeug in seiner Gesamtheit belässt, dann muss ich weg von hier! Und wenn ich meine verrückte Reise von Argentinien nach Kanada wirklich in Angriff nehmen will, dann bin ich jetzt wieder einmal auf einen meiner Schutzengel angewiesen. Ich weiß um diese tolle Truppe, die mich bisher noch nie im Stich gelassen hat! Doch, wo sind sie jetzt?

Wir, der Farmer und ich, leihen einen LKW und wir (besser gesagt er, denn ich habe ja keinen Führerschein) fährt das Flugzeug zu sich in Sicherheit. Der zweite Engel erscheint in der Person von Toni Rash. Dieser Flugzeugbauer erklärt sich bereit, über die kommenden Weihnachtstage das Wrack wieder flugtüchtig zu machen. Ich weiß mein Flugzeug in besten Händen: Toni hatte vor Jahren bereits für National Geographic zwei smarte Ultralights konstruiert, mit denen ein Tierforscher-Ehepaar auf der Suche nach den letzten Wüsten-Elefanten durch die afrikanische Namib-Wüste surrte. Ihre Filmreportage wurde weltberühmt.

Eben dieser smarte Toni holt mein Flugzeug ab und verpasst ihm ebenso einen Expeditions-Schliff: Zusätzliche Tanks, Anschlüsse fürs GPS (Satelliten-Navigationsgerät) und die ganze restliche Restauration: Da beim Ausrollen auf dem letzten Meter mein Fahrwerk ein Bullenloch erwischt hatte, muss es wieder zurückgebogen und angeschweißt werden, und auch ein Flügelende liegt in Fetzen. Toni findet schließlich heraus, weshalb mein Motor den Aussetzer hatte: Das Lüftungsloch des Benzintanks war verstopft, es entstand ein Vakuum, und die Benzinpumpe vermochte kein Benzin mehr anzusaugen. Dank Toni kommt es, dass ich doch noch planmäßig sieben Wochen später, wie durch ein Wunder, in Uruguay in einem dunklen Schiffsbauch mein aus dem Kuhfeld wiederauferstandenes Flugzeug in Empfang nehmen kann.

Wilde Hürdenläufe in Uruguay

Der Container mit dem Flugzeug drin ist zwar da, doch der Zöllner, es ist der zehnte inzwischen, schüttelt auch nach fünf Tagen immer noch den Kopf: »Was, Sie wollen ein nach französischem Luftfahrtsrecht registriertes Flugzeug einführen? Unmöglich!« Der Zöllner spricht zu mir in einem Ton, als ob ich eine französische Concorde im Hafen ausladen möchte.

Die Hüter des Gesetzbuches lassen mir keine Wahl, und so entscheide ich mich für die Tat eines Verzweifelten: Ich überfalle mit vorgehaltenen Dokumenten ein Dutzend Ämter in Montevideo. Mal feuere ich, mal die Bürokratie. Der Papierkrieg dauert eine ganze Woche, in der ich mit meinem Klappfahrrad kreuz und quer durch die Stadt schieße. Gefechtsmäßig habe ich sinnloses Papier erobert, das ich jetzt dem Zoll wie ein schmackhaftes Menü vorbereite: Eine Tasse vom Luftfahrtamt, dazu zwei Esslöffel Außenministerium, ein Spritzer französische Botschaft gemixt mit einer Prise Hafenbehörde und als Dessert eine klebrige Masse von einem technischen Gaga-Gutachten. Ich habe keine Ahnung, ob ich alle nötigen Papiere beisammen habe – und ob die Zollchefs damit zu beeindrucken sind. Das wichtigste ist aber wie immer, wer das Menü serviert! Ich als unrasierter Kauz mache mir keine Illusionen – Zollchefs sind auch nur Männer. Und die tanzen am liebsten, wenn eine Frau sie dazu einlädt. Also: Für diese Rolle habe ich meine gute Freundin Stella angefragt, die für die einflussreichste Zeitschrift Uruguays arbeitet.

Stella bin ich, wie konnte es auch anders sein, zufällig in der Jugendherberge über den Weg gelaufen. Sie war mein Schatz: In der neusten Ausgabe hatte sie bereits feurig über meinen Papierkrieg mit den versteinerten Behörden ihres Landes berichtet, und diesen Text wollen wir nun wie eine dekorative Serviette der zehnköpfigen Zollamts-Runde, die extra wegen meiner Sache einberufen wurde, unter die Nase halten. Stella lässt ihren ganze Charme spielen und den Behörden keine Wahl – entweder die Herausgabe des Flugzeugs oder die definitive Kreuzigung in der nächsten Ausgabe! Diesmal entschieden *sie* sich für die Tat der Verzweifelten: Sie geben auf! Ich weiß nicht, wie ich diese Hilfe verdient habe, bin aber überglücklich, das erste Flugzeug mit einer temporären Bewilligung nach Uruguay importieren zu dürfen! Es geht also doch!

Doch ich habe mich zu früh gefreut. Es vergehen noch Wochen

in Montevideo, denn das Flugzeug bockt. Es ist noch nicht in dem zahmen Zustand, wie ich es gerne hätte. Vor allem lässt es sich am Boden kaum zügeln und es galoppiert dauernd in die Wiese raus. Während ich neue Ersatzteile (Hinterrad und -lenkung) von Bill Raisner aus Denver einfliegen lasse, bleiben tröstlich-schöne Abende mit Stella, um in der Herberge die Sprache des jeweils anderen zu lernen. Ich unterrichte sie in Englisch, sie bringt mir dafür Spanisch bei. Abwechlungsweise los tiempos, the past tenses; the adjectives, los adjectivos. Meine Nächte sind kurz und strukturiert, denn ich sorge vor: Erst wenn ich sprachlich auf der Höhe bin und die Zeitschriften eines Landes mehr oder weniger verstehen kann, bin ich fähig auch die Alltagsgeschichten, die geballt auf mich zukommen werden, einigermaßen zu durchschauen. Ich habe noch keine wirkliche Ahnung davon, wie wichtig diese sprachlichen Kenntnisse schon bald sein werden …

22 Vorbereitungen zum Flug ins Ungewisse, Colorado Springs.

23 Zur Abwechslung mal ein *Flying Home* auf dem Zeltplatz von Wellington, Colorado.

24 Kein Benzin mehr? Kein Problem! Landung bei Texaco in Wamsutter, Wyoming.

22

23

24

25

26

25 Wie ein Vogel über Salt Lake City.

26 Absturz! Crash in Battle Mountain, Nevada.

27 Grand Canyon (Marble Canyon): Groß genug auch für Wahnsinnsideen.

28 Geniale Aussich vom Himmel au den Lake Powel

27

28

29

30

29 Erster Testflug über den Dächern von Montevideo, Uruguay.

30 Riskanter Flug über den tiefen Rio de la Plata von Uruguay nach Buenos Aires.

31 Notlandung in einem Dorf in Patagonien: Was die Polizei weniger lustig findet, erfreut dafür umso mehr die Schüler.

32 Über einem Naturwunder Südamerikas: Die Iguazu-Fälle.

31

32

33

33 Oh Gott! Mit Pfarrer, Bürgermeister und Bodyguards in einer Favela in Rio.

34 Höhepunkt einer Traumreise: Hinauf zum Jesus von Rio.

34

35

36

37

38

35 Im Tiefflug über die Stadt Victoria.

36 Die Begegnungen mit den Flieger-Clubs in Brasilien sind immer herzlich. Hier bei Robinson (2. von rechts) in Natal.

37 Die Attraktion im Urwalddorf Viseu: Das fliegende Boot.

38 Trauriges Ende: Flugzeug in Brüche, somit »To ZRH please!«

39

40

41

39 Das Solarteam *Capricorn* der University of Queensland tankt am Abend die letzten Sonnenstrahlen

40 Riskantes Manöver Ein 60 m langer Road Train überholt die *Solarmotion*.

41 Fahrerwechsel beim Team *Mad Dog* irgendwo im australischen Outback.

Als Luftpirat in Argentinien

Es ist der 21. März 1998. Und es ist – endlich – so weit! Nur noch der fünfzig Kilometer breite Rio de la Plata trennt mich von Buenos Aires, dem ersten Etappenort. Selbst die Überflugbewilligung ist – witzigerweise von der in der Nordsee liegenden Isle of Man – endlich eingetroffen. Die ersten Hürden sind alle genommen, ich bin mit zwei blauen Augen – eines vom Zoll, eines vom Hinterrad – noch mal davongekommen ... Buenos Aires, ich komme!

Vamos! Ich gebe Vollgas, Amigo Fernando *Barbudo* (»der Bärtige«), ein Original von einem Piloten vom Aeroporto de Saint Exupéry in Montevideo, begleitet mich in seiner baufälligen Cessna bis zum Fluss hinaus. Ab hier bin ich alleine. Nur das Summen meines Zweitaktmotors begleitet mich. Obwohl ich Ohrenstöpsel und einen Motorradhelm anhabe, bringen die hohen Schwingungen des Motors, der genau hinter meinem Kopf dröhnt, meine Zahnplomben in Schwierigkeiten. Weit unter mir ein Kreuzfahrtschiff, dessen Gäste sich auf dem Deck zu einem Tango umschlingen. Sanfte Schwingungen inmitten einer braunen Brühe.

B.A., wie die Stadt genannt wird, erwartet mich mit den noblen Einfamilienhäusern und Villenvierteln von El Tigre. Die Stadt hat mich auserlesen, um durch ein Guckloch in den Wolken einen kribbelnden Blick auf ihre intimsten Reichtümer zu erhaschen. Obwohl man viel von Armut hört – in gewissen Stadtteilen ist sie ein Fremdwort. Ich traue meinen Augen nicht, dann glaube ich auch meinen Ohren nicht: Im Cockpit erhalte ich einen dringenden Aufruf vom Internationalen Flughafen San Fernando (einer der fünf internationalen Flughäfen der Stadt, hier bin ich zur Landung angemeldet). Mein Benzinvorrat ist knapp, besser gesagt unbekannt, weil ich mein Klappfahrrad wieder einmal so ungünstig platziert habe, dass ich den Benzinstand im Tank nicht ablesen kann. So schnell ich kann will ich landen! Doch der Tower ist ganz anderer Ansicht und wiederholt in der Landessprache: »Unmöglich, mit so einem Flugzeug hier zu landen! Drehen Sie um!«

Wie bitte? Das kommt mir reichlich spanisch vor! Der Tower versteht null Englisch, ich improvisiere im Cockpit mit Händen und Füßen mit meinem Spanisch. Zurück nach Montevideo »non possibile«, unmöglich, viel zu weit!

Vergeblich. Der Controller ist beharrlich, stellt auf stur, keine Genehmigung. Ich muss zwei Kilometer vor der Piste abdrehen. Unter mir sehe ich nur den brodelnden, zwölfspurigen Panamericana-Highway, ein bis an den Horizont reichendes Häusermeer, eine Bierfabrik, jede Menge Bäume und die Villenviertel mit ihren leuchtend blauen Swimming-Pools. Wo, um Himmels Willen, soll ich jetzt landen, he? Mit einem leeren Benzintank hier hinunterzusegeln, wäre halsbrecherisch, wäre glatter Selbstmord! Mein Benzinvorrat reicht vielleicht nicht einmal mehr bis an den Stadtrand, 20 km von hier! Ich kann nicht anders, als einen Mayday-Notruf abzusetzen, dann muss mich der Kerl im Tower landen lassen, ob ihm seine Augen rauskullern oder nicht, ich komme einfach und damit basta! Ich weiß: Ich könnte mir jetzt mit einer unerlaubten Landung auf dem hektischen Flughafen extremen Ärger, vielleicht sogar Gefängnis, einbrocken. Man würde mir mindestens mein Flugzeug beschlagnahmen, meine Reise wäre beendet, wo sie gerade erst begonnen hat, aber was soll ich tun? Ich kam mir noch nie in meinem Leben so einsam und von allen guten Geistern verlassen vor wie in diesem Moment – ich drohe in eine 15-Millionen-Stadt abzustürzen!

Wieder habe ich einen Schutzengel dringend nötig, und so hefte ich meinen Blick auf den grauen Himmel. Moment mal, ist da nicht ein paar Wolken weiter tatsächlich ein Engel oder was? Noch ehe ich den Notruf absetzen kann, gebe ich Vollgas und hefte ich mich neugierig an die Fersen dieses schwarzen Punktes – der sich langsam als ein anderes Ultraleichtflugzeug entpuppt! Ich habe unglaubliches Glück: Fünf Minuten später biegt es ab auf eine winzige Graspiste, die auf keiner Luftfahrtkarte eingezeichnet ist, und dank des anderen Piloten finde ich den sicheren Boden unter meinen Füßen wieder! Der Blick auf den Tank bestätigt meine Vorahnung: Ich habe noch acht von ursprünglich 80 Litern im Tank übrig. Noch weiß ich nicht, dass dies auf der ganzen Reise das einzige Mal sein sollte, dass ich in der Luft einem Artverwandten begegne – ausgerechnet jetzt, wo es so nötig war!

Überschwänglich bedanke ich mich bei meinem ahnungslosen Schutzengel, der Carlos Baseira heißt. Er führt in B.A. ein Vier-Sterne-Hotel, in dem er mir kostenlos ein Zimmer anbietet. Der ganz große Brocken argentinischer Wiesen-Erde fällt mir noch nicht vom Herzen, denn zurzeit befinde ich mich unerlaubt im Land. Und es kommt noch schlimmer: Nach ein paar Telefongesprächen findet Carlos heraus, dass mich diese Schwer-von-Begriff-Bürokraten vom Flughafen zum illegalen Objekt erklärt haben! Die internationalen Gesetze besagen nämlich, dass jedes in ein Land einfliegendes Flugzeug zuerst einen internationalen Flughafen ansteuern und dort immer als Erstes die Zoll- und Ausweiskontrolle erledigen muss. Das gilt natürlich auch für mich! Ich bin also illegal eingeflogen und werde nun als Luftpirat behandelt und zur Rechenschaft gezogen …

Zwei Tage später kann ich mit meinen Dokumenten antraben. Die Luftwaffe will den illegalen Schweizer Einwanderer im Hauptquartier, dem streng bewachten Pentagon, sehen. Vor lauter Aufregung verlaufe ich mich tüchtig in den endlosen Gängen. Heldenhafte Bilder an den Wänden, vom Falkland-Krieg, von gesunkenen Schiffen und zerschossenen Flugzeugen wollen sagen, dass dieses Land im Kopf der Militärs immer noch im Krieg steckt. Endlich stehe ich vor Zimmer 202, »Departement für spezielle Überflüge«. Ich klopfe an, trete ein, und es erwarten mich – ein Schock – sieben hochkarätige Offiziere, Majore und Supercomodoros und wie all diese hochgeschmückten Generäle der Luftwaffe heißen mögen, bitten mich, den Luftpiraten, mit strenger Mine an ihren Tisch. Jetzt kommt die Kriegserklärung, denke ich. Ihre Erklärung ist sachlich und bestimmt. Keinen Krieg, aber »Problemas« gäbe es. Nur eine glorreiche Idee kann mich retten: Ich schiebe meine Ausnahmebewilligung über den Tisch, gefolgt von einem Stapel Zeitschriften, in denen über meine USA-Flugabenteuer berichtet wird. Blitzschnell geht den Beamten das entscheidende Licht auf: Sie glauben, ich könne schlecht über ihr Land schreiben, da ich ja offensichtlich über Beziehungen zu den meisten europäischen Zeitschriften verfüge. Beiläufig erhebt sich ein General vom Stuhl und bemüht sich, im Namen der ganzen Luftwaffe, sich herzlich für diesen ungerechten Empfang durch den Tower zu entschuldigen, man hätte nämlich schlicht vergessen, den Tower über die ausgestellte Ausnahme-Landebewilligung für mein Flugzeug zu informieren!

Na, so was! Ich bin nun als die gewisse Persönlichkeit L.P. erkannt! Urplötzlich erhalte ich sämtliche Bewilligungen, kann praktisch jede Piste Argentiniens anfliegen! Erfrischungen werden angeboten, und plötzlich sind die Uniformierten Freunde, Duzbrüder gar, auf die ich zählen kann!

Obwohl die Luftwaffe mich, den Luftpiraten, auf der Suche nach den notwendigen Papieren mit unglaublicher Hilfsbereitschaft durch die Büros des Pentagons schleift, scheint es, als hätte sich die gesamte restliche argentinische Bürokratie gegen mich verschworen. Weil mein Flugzeug vier Tage lang ohne Abfertigung auf einer argentinischen Wiese stand, gerate ich nun auch in die Fänge der argentinischen Zollverwaltung. Eine Entschuldigung für mein Übersehen des Zolls akzeptieren die Zollbehörden nur von ihrer eigenen Luftfahrtbehörde, und wenn schon, denn schon, muss es vom Big Boss persönlich sein. Es ist mir natürlich eine Ehre, den König aller internationalen Flughäfen von Buenos Aires persönlich kennen zu lernen und diesen alten Mann zusammen mit Carlos in seiner schwarzen Limousine zur Zollverwaltung zu karren. Dieser Boss, sichtlich amüsiert, unterschreibt, was man ihm vorsetzt, und schließlich folgen die Stempel, drunter und drüber und in allen Farben, vor allem in der Lieblingsfarbe aller Amtsschimmel der Welt, in rot, *roja.* Ich glaube, ich hätte auch einen Clown hinkarren können, einen mit roter Nase, oder einen Tanzbären. Hauptsache, der Zoll hat Papiere mit Stempel und ist happy. Papier ist die Welt. Die Kopie vom Brief über die Legalisierung meines Fliegers klebe ich in mein Tagebuch. Was mich nicht happy macht. Denn für dieses Stück Papier ging eine Woche drauf. Dafür habe ich Argentinien von innen gesehen – so, wie man es als Urlauber nie zu Gesicht kriegt. Ich tröste mich mit dieser einmaligen Einsicht. Nennen wir Buenos Aires doch lieber Büros Aires, wegen sauerstoffarmer Büroluft. Von »Guten Lüften«, wie es eigentlich heißen soll, riecht man im Dauersmog sowieso nichts.

Nach exakt sieben Tagen bin ich wieder ein freier Mann. Und wie! Jetzt kommt Argentinien von oben! Ich gebe Vollgas und lasse B.A. hinter mir.

Dass Argentinien größter Rindfleischexporteur der Welt ist, glaubt man erst, wenn man die unendliche Pampa von oben gesehen hat. Einem riesigen Schachbrett gleich dehnen sich die bunten Felder mit ihren Rinderherden in alle Richtungen bis weit hinter den Horizont aus. Wo auch immer ich lande, ist es nie weit zu einem saftigen Stück Rindfleisch, das, so scheint es, hier mit Kettensägen aus dem Tier gehauen wird. Das kleinste Stück ist so groß wie ein Hähnchen. Damit nicht alle Argentinier an Magengeschwüren leiden, trinkt man nach jedem Essen Maté – heißen Tee direkt aus der Thermosflasche.

Die ersten 1500 km südwestwärts dauern drei Tage. Ich folge immer der Hauptstraße und warte sehnsüchtig auf den Moment, wo mich ein bestimmter Anblick, ein Ausblick oder von mir aus auch ein Einblick aus dem Sattel meines Fluggeräts reißt. Heute, nach drei Stunden Flug, ist es eine Kurve in der Straße. Die erste Kurve des Tages. Der Fotoapparat klickt. Ich bin entzückt. Eine Kurve! – was für ein wunderbarer Anblick wenn es sonst nichts gibt. Unnötig zu sagen, dass ich ins Grübeln komme. Die Felder werden immer öder, trister und staubiger. Die Distanzen zwischen den wenigen Ortschaften wachsen und wachsen. Ein pfeifender Gegenwind reduziert meine Geschwindigkeit darüber hinaus von 100 auf nur noch 60 km/h.

Was sonst soll mich ergreifen – wenn ich schon meine Gier nach visuellem Entzücken nicht befriedigen kann, dann befriedige ich halt die Gier meines Bauches nach Essbarem. Unter mir Puelches. Ein Nest, das einzige für die nächste Stunde. Ich entschließe mich zu einem Sturzflug auf den Flugplatz. Doch Achtung: Die beiden x-förmig angeordneten Pisten trotzen dem kräftigen Seitenwind, eine Landung würde alle meine Fähigkeiten herausfordern, und mein Flugzeug hat bisher keine Auszeichnung für besondere Seitenwind-Unempfindlichkeit verdient. Lieber lasse ich die Piste außer Acht. Optimaler für mich liegt die breite Hauptstraße, nämlich genau in Windrichtung. Kaum habe ich aufgesetzt, muss ich voll auf die Bremse. Am Straßenrand reitet einsam ein Gaucho seines Weges, ein Schafhirte, gefolgt von seinen vier kläffenden Hunden.

Barfüßig sitzt er im Sattel, ein rotes Tuch um den Hals, sein Gesicht gegerbt und geschliffen vom beißenden Wind dieser südlichen Breiten. Schwer zu sagen, wer mehr über den anderen staunt. Wir beginnen uns zu unterhalten. Er, hoch zu Ross. Ich, tief im Cockpit unten. Tradition trifft auf High Tech.

»Essen willst du?«, errät er blitzschnell meine Absichten. »Aber lass dein Flugzeug nicht neben der Straße stehen, die Zeiten haben sich geändert, Amigo. Heute weiß man nicht mehr, wer alles vorbeikommt auf diesen Straßen!«

Ohne Zweifel, es spricht die Pampa in Person zu mir. Seine Ausstrahlung, seine kräftigen Augen, sein klarer Blick durchdringen mich. Er hütet 365 Tage im Jahr seine Schafe hier draußen und hat wohl seine Gründe, wieso er Menschen lieber aus dem Weg geht. Ich respektiere seinen Rat, zu dem er hinzufügt: »Du musst mit deinem Flugzeug ins Dorf hineinfahren!«

Er muss es wissen. Gesagt, getan. Das halbe Dorf mit aufgewirbeltem Staub überdeckend, parke ich direkt vor dem ersten Haus mit der Aufschrift »Restaurant«. Die wenigen herumstehenden Leute staunen zwar, bleiben aber eher desinteressiert auf Distanz. Käme ich auf einem schönen Hengst angeritten, wäre ich wohl eher »in«. Einzig der Dorflehrer erscheint mit seinen neun Schülern nach einer Stunde für ein Klassenfoto. Nach einer reichen Portion Rindfleisch (was sonst?) und einer kleinen Kartoffel überlasse ich das Dorf wieder seiner Ruhe. Nur ein seltsames Gefühl bleibt mir im Bauch. Denn ich habe alles, was ich brauche: Ein saftiges Stück Rind im Bauch, meinen Bauch auf einem fliegenden Unterteil, das alles über einem wunderbaren fernen Land, dazu das Benzin, das meinen Motor antreibt sowie zwei Kameras und noch viel mehr. Und noch unglaublicher – dieses Stück Rindfleisch in diesem Bauch fliegt ganz legal durch dieses Land! Was sollte da die Stimmung trüben? Trotzdem, etwas fehlt mir. Das Salz in dieser Suppe. Denn ohne Gewürze schmeckt jede Suppe fad. Suppe allein reicht für das Lebensnotwendige, zweifelsohne, aber sie gibt noch keinen Genuss. Das Gewürz muss her. So ergeht es mir auch mit dem Reisen. Ich kann mittlerweile ein bisschen Spanisch, doch kein Mensch schickt sich an, mich zu fragen ... ein »woher, wohin« oder auch nur ein »wozu« ... nein, gar nichts. Der Kontakt zu den Enheimischen bleibt fade. Schade! Von überschwänglicher südamerikanischer Lebensfreude ist die Pampa so weit entfernt wie das hiesige Rindvieh vom japanischen Feinschmecker-Lokal. Beide kommen zwar zu ihrer Bestimmung, aber vielleicht erst kurz vor dem Tod. Eine melancholische Landschaft produziert melancholische Stimmung. Ist das nicht so? Denn wenn selbst ich mit meinem bunten Donnervogel für keine Heiterkeit mehr sorgen kann, dann ist die Melancholie zur Depression mutiert.

In weiter Ferne lächeln zum Glück schon die Viertausender der Anden. Der Flugverkehrsleiter von Neuquen krächzt als letzter unter mir im Morgennebel in den Himmel rauf, er brauche meine Identifikation. Ich plärre zurück, ich sei Ultralight-Flieger, bitte einfach um Transit. Er versteht nicht. Ich buchstabiere nochmals. Der Funk bricht ab, er hat aufgegeben. Zum Glück. Ich genieße die Ruhe, soll lieber keiner mich ansprechen, wenn ich frühmorgens am Fliegen bin. Ich surre weiter ins unbekannte Blau hinaus. Die Anden künden sich an mit ersten dicken Bäumen. Alle wunderschön gelb und orange, in den Farben des Herbstes. Wie ein Blumenstrauß, es fehlt nur noch ein warmer Kuss dazu.

Piedra de Aguila heißt das nächste Nest, wo mir die neuste Luftfahrtkarte (gedruckt 1982) eine Piste verspricht. Erst drei Meter über der Landebahn erkenne ich, dass die Wiese schon seit Urzeiten nicht mehr gemäht wurde, das Gras steht ja einen Meter hoch! Da ich nicht ins Gras beißen will, drehe ich knapp über zwei Telefonleitungen und zwei erschrockenen Autofahrern ab und überfliege nochmals Piedra de Aguila, das Adlernest. Was gestern gut ging, so denke ich, wird auch heute gut gehen: Eine Landung auf der Hauptstraße! Das längste gerade Stück liegt am Dorfeingang, und so lande ich »ausnahmsweise« wieder auf der Hauptstraße direkt zwischen zwei schiefen Verkehrstafeln, die etwas von einer Geschwindigkeitsbegrenzung verkünden. Schon von oben hatte ich mir das erste große, weiße Haus ausgesucht, und mit Tempo halte ich darauf zu, um mein Flugzeug dahinter schnellstmöglich zu verstecken, ehe mich die Polizei bemerkt. Meine Idee ist einfach genial, ich lobe mich für den Einfall, doch leider hat sie einen Haken, entsetzt zucke ich zusammen: Mann, sind meine Augen noch verklebt oder was, auf dem Haus steht ja mit riesigen Buchstaben »P – O – L – I – C – I – A«! Ich fasse es nicht! Augenblicklich strömen aus dem Haus immer mehr Beamte, die scheinbar ziellos in alle Richtungen durcheinander rennen und mir anzeigen wollen, wo ich parken soll. Eben noch haben sie friedlich auf der Hauptstraße eine Kontrolle durchgeführt, und jetzt fahre ich ihnen mit meinen neun Metern Flügelspannweite frech in die Arme. Ich glaube es nicht! Ein Umstand, der uns sofort verbindet, denn auch sie glauben es nicht!

Während ich mich zwischen den letzten Verkehrstafeln hindurchmanövriere, hindere ich einen zweistöckigen Bus an der Durchfahrt. Gleich darauf überholt er mich hupend und bekommt plötzlich ganz schön Schieflage- kein Wunder, denn alle Passagiere pressen mit Ah! und Oh! ihre staunenden Gesichter an die Fensterscheiben und bringen den Bus fast zum Kippen! Die Polizisten scheinen wenig amüsiert zu sein. Ich darf raten, was sie wollen. *Documentos* vielleicht? Ehe ich sie mit Papieren beglücken kann, fällt eine Horde Kinder über mein Flugzeug her. Mit Müh und Not und nur unter Protest verstehen sie, dass man ein Flugzeug nicht berühren soll. Die Kinderschar wächst auf über hundert an, und jetzt platzt den Polizisten der Kragen. Mit Holzstöcken und unter Einsatz von wütenden Blicken scheuchen sie die Meute wieder nach Hause. Endlich haben wir Ruhe … für die *Documentos* natürlich.

Doch meine Vorurteile gegen südamerikanische Beamte bewahrheiten sich wieder einmal nicht. Die Polizisten verstehen meine Notlandung sehr wohl, oder besser gesagt, sie verstehen mein Papier mit allen leuchtenden Stempeln und der Unterschrift von Juan Carlos Domingo Gonzalez alias »Amigo Supercomodoro«. Für was brauche ich eine große Schnauze, wenn ein Stück Papier die Welt in Ordnung bringen kann – oder andersrum ein Telefonanruf nach Buenos Aires wegen einer lausig unterhaltenen Piste die friedliche Welt hier aus den Fugen bringen könnte? Die Polizisten entschuldigen sich brav für den Zustand der Landebahn im Dorf und versprechen mir Besserung, was ich dankend quittiere, und schon zurren wir gemeinsam den Flugapparat am Polizeihäuschen fest, damit der kräftige Wind ihn nicht fortbläst. EinPolizist nach dem andern unternimmt ein Probesitzen im Cockpit, und ehrlich gesagt – obwohl sie's nicht zugeben: Sie freuen sich wie kleine Kinder, dass mal ein lustiger Vogel etwas Abwechslung ins Revier bringt.

Die Menschen hier sind warmherziger als die bisher kennen gelernten, ebenso wie die Landschaft. Nicht die Pampa, sondern die farbigen Anden dominieren. Vielleicht wirkt eine abwechslungsreiche Landschaft als Anti-Depressivum? Für neugierige Ohren stehe ich bis spät am Abend Rede und Antwort. Dann bin ich erschöpft und hungrig, aber auch glücklich. Denn eines muss ich sagen: Meine Suppe heute war reichlich gewürzt! Genau so habe ich mir dieses Abenteuer schon immer vorgestellt!

Früh am nächsten Morgen wische ich den Tau von den Flügeln und die letzten Zweifel und Sorgen aus meinen Augen. Der Kommandant verspricht mir, dass er mit seinen zwei größten Polizeiwagen die Straße absperrt, sobald ich für den Weiterflug bereit sei. Ich kann es kaum glauben: Mit Blaulicht eskortieren sie mich zum Dorf hinaus und winken jeden Bus und jedes Mofa in den Straßengraben, damit ich mit meinen neun Metern durchkomme. Als ich knapp über dem Streifenwagen und einer stehenden Autokolonne abhebe, kann ich es kaum glauben. Argentinien gefällt mir von Tag zu Tag besser! Das war keine Faust ins Auge, das war der Willkommenskuss von Südamerika! Ich weiß, Liebe wird hier hart erkämpft, es dauert, bis es funkt. Ich arbeite noch an der Eroberung dieser Liebe.

Übrigens sollte ich es natürlich noch mehrmals mit den Ordnungshütern zu tun bekommen. Nicht selten bat ich die Polizei darum, irgendwo neben Dörfern mein Flugzeug zu bewachen, während ich mit meinem Klappvelo zu einem Mittagstisch verschwand. Jedesmal halfen sie mir mit größter Selbstverständlichkeit. Ich brachte Ihnen dafür ein Mittagessen, und so vergingen die heißen Mittagsstunden im Gras wie im Flug.

Es folgen vier wunderbare und erholsame Tage in Bariloche, dem mondänen Winter- und Sommerkurort Argentiniens. Zahlreiche Schneegipfel umzäunen die kunterbunten Wälder, und Wanderwege verbinden die Naturschönheiten miteinander, seien es Wasserfälle, Gletscher, tiefblaue Seen oder einsame Berghütten in idyllischer Lage. Hier ließe es sich gut auch ein bisschen länger aushalten.

Der Sommer liegt im Sterben, es ist jetzt eigentlich schon Herbst, und trotzdem klettern die Temperaturen tagsüber noch auf über 28 °C – wie im Hochsommer. Niemand hier kann sich an solche Wetterextreme erinnern, man schiebt alles »El Niño« in die Schuhe. Eine andere Erklärung fehlt. Dass jemand gegen Autos und die Abholzung der Wälder schreien würde – wegen der schmerzhaften Einsicht, dass sich das Weltklima wegen uns Menschen ändert – Fehlanzeige. Ich überfliege zum Schluss den Tronador auf chilenischer Seite, erreiche 2500 Meter über Meeresspiegel und bestaune den berühmten, schmelzenden schwarzen Gletscher von oben, ehe ich meinen Kurs schweren Herzens nach Osten ausrichte. Mein Zeitplan ist durcheinander, sodass ich von meinem ursprünglichen Plan schweren Herzens Abschied nehmen muss. Gerne würde ich noch weiter in den kühlen Süden fliegen, aber ich bin ein paar Wochen zu spät. Plötzlich einbrechende Schneefälle und Windgeschwindigkeiten von über 120 km/h könnten mich ins Reich der Schneekönigin wehen. Schade, wirklich, aber ich bin froh, dass auch eine Portion Vernunft mitfliegt. Mein Traum von Ushuaia, der südlichsten Stadt der Welt, so schmerzlich dies auch ist, muss begraben werden, ehe der Schnee *mich* begräbt!

Passend zu meiner traurigen Entscheidung gesellt sich die triste Öde der Pampa. Eine Geselligkeit, die ich nirgends bestellt habe, schmiegt sich überall, in jedem Dorf, an mich. Trost gibt Kraft: Ich komme vielleicht nur Wochen zu spät, doch wer hier lebt, der kommt um 50 Jahre zu spät. Wo früher einmal eine Eisenbahn Prosperität und Wohlstand mit sich brachte, da geistern heute tiefe Melancholie, Armut und Apathie herum. Die einstigen Prachtstücke von Dampflokomotiven stehen in ihren alten Depots als Denkmäler für die Endstations-Stimmung. Die Gleise sind schon längst ausgerissen. Wer kann, zieht weg. In den verführerischen Moloch Buenos Aires. Ein Krake, der von Jahr zu Jahr wächst, gefüttert von den Hoffnungslosen der Weiten Patagoniens. Ihr Verzehr von Unglücklichen ist enorm, ihr Ausstoß an Glücklichen wäre zu überprüfen. Niemand weiß, wie viele wirklich ihr Glück dort finden.

Mein Glück heißt Peninsula Valdez. Tiere, endlich wieder wilde Tiere um mich herum! Immer ein Zeichen, dass das gefährlichste aller Tiere, der Mensch, noch nicht ganz alle Flecken dieser Welt zahm und ungefährlich gemacht hat. Und das ist gut so. Ein wilder Naturpark ist genau das Richtige für mich, und das Vorkommen von wilden Tieren hier ist beträchtlich: See-Elefanten, Seelöwen, Gürteltiere, Adelie-Pinguine und Guanakos, wilde Lamas. Whale-

Watching ist ein Big Business hier, doch ich hab die falsche Jahreszeit erwischt, im Herbst verirren sich keine der großen Meeressäuger hierhin in die Buchten. Somit bleibe auch ich nicht lange.

Ich schaffe es mit Mühe und Not bis Olavarria. In die Stadt der Langeweile. So was habe ich noch nie gesehen: Die Stadt versinkt im Verkehr. Wie jedes Wochenende wird sie von einer Blechlawine geflutet. Jedes Auto macht eine Ausfahrt, in jedem Auto eine ganze Familie, zum Spaß im Schneckentempo den Boulevard rauf und den Boulevard runter und wieder den Boulevard rauf und den Boulevard runter. Kein Auto scheint ein wirkliches Ziel zu haben. Mann und Frau sitzen im Wagen, und man schaut. Schaut, dass es vorwärts geht. Schaut, dass andere auch schauen. Man schaut, dass generelles Schauen herrscht. Ich kann nur noch wegschauen – schlimm, wenn man sich vor lauter Langeweile nur noch ins Auto setzen kann.

Es ist, wie wenn Olavarria mit diesem Verhalten den Wettergott erzürnt hätte. Die Sintflut setzt hier noch am selben Abend ein. Es beginnt wie ein normaler Regen. Tropfen um Tropfen. Noch weiß niemand, dass hier die Klimakatastrophe anklopft, die Rechnung für den Stumpfsinn kommt. Ich quartiere mich bei einem uralten Anästhesie-Doktor ein und warte. Elf Tage in Olavarria. Elf Tage totale Leere. Je länger es regnet, und je länger ich nach irgendeiner Art Abwechslung suche, desto eher wird mir das Verhalten der Einwohner vom ersten Samstag verständlich. Was gibt es denn hier sonst zu tun? Den Leuten zuschauen, wie sie im Auto hocken, ist interessanter als das Nichtstun. Oder man schaut auf CNN, wie Argentinien in den Fluten untergeht. Die Hälfte des Landes steht unter Wasser, eine Viertel Million Menschen sind evakuiert. In El Tigre, am Rio de La Plata treiben Leichen den Fluss hinunter. Es sind die schwersten Überschwemmungen in diesem Jahrhundert.

Erst nach elf Tagen erhellt sich der Himmel erstmals. Nichts wie weg!, denke ich, doch in meiner Hast bleibe ich mehrmals mit meinem Flugzeug im Schlamm stecken. Nur mit viel Glück erreiche ich wieder B.A.

Zwei Generäle der Luftwaffe kommen für die Verabschiedung extra nochmals zum Flughafen. Nicht, dass sie müssten, sie wollen mich einfach wiedersehen und wissen, ob alles gut gegangen ist. Und sie wollen sichergehen, dass ich wirklich nur gute Nachrichten mit nach Hause nehme. Diesmal verabschiedet sich auch der Tower mit einem »Suerte«, viel Glück! Argentina, ich werde dich nicht so schnell vergessen, ich komme wieder, das verspreche ich!

Zurück in Montevideo. Schönes Wiedersehen mit Barbudo, Gallego, Fernando, Ramonsito und wie sie alle heißen. Kein Wunder, nach dem Wiedersehen mit der uruguayanischen Clique fühle ich mich wie der kleine Prinz – schließlich heißt es hier auch *Aeroporto de Saint-Exupéry.* Jetzt geht es mit vereinten Kräften darum, die Schwimmflosse zu montieren. Dieses vier Meter lange Ding, reißfest wie ein Airbag und zäh wie ein Gummiboot, wird unter dem Flugzeugrumpf festgeschraubt, zusammen mit einem neuen, einziehbaren Fahrwerk. Der Umbau zu einem Wasserflugzeug ist nötig, damit ich keine Schweißausbrüche mehr kriege, wenn ich wieder mal nur Wasser unter mir sehe. Damit ich im Wasser auch sicher notlanden kann ohne abzusaufen, falls der Motor mal plötzlich stillstehen sollte. So jedenfalls ist es gedacht.

Nur tönt das Ganze zu schön und zu gut. Tatsache ist, dass mir dieses Fahrwerk noch nie einen besonders stabilen Eindruck gemacht hat. Und schon beim ersten Testflug bewahrheitet sich meine Befürchtung: Das Fahrwerk bricht beim Aufsetzen auseinander, und unkontrollierbar schlittert das Fluggerät auf der dünnen Wasserflosse gut hundert Meter quer über die Piste! »Are you okay?«, zischt es vom Tower her, und trotz meines »Yes«, lässt er im gleichen Moment die Feuerwehr mit lauten Sirenen auffahren. Der *Aeroporto* bleibt für eine halbe Stunde gesperrt, während wir mit allen verfügbaren Händen und einem Traktor das Flugzeug vom Fleck zu ziehen versuchen. Aeroporto geschlossen! Nur ein TV-Team, das zufällig anwesend ist, reibt sich lachend die Hände über so viel Action. Kein gutes Omen. Mir ist das Lachen vergangen. Während ich am nächsten Tag lustlos durch die Straßen schlendere, um Ersatzteile zu suchen, erkennen mich jede Menge Leute als Abstürzler wieder. Na ja, wenigstens hat sich gestern Abend halb Uruguay auf Kanal 1 bestens über das Pech des Schweizer Bruchpiloten vor dem Glotzkasten amüsiert! Dass ich heute für Schrauben nichts bezahlen muss, weil der Verkäufer den Einsatzzweck schon kennt (»Du bist doch der verrückte Schweizer, ja?«), macht die Sache etwas erträglicher. Berühmtheit bewirkt in Uruguay Wunder.

Die Tage verbringe ich mit Schweißen, Nageln und Schrauben. Ich glaube weiterhin an das Fahrwerk, und so bastele ich unbeirrt weiter, bis ich denke, das Fahrwerk sei für die nächsten hundert Landungen stabil genug. Ganze zwei Wochen vergehen, bis ich Montevideo und den zahlreichen guten Freunden meine Schwanzflosse zukehren kann. Mein Fluggerät ist wegen der Schwimmflosse gute 50 kg schwerer geworden, und wie auf einen Esel packe ich weiter drauf: 30 kg Gepäck und 10 kg Faltfahrrad auf den Hintersitz, dazu die maximal 80 Liter Treibstoff in die Tanks. Ich habe ein ungutes Gefühl, mein Flieger ist hoffnungslos, ja gar kriminell überladen ... Dennoch katapultiert sich mein fliegender Reisekoffer wie eine Rakete in die Luft. Los geht's! Gedanklich bin ich schon beim nächsten Zoll – wie werde ich wohl in Brasilien empfangen?

Vogelfrei in Brasilien

Ich bin gespannt, während mich meine 55 PS auf gut 30 Metern Höhe ins brasilianische Staatsgebiet rüberschieben. Schon aus der Luft scheint sich der Mentalitätswandel bemerkbar zu machen: Während in Argentinien oder Uruguay kaum jemand groß auf ein tief fliegendes Flugzeug reagierte, so rennen mir hier ganze Bauernfamilien, Hüte und Arme in die Luft schwingend, hinterher. Daneben machen sich auf den Feldern erschreckte Gruppen von Nandus, den südamerikanischen Straußen, mit großen Schritten im Zickzackkurs aus dem Staub. Ich bin begeistert!

Aber noch mehr bin ich nervös – erneut erwartet mich eine Landung mit Grenzübertritt. Neues Land, neue Überraschungen. Anruf an den Tower des Internationalen Flughafens von Uruguayana auf Englisch. »*Foxtrott-Two-Five-Kilo-Alfa,* erwarte Informationen zur Landung.« Die Antwort: Langes Schweigen. Okay, zweiter Versuch, diesmal auf Spanisch: »*Foxtrott-Dos-Cinqo-Kilo-Alfa, solicito informaciones para aterisar!*« Die Antwort diesmal: Immer noch … ein langes … Schweigen! Donnerwetter, ich befinde mich nur noch wenige hundert Meter vor der Piste, und keiner sagt was, nicht einmal ein Meckern, alle in der Siesta! Ohne zu wissen, ob mir ein Jet gleich im Nacken sitzt, ziehe ich meine Maschine runter und setze direkt vor dem Tower auf – ich benehme mich wie südamerikanische Autofahrer. Die drängeln ja auch immer vor, wieso soll ich da als Flugzeuglenker besser sein?

Endlich, kaum bin ich unten, gibt der Tower mir alle Landeinfos – aber auf rassigem portugiesisch! Leider zu spät, liebe Leute, so denke ich, ich bin schon da! Die Flughafenangestellten lachen nur, nicht einmal der gestiefelte Stempelschwinger macht den Eindruck, als könnte er einer Mücke wie mir was tun. Man sitzt locker auf dem Hocker, und wir verstehen uns auf Anhieb, weil wir uns eben nicht verstehen. Mein Spanisch und ihr Portugiesisch stoßen sich ab, ziehen sich einzig an, wenn es darum geht, dass an Ort und Stelle die 55 Dollar für die Landegebühr fällig sind. Diese Abzockerei ist okay, so denke ich, denn dafür kriege ich statt einer fetten Buße für kriminelles Fliegen gratis und wie selbstverständlich eine auf zwei Monate befristete Überflug-Bewilligung – super! In Brasilien läuft's ja wie geschmiert, ich staune, und so bin ich erst recht gespannt auf dieses Land mit seinem kochenden Samba-Puls, gespannt und neugierig, was da noch kommen möge.

Wenn der Grenzübertritt so einfach ist, jeder alles »easy« und keiner was ernst nimmt, dann, so hoffe ich, ist der Himmel über diesem Land ja irre weit offen für mein Flugabenteuer!

Die Aufnahme beim »Clube de Ultraleves« in Santa Rosa am nächsten Tag ist genauso beeindruckend. Ich begegne einem herzlichen Haufen wilder Ultralight-Fanatiker. Spontan versammeln sich dreißig Leute, und schnell beginnt man ein Schwein zu braten. Martin, ein Ire und Vorsteher des Clubs, ist der größte Schweinezüchter der Region, besitzt ein riesiges Haus und hat darin unglaublich viel Platz – auch für einen fliegenden Vagabunden wie mich. So habe ich an jenem Abend doppeltes Schwein. Es wird so weitergehen, in den nächsten Monaten soll ich die brasilianische Gastfreundschaft von Grund auf kennen lernen. Noch ahne ich nicht, dass ich von den nächsten 100 Nächten lediglich 14 in einem Hotelzimmer verbringen werde.

Drei Tage später tanze ich bereits über dem dampfenden Dschungel bei den Iguazu-Wasserfällen. Wie schnell sich die Landschaft verändert hat – innerhalb weniger Flugstunden ist unter mir aus den überfluteten Äckern Uruguays die grüne Hölle entstanden. Schon aus hundert Kilometern Entfernung sehe ich den Wasserdampf der Wasserfälle – wie ein schneeweißer Pilz türmt sich dieser aus dem dunkelgrünen Wald hoch bis in die Wolken. Hier will ich einen meiner großen Träume wahr machen: Über das tosende Wasser fliegen, über den größten Wasserfall des ganzen Kontinents – wenn nicht gar der Welt! Doch für das Überfliegen der Fälle gibt es ein ernsthaftes Problem: Ich brauche dazu die Einwilligung des Towers des großen Flughafens, der nur wenige Bäume daneben steht. Ob die Verkehrsleitstelle dies zulässt?

Der Tower spricht diesmal perfektes Englisch (unglaublich, es ist das einzige Mal auf meiner Reise!), aber trotzdem kapiert er nicht, dass ich ein *Ultra-Light-Airplane* bin und weist mir ganz selbstverständlich wie einem Jumbo den Warteraum 1000 Meter über der Goßstadt Foz do Iguazu zu. Was in Amerika absolut verboten wäre, nämlich Wohnhäuser zu überfliegen, ist hier Befehl. Meine Antwort: *Wilco* – werde es tun! Somit ziehe ich halt meine Runden über den Wolkenkratzern und warte auf den Moment, bis man mich zu den Fällen lotst. Mit einer letzten drohenden Mahnung, dass unter mir ein Vogelschutzgebiet ist – Metallvögel müssen auf vorgeschriebener Höhe bleiben – lässt man mich dann endlich direkt auf die Fälle zutanzen und in der Anflugschneise des Flughafens herumpoltern! Es folgen zwanzig fantastische Minuten, kreuz und quer über den mörderisch einstürzenden Wassermassen.

Ich vergesse, wo ich bin, und so wie es unten rauscht, so rauscht es bald auch in meinem beeindruckten Kopf. Kein Vogel kann mich hier in meinem Paradies aus der Ruhe bringen, auch als Metallvogel fühle ich mich im Vogelschutzgebiet sehr wohl.

Plötzlich ein Funkspruch des Towers, lauter und deutlicher wäre nicht möglich: »Bitte melden Sie, wenn Sie eine Boeing-737 sehen! Sie fliegt genau auf Sie zu!«

Was …? Der harmlose Auftrag wird zum Schrecken, reißt mich aus allen Träumen, okay, nur … ich sehe die Boeing nirgends! Meine Augen fokussieren den Himmel. Nichts! Der Tower wiederholt nervös – ob ich denn die Boeing nicht sehe? Während meine Augen sich an den Horizont heften, ignoriere ich die Frage, bin zu aufgeregt, mir kommt ein sterbendselendes Gefühl auf – Boeing oder *Booing* – das ist hier die Frage! Dann wieder ein Funkspruch, diesmal sind die Piloten der Paraguay Airlines dran – und sie melden, ich sei direkt vor ihnen und sie würden mich umfliegen! Mein Blut gefriert, als ob von Umlegen die Rede wäre, aber es ist *Umfliegen.* Schlimm genug. Erschrecken zeichnet mein Gesicht, ich kriege den Mund nicht mehr zu, als ich aus meinem offenen Cockpit auf die riesige Maschine starre, mit ihren 160 Menschen an Bord, wie sie mir geschickt ausweicht und dann noch ebenso geschickt auf der Piste aufsetzt. Ich bin zu erstarrt, um zu fotografieren, zu gelähmt, um auf Funksprüche zu reagieren. Blitzartig haue ich ab. Als der Tower wissen will, wie lange ich denn noch bleiben möchte, bin ich schon verduftet. »Thank you«, sage ich noch, »es war großartig!« Und so verschwinde ich sehr schnell von ihrem Radarbildschirm.

In den nächsten Tagen ist das Wetter günstig. Selbst als ich die wegen ihren Fallwinden gefürchteten bis zu 1800 Meter hohen Berge bei Curitiba am Atlantik überquere, säuselt kein Windchen. Unter mir letztmals ein modernes Brasilien, Autobahnen mit Mautstationen, geordnete Felder mit gigantischen Traktoren und ebenso gigantischen Heuhaufen drauf. Nicht selten spricht ein Blondhaariger da unten deutsch, schwatzen Marktfrauen über Bockwürste. Ein Hauch von Heimat, nur größer, grüner, schwüler. Die Auswanderer-Kolonien grüßen. Dann, endlich über dem Atlantik, entdecke ich eine paradiesische, menschenleere Bucht voller Delfine. Wie ein Volltrottel stürze ich mich hinunter, mit meinem Fotoapparat als Harpune, will schießen, doch vergeblich! Kein Wunder – bei dem Krach, den mein Motor veranstaltet, würde ich auch abtauchen, wenn ich so ein empfindliches Gehör hätte!

Meine Traumstadt Rio de Janeiro kündigt sich schon von weitem mit endlosen Reihen von Appartement-Wohnhäusern sowie spitzen, hohen Bergen an. Aus der Höhe sieht man, dass die Lage, eingekesselt zwischen den spitzen Bergen, diese Stadt so ungemein attraktiv macht. Problemlos finde ich die Landebahnen von Rio's Flieger-Club Jacarépagua. Die Pisten leisten sich einen Wimbledon-Rasen, alle Fahrwege sind mit Blumenbeeten eingezäunt und in der Mitte des Flugplatzes glitzert ein blauer Swimming-Pool im Palmenschatten. Daneben die Hangars mit insgesamt 180 Ultraleicht-Flugzeugen – all dies macht Jacarépagua nicht nur zum größten, sondern auch zum extravagantesten Ultraleicht-Flugplatz der Welt. Kein Wunder, trampeln hier auch Formel-1-Rennfahrer und alle Arten von Sternchen und Geldeseln über die schicken Bahnen. Die, die sich »Elite« nennen dürfen.

Der junge Fluginspektor Fernando Loureiro Junior ist kein Geldesel, hat dafür aber Herz und nimmt mich für ein paar Nächte zu seinen Eltern mit nach Hause. Mein Problem: Ich kann kein Portugiesisch und stehe wieder einmal wie ein Esel vor der Türe zur Welt, der die Klinke nicht findet. Seine jüngere Schwester Dodi und Arlète, seine Mutter, offerieren sich mir als meine neuen Lehrerinnen – Portugiesisch muss in mich rein, es geht nicht ohne. Ohne Sprache ist die Reise fade. Ohne Sprache ließen sich die mir zufallenden Kontakte nicht genießen, so würden viele Eindrücke grau und fade bleiben. Ich büffle abends und nachts, der weibliche Charme hilft, während sich tagsüber Loureiro als idealer und genau so verrückter Partner erweist, um den Luftraum über Rio unsicher zu machen. Zuerst aber muss mein Flugzeuge in die Reparatur. Das Fahrwerk ist wieder lose, ich fluche und fasse es nicht, dass dieses Mistding dauernd kaputt geht! Ich weiß, ich bin undankbar – schließlich habe ich mir selbst mit so einem komplizierten Einziehfahrwerk verdammt viel Ärger aufgehalst! Ich bin so unglücklich, dass der Himmel erzittert und der Christo fast vom Sockel fällt, und kann kaum erwarten, Rio aus der Luft zu bestaunen.

Endlich, eine Woche später. Obwohl offiziell nicht gestattet, tun wir nur, was alle tun: Wir fliegen ins Herz der Stadt, und zwar dicht beieinander und dicht über den Häusern. Um Loureiros Hals baumelt meine Kamera. Er soll mich fotografieren.

Alles geht gut. Es ist fantastisch, einfach unbeschreiblich. Bis ich einmal nichts ahnend und voller Neugier Kurs auf ein Elendsviertel, eine so genannte Favela, nehme. Noch bin ich nicht direkt darüber, da schreit mir Loureiro wild herumfuchtelnd zu, ich solle ja wieder kehrtmachen! Und zwar sofort, pronto und immediately! Ich weiß echt nicht, was in meinen Kumpel gefahren ist, und drehe ab. Auf dem Boden erfahre ich später des Rätsels Lösung. Die

Favelas werden von der Drogen-Mafia kontrolliert, und Überflieger werden immer für spionierende Polizisten gehalten, und auf Polizisten wird generell geschossen!

Wir erreichen die Quartiere Ipanema und Leblon. Die Stadt wird kompakter, die Häuser immer höher, und man kann sich nicht satt sehen! Die Straßen verstopft mit Bussen und Autos, so klein wie Käfer, und die tausenden Badenden in den Wogen des Ozeans in »united colors«: Von ziegelrot über kastanienbraun bis kaffeeschwarz.

Dann schrauben wir uns hoch zur Christus-Statue, die zum Glück immer noch fest verankert auf dem Berg namens Corcovado steht und wachsam ihre schützenden Hände über die Stadt hält. Als ich den ersten Überflug über Jesus Kopf und den senkrecht abfallenden Berghang dahinter erlebe, zieht sich mein Bauch zusammen wie ein Schrumpfschlauch. Die gähnende Leere hinter dem Corcovado, diese 700 Meter vertikale Fallhöhe, ist eine nicht zu beschreibende Wahrnehmung. Ich denke runterzufallen, in meinem Bauch tobt das Gefühl, als ob ich über die Klippe gestoßen würde. Ich schließe die Augen …

Und trotzdem bleibe ich oben, dem Himmel sei Dank. Selten hatte ich Angst während des Fliegens. Hier schon. Gut zehnmal überfliegen wir die Statue, nach ein paar Probeanläufen gelingt es mir auch ohne Bauchkrämpfe, dicht an Jesus Hand heranzufliegen. Ich kann ihm fast die Hand reichen! Ehrlich gesagt, toben wir uns da oben aus wie kleine Kinder auf dem Spielplatz. Meine Nerven beginnen erst zu zittern, als plötzlich drei Hubschrauber aus dem Häusermeer aufsteigen. Für das, was wir hier machen, könnte das die Polizei sein. Ihre großen Fenster sehen aus wie die Augen überdimensionaler Libellen, die uns mit ihren surrenden Flügeln in die Flucht schlagen wollen. Das Ganze hat was von einem überdimensionalen Computerspiel. Schnell verduften wir kleinen Mücken auf die Rückseite des Bergkammes, warten ab, bis sich die drei Kampf-Libellen wieder verzogen haben. Dann ist Jesus wieder unser. 100 points!

Zufrieden landen wir nach zwei Superstunden wieder in Jacarepagua. Ich diskutiere auf dem Nach-Hause-Weg lange mit Loureiro über die Favelas. Es lässt mir keine Ruhe, dass aus den Favelas auf Flugzeuge geschossen wird. Dabei erfahre ich, dass Loureiro, ebenso wie die allermeisten Bewohner Rios, noch nie selbst in einer Favela war, und deshalb auch nicht genau weiß, welchem Zweck die Herumschießerei dienen soll. Von seinen Eltern erfahre ich mehr.

Die Favelas gelten als gemeingefährlich. Jeden Tag käme es in den Slums von Rio zu einem Dutzend Morde, die Gesetze seien die der Drogenmafia, und das Elend und die Armut seien unbeschreiblich. Weder Polizei noch die anderen Bürger Rios getrauen sich hinein. Wer nicht dort wohnt, hat schlicht keinen Zutritt, kommt vielleicht nicht mehr lebend hinaus, deshalb findet man kaum einen »normalen« Bewohner Rios, der je einen Fuß in eine Favela gesetzt hat. Auf mich üben solche Geschichten immer eine ungeheure Faszination aus, und – bei allen Warnrufen – genau deshalb beschließe ich, meine Füße in eine Favela zu setzen. Ich beschaffe mir durch meine Gastfamilie Kontakt zu Roberto, einem Mann der Kirche, etwas über dreißig und knusprig schokoladenbraun – ein Mann, der nicht nur von Beten was versteht. Er gilt als der einzige, der nicht in der Favela wohnt und doch Zutritt hat zum »Moro do Alemao«, übersetzt »der Berg des Deutschen«, die zweitgrößte Favela Rios mit (so genau weiß das niemand …) etwa 300 000 Einwohnern. Die Antwort darauf, wie er unbehelligt da rein und raus kann, ist göttlicher Natur. Gottes Hand nämlich, so Roberto, geleite ihn, und als Kirchenmann gehöre die Favela zu seinem Einsatzgebiet. Ich hoffe, dass Gott und die Schutzengel heute eine zweite Hand frei haben und schließe mich Roberto an, der mir verspricht, mich nur bis zum Bürgermeister mitzunehmen. Die ersten Schritte sollte nichts passieren, der Rest liege in Gottes Hand. Gott sei mit mir, denke ich mir. Dass ich Flugzeug fliege und die höchsten Stellen des Kontinents besuchen darf ist schon göttlich genug, und trotz meines dicken Sündenregisters (unter anderem die Ruhe des Gottessohnes gestört) erlaube ich mir, ihn nochmals zu bitten, mich heute sicher zu den tiefsten Stellen des Kontinents zu geleiten … tief in die schwarze Unterwelt Rios. Im Gegenzug verspreche ich – leichtfertig, wie sich herausstellen wird – nicht mehr so schrecklich zu fluchen, komme was da wolle.

Dodi und Arlète schließen sie sich spontan dem Unternehmen an. Roberto nimmt uns alle mit, ohne zu diskutieren, denn Frauen haben etwas Friedliches, das könne kaum schaden, und wir kommen ja in friedlicher Absicht. Als wir, die wohl größte Touristengruppe aller Zeiten, nach 300 rassig zurückgelegten Metern lebend und unversehrt beim Bürgermeister ankommen, fällt dieser fast vom Stuhl. Er sitzt (oder saß soeben) noch auf einem zerfetzten Metallgestell in einem Mauerwerk, das jeden Moment einstürzen könnte. Sein Zimmer: die große Leere. Das Gemeindehaus, eines der wenigen Häuser mit zwei Stockwerken und einer Backsteinmauer, hat nicht einmal ein Schild, das darauf hinweist, dass hier etwas Offizielles vorzufinden wäre. Nichts ist offiziell hier in Moro do Alemao, offiziell gibt's nur die Tatsache, dass es auf diesen vier Quadratkilometern keinen Strom und kein Wasser und keine Kanalisation gibt. Und keine Bewilligungen und keine Müllabfuhr und keine Volkszählung. Etwas, das illegal ist, kann ja nicht offiziell gezählt oder verwaltet werden. Moro de Alemao gibt es offiziell nicht, seine 300 000 Einwohner aber doch, wenn auch nicht auf dem Papier. Offiziell zählen sie ebenso viel wie beispielsweise Außerirdische.

Der sogenannte Bürgermeister wischt sich immer noch den Schweiß von der Stirn. Auf die Frage, was wir hier denn wollen, antworte ich mit meinem Fotoapparat. Zum Teufel, so verraten seine Augen, *touristas* fehlen ihm gerade noch. Trotzdem will er uns alles zeigen. Von oben bis unten. Die Wahrheit. Dass hier Menschen leben, und man hier gut leben kann. Er pfeift einem gewissen Ronaldino. Ein Bursche, der Schlangenbändiger sein könnte, kahlköpfig und Muskelmann, breit wie ein Pult, erscheint und nimmt Befehle entgegen. Beim Verlassen des Raumes sind wir schon von sechs weiteren Ronaldinos, seinen Bodyguards, umstellt. »Eine Vorsichtsmaßnahme«, beruhigt uns der Bürgermeister und stellt sich als Schutzschild demonstrativ an die Spitze unserer Gruppe. Vorne drei muskulöse Körper von Bodyguards, hinten drei, in der Mitte wir vier Fremdkörper, und so, mit einem sehr mulmigen Gefühl im Magen, bahnen wir uns wie ein Panzer den Weg durch das brodelnde Menschengewimmel. Als Begrüßung zischen drei Knallpetarden direkt über unsere Köpfe in die Luft, unser Trommelfell flucht, der Bürgermeister beruhigt: »Immer, wenn Fremde eindringen, ballern die »*Jungs*« eben eins in die Luft. Warnschüsse an alle.« Der Pfarrer flüstert mir leise zu: Mit Jungs habe der Bürgermeister die Drogenmafia gemeint. Ich kapiere. Der Bürgermeister ist auch einer von denen.

Ich sauge die Einzelheiten, Düfte und Geräusche mit all meinen Sinnen auf. Wie soll man das Zentrum eines bösartigen Geschwürs auf Erden beschreiben? Man bräuchte eine gehörige Portion Fantasie, um diesen miserabelsten Ort der Welt, einen Großstadtslum, richtig und gerecht zu beschreiben. Beginnen wir im Gesundheitszentrum. Hier kümmern sich drei Ärzte um die Einwohner. Das macht einen Arzt auf 100 000 Einwohner. In Malawi, so rechne ich schnell, waren es 24 000 pro Arzt. Viermal schlimmer dran sein, das geht fast nicht. Und dann die Fußwege! Einzig die Fußwege sind feine Adern, die dieses Geschwür durchziehen und am Leben erhalten. Doch die Berge von stinkendem Müll und Unrat, die ihre

Duftwolken weit über Rio schweifen lassen, haben schon längst dick und schmierig alle Fußwege überwachsen. So wird jede Fortbewegung zu einem Hürdenlauf. Wir springen zuerst über rostige Giftfässer, dann folgen tote Ratten und vermoderter Kunststoff, während wir unsere Nasen zuhalten. Klos gibt es nicht, nur Löcher in den Wänden und daneben Haufen mit schlechtem Parfüm. Alles unter freiem Himmel. Wo ein Fenster offen ist, blicken finstere, ungesund aussehende Gesichter auf uns hinab. Eine Mama klagt und weint, doch als sie uns erblickt, ändern sich ihre Gesichtszüge. »Endlich!«, ruft sie, und dass sie sich freue, dass wir Regierungsleute ihr nun doch Geld für die verstorbene 25-jährige Tochter bringen. Der Bürgermeister wendet rufend ein, dass diese Fremdlinge nicht von der Regierung kommen und sie ohnehin von der Regierung nichts erhalten werde – die Regierung schenke hier weder den Lebendigen noch den Toten etwas. Auch dann nicht, wenn die 25-Jährige an einer Lungenentzündung gestorben ist und Brasilien ihr keine Chance auf ein menschenwürdiges Leben geschenkt hat. Bei der nächsten Wellblechbehausung die nächste Mama. Sie habe vier erwachsene Söhne, wir sollen sie fotografieren, und schon macht sie die Türe auf und drückt uns in ihr Häuschen, kleiner als ein durchschnittlicher Wohnwagen, mit Platz für gerade mal zwei Doppelbetten. Mit einem schlafenden, schwitzenden Kerl drauf, der in seiner Lache nichts von uns merkt. Ich solle abdrücken, zischen alle, doch ich kann nicht. Ein Reflex meines Gewissens klemmt meinen Finger, der sonst stets am Drücker ist, ab. Soll ich dieses Foto von dieser *Miseria* später meinen Freunden und meinen Schülern zeigen? Es publizieren, damit die verwöhnte Schweiz Anteil nehmen kann? Undenkbar! Ich fotografiere höflich nur die Regentonnen – zwei Chemikalien-Fässer, die den Regen vom Dach sammeln und der Familie Trinkwasser spenden. Den Rest der Eindrücke nehme ich im Kopf mit, das wiegt schon schwer genug.

Wieder zerreißen zwei Petardenschüsse über uns die Luft. Der Bürgermeister scheint augenblicklich gelöst, und der Pfarrer hat erneut Anlass zum Flüstern: »Das war die Entwarnung. Jeder Chef auf dem Moro weiß jetzt, dass wir in friedlicher Absicht hier sind. Die Nachricht hat alle erreicht!« Gut so. Unsere Reihen lichten sich. Lediglich ein Bodyguard und der Bürgermeister begleiten uns jetzt, klettern mit uns einen schmierigen, klebrigen Weg über tote Ratten den Berg hinauf. Die anderen Bodyguards sind verduftet. Kein Wunder, bei dem Duft. Ich komme ins Philosophieren: Weshalb sind die vielen Afrikaner, die nichts besitzen, so glücklich, stolz und optimistisch? Und die Brasilianer, die hier ohne etwas gelandet sind und genauso wenig besitzen, derart unglücklich, gekränkt, pessimistisch und miserabel beisammen? An beiden Orten gibt es kaum eine Fahrkarte in ein besseres Leben, und doch könnte der Unterschied zwischen Armut (Afrika) und Elend (Favela) nicht größer sein. Meine Vermutung: Afrika hat seine Kultur zum größten Teil beibehalten, und jeder Afrikaner ist Teil davon. Brasilien aber hat unsere Kultur übernommen, und die ist nicht für alle zugänglich. Der zur Schau gestellte Reichtum löst bei den Menschen am unteren Ende der Gesellschaft Aggressionen und Resignation aus. Anderen zuzusehen, ohne eine Chance für den eigenen Aufstieg, ist nicht einfach auszuhalten. Ein Spruch hier trifft die ganze Wahrheit: Einmal Favela – immer Favela!

Oben auf dem Hügel eine Schule. Sie reicht niemals für alle Kinder des Moro, und doch hat die Drogenmafia bewiesen, dass sie Geld für Infrastruktur locker machen kann. Damit es doch noch eine Chance gibt aufs Entkommen, auch wenn diese Chance klein ist. Mickrig klein. Der einzige Superstar, der es geschafft hat, heißt Ronaldo – er ging hier (oder in einer anderen Schule, so genau nimmt das niemand) zur Schule, und er ist das Superidol, denn er ist von hier rausgekommen und hat sich mit Fußballspielen zum Multimillionär gemacht …

Auf einer kleinen Anhöhe ein alter Mann, nur in kurzer Hose mit Schlitzen. Auf seiner Schulter eine freche Gelbstirnamazone, ein Papagei, und neben seinem Bretterbau ein Verhau für ein Schwein. Das Tier kann sich nicht einmal drin drehen. Armes Schwein. Es wird mit Abfällen gefüttert – bis Silvester sollte es schön dick sein, so meint er. Der zahnlose Papa, 42 Jahre alt, freut sich über uns. Keine Verbitterung in seiner Stimme. Sein Leben – abgehakt. Nur seine Sorgenfalten erzählen uns von der ihn umgebenden Gewalt. In seinem Bretterbau zählt er die Durchschüsse und die stecken gebliebene Munition. Über hundert. Jede Nacht tobt der Krieg zwischen den Drogenclans, und wie ein unsichtbarer Schatten kann diese Gewalt das Leben von einem Moment auf den andern auslöschen. Der Mann nimmt uns mit zum nächsten Hügel. Oben steht eine weiße Kapelle mit wunderschön blau gestrichenem Betonboden – ein Haus ohne Dach und ohne Mauern. Auch die Treppenstufen zum Altar sind voller Einschusslöcher. Hier wurde ein »Chef« vorletzte Woche von einer Kugel tödlich getroffen. Der Schuss kam von da hinten – der Mann zeigt auf einen benachbarten Moro: »Eine andere Favela, ein anderer Clan. Zwischen diesen beiden Moros pfeifen die Schüsse so häufig hin und er wie die Spatzen.« Tatsächlich finde ich nirgends eine Hauswand ohne Einschusslöcher. Und jede Kugel erzählt ihre eigene Geschichte. Mehrmals höre ich hinter vorgehaltener Hand die gleiche Geschichte, immer dann, wenn der Bürgermeister nicht zuhört: Die Polizei versucht zwar jede Nacht, einen Drogenboss zu fassen, doch gelingt ihr dies selten. Kein Wunder, ihre neuesten Waffen haben die Polizisten schon längst der Drogenmafia verkauft. Die Idee dahinter ist nicht dumm: Mit schlechter Ausrüstung hoffen die Polizisten, seltener in die Favelas geschickt zu werden. Und wenn sie doch einmal – quasi aus Versehen – einen Drogenbaron fassen, dann warten die Polizisten auf der Straße unten jeweils mit einer zweiten Chance auf. Ihr Motto lautet: »Hilfst du mir, so helfe ich dir.« Der Gefangene bleibt so lange im Polizeiauto, bis die Drogenmafia mit zwei Koffern voller Geld – 100 000 Dollar – ihren Mann wieder freikauft. So bessern sich die Polizisten von Rio ihren kärglichen Lohn auf! Und wenn sie nicht gestorben sind, so leben alle glücklich weiterhin am Moro – Polizisten, Chefs und selbsternannte Bürgermeister.

Drei Stunden Favela live. Eine kurze Zeit, in der ich dennoch mit meinen Augen und Ohren zu viel Unerträgliches gesehen und gehört und geschluckt habe. Ich bin übersättigt und mag den ganzen Abend nichts mehr essen.

Zwei Tage später Abschied von Loureiro und seiner Familie. Ich bin schon viel länger in Rio als geplant und habe so viele Gründe, um mich zu bedanken. Die Favela ist mir brutal gegenwärtig – doch die große Bewährungsprobe kommt erst noch. Denn Gottes Hand hatte mich durch die Favela geführt, und ich hatte ja versprochen, nie mehr zu fluchen, wenn mein Flugzeug streikt. Und nun macht das Flugzeug wieder nicht mit – in der letzten Kurve vor dem Start, noch im Rollen, ist mein Fahrwerk erneut entzwei! Und diesmal ist die Katastrophe perfekt – auch mein Flügelende hat es erwischt. Ich glaube es nicht: Mein Flugzeug liegt wie damals in Florida mit gebrochenem Fahrwerk und zersplittertem Flügelende im Gras! Ich drehe fast durch, ich müsste weiter, aber stattdessen addieren sich weitere zehn Tage Geld fressende Reparaturen zu Rio. In einem letzten Kraftakt lasse ich die Maschine in einem Hangar und verschwinde wieder ziemlich aufgelöst – zu Loureiro. Mittlerweile bin ich schon drei Wochen bei meiner Gastfamilie. Die Familie hat mich aufgenommen wie einen eigenen Sohn und mir prima Portugiesisch beigebracht. Die Freundschaft zu diesen Leuten bleibt für mich das schönste Erlebnis in dieser »schönsten Stadt der Welt.«

Mittlerweile ist Mitte Mai. Ende Juli wollte ich am größten Fliegertreff der Welt in Oshkosh bei Chicago sein. Dort treffen sich jährlich um die zwölftausend Kleinflugzeuge zum Campieren. Die

Zeit rennt. Am nächsten Tag erscheint neben meinem Wrack ein polierter Glatzkopf und stellt sich als Herbert vor. Er ist der Vertreter der Sternchen. Ein sympathischer, zurückhaltender, bodenständiger Typ, der mit einem feuerroten Ultralight die Runden über die grünblauen Lagunen fliegt und – oh Wunder endlich einer! – fließend Englisch spricht. Herbert ist die große Berühmtheit des Platzes – als wilden Hitparadenstürmer und Sänger kennt ihn jedes Kind, seine CD liegt in den brasilianischen Charts soeben auf Platz eins. Ich habe seine penetrante Platte bisher schon oft gehört, wie sie Tag und Nacht in allen Cafés und Bars rauf- und runtergespielt wird. Nun steht der Verantwortliche dafür vor mir: Herbert Superstar, Herbert Ohrwurm, Herbert als berühmtester Glatzkopf Brasiliens – der Arme! An jedem Kiosk wird in Zeitschriften auch sein Privatleben enträtselt. Und nach seinem Haarwuchsmittel recherchiert. Und ihm nachgestellt. Das hat er von seinem Erfolg. Trotzdem bleibt er normal und auf dem Boden und hebt – so scheint mir – höchstens mit seinem Flugzeug ab. Loureiro und mich nimmt er gleich mit in ein kochendes Konzert – in einer alten Fabrikhalle soll er vor 5000 begeisterten Fans singen. Was ich davon habe? Zwei Wochen lang Pfeifen in den Ohren …

Über der schönsten Küste der Welt

Die Ostküste Brasiliens sei die schönste Küste der Welt, heißt's in Seglerhandbüchern. Das reizt mich. Am ersten Flugtag nach langem habe ich wieder Glück, ein Rückenwind schiebt mich mit 130 km/h neben dem Zuckerhut vorbei in Richtung Nordosten. So tief wie möglich, die beiden Händen fest um den Steuerknüppel, schwebe ich nur wenige Meter und manchmal Zentimeter zwischen den sich meterhoch auftürmenden, überschlagenden Wellen, ohne dass ich das Flugzeug wirklich steuern muss – der von den Wogen erzeugte Luftdruck lässt mich elegant über die Wogen tanzen, kaum zu glauben, die Flügel bewegen sich von selbst auf und ab, sodass das Flugzeug seine knappe Distanz zum Wasser selber reguliert. Dieses Wellenspiel geht stundenlang, während ich allen Menschen an diesem gigantisch langen Badestrand zuwinken kann. Wirklich jeder bleibt wie angewurzelt stehen, starrt und winkt mir zurück. Immer wieder erblicke ich Delfine, Quallen und Schildkröten, und über den einsamen Strandabschnitten fliehen hunderttausende vom Getöse erschreckte Krabben ins Wasser.

Auf jedem Flugplatz, wo ich nun lande, wiederholt sich das gleiche Willkommens-Prozedere. Ein Typ in kurzer Hose schreitet jeweils breitbeinig auf mich zu, freut sich schon im Voraus für mich und informiert mit einem breiten Strahlen über das wichtigste Faktum seiner Stadt: »Hey Freund, du bist in der besten Stadt Brasiliens gelandet! Herzlich willkommen! Wir haben hier nämlich die schönsten Frauen Brasiliens!« So, so, die schönste Küste der Welt bietet auch die schönsten Frauen. Das leuchtet ein. Ich bin dabei! Die nächste Stunde vergeht stets wie nach einem für alle hiesigen Orte festgelegten Drehbuch: Die wunderbaren Schöpfungen der hiesigen Natur werden bestaunt (er und ich), die allerschönsten beklatscht (nur er) und alle bewertet (er und seine Kumpels). Nun, Brasilien ist für seine Strandschönheiten weltberühmt, und ich weiß auch wieso. Die Frauen scheinen das Angestarrt-werden nicht nur zu mögen, sondern auch zu provozieren. Nur wenige Gramm bunter Stoff bedecken die letzten Quadratzentimeter, sodass es kein Wunder ist, dass den Männern reihenweise die Augen rausfallen. Wie gesagt, oben Geschildertes wiederholt sich in der zweiten Stadt, als sich genau das gleiche Angebot am Flughafen erneut abspult. Wieder haben die Flugplatzleute nur eines im Kopf, zerren mich einmal mehr mit zum Strand. In der dritten Stadt lasse ich mich dank einer Ausrede (»Wo ist denn hier eine Apotheke? Ich bin krank.«) nicht mehr zu einem Ausflug überreden und bleibe bei einer höflichen, kurzen Anhörung zum Thema und verschwinde in einer … Pizzeria. Glaube es wer will, aber ich brauche meine Augen noch für anderes!! Unglaublich, auch am vierten Flugplatz erfahre ich wieder das Wichtigste (was wohl!?), doch hier platzt mir bei so viel dummem Geschwafel der Kragen, und ich werfe zurück, dass nicht jede Stadt die Schönsten haben kann und überhaupt: »Die Schönsten sind ohnehin die in der Schweiz, du hast ja keine Ahnung!« Es kommt zum verbalen Schlagabtausch, bis die Typen davonkriechen ohne eines weiteren Blickes, dafür richtig gekränkt und in sich gekehrt. Mir wird klar: Wer in Brasilien rumreist, ohne ständig den Blick für die schönsten Frauen des Landes zu schärfen – der muss absolut anormal sein!

Dass ich wirklich zu den Abnormen gehöre, beweise ich gleich bei meiner ersten Landung im Wasser. Zu dieser Übung klappe ich das Fahrwerk hoch, und suche mir einen kleinen und geschützten Hafen aus. Den der Stadt Ilheus. Hinter den dicken Hafenmauern sollte mein Flugzeug vor Langfingern und Gaffern sicher sein, denke ich. Doch unerwartet werde ich selber zum Straftäter, denn kaum gelandet, packen ein paar Soldaten mein Flugzeug und ziehen mich wie einen Fisch aufs Trockene. Ein Militärkommandant erscheint am Strand, und mir wird eröffnet, ich hätte gegen militärisches Gesetz verstoßen.

Noch ehe ich kapiere, was mir hier geschieht, lande ich, der Eindringling, auf der Rücksitzbank eines Armeejeeps – ab geht's zur *Policia Federal*, zur Bundespolizei. Ich soll mich erklären! Angeklage wegen »illegaler Landung eines Wasserflugzeugs in einer Militärkaserne!« Jetzt kapiere ich's. Was für ein Übel! Das fehlt mir gerade noch, das habe ich nun davon! Hätte ich doch weiterhin die knackigen Bikinis der schönsten Frauen der Welt angestarrt, jetzt bleibt mir wohl nur noch das Anstarren einer unknackbaren Panzertür … Doch ich habe keine Wahl mehr. Die Polizisten sind zu keinen Späßen aufgelegt, man ist zudem unsicher, ob der Schweizer in die Kategorie »Schmuggler« oder »Spion« gehört. So ein Vorfall sei unerhört, unvorstellbar, unverzeihbar und total unmöglich! So frech wie ich, war noch keiner vorher!

Ich werde vor die Kommission gebracht, und die Anhörung beginnt mit einem *»It's a very, very, very big problem«* .

Da mir nichts Gescheites in den Sinn kommt, bleibt mir nur die

Ich-kann-nichts-dafür-bin-unschuldig-Miene: »Mein Fahrwerk war, hm … eingeklemmt!« Wie in jeder brenzligen Situation schiebt sich plötzlich ein Reisebericht über mein USA-Ultralight-Abenteuer sanft über den Tisch vor die erstaunten Gesichter. Dank meiner Geheimwaffe aus Papier kommt es bald zur bedingungslosen Kapitulation. Die harten Beamten weichen auf, denn endlich können sie mich einer Spezialkategorie zuorden: »Spinner!«

Zurück im Militärareal sind wir bereits Freunde, und die nun zu Späßen aufgelegten Oberkommandierenden offerieren mir einen ganzen Schlafsaal in der Kaserne für mich allein. Alles in ihrer Macht stehende wollen sie tun, damit ich mein Fahrwerk wieder flicken kann! Zuerst aber geben sie mir die etwas verloren gegangene Kraft zurück – ich bin bei beiden Kommandierenden zum Nachtessen eingeladen, zuerst beim einen, dann beim anderen, und ihre Frauen kochen vorzüglich!

Die nächsten drei Tage, als ich im Yachthafen nebenan das Fahrwerk auseinander nehme und tatsächlich drei leicht gekrümmte Schrauben finde und ersetze, muss ich lachen. Ich bin mit mehr Glück als Verstand im wohl besten Areal der brasilianischen Ostküste gelandet. Wo sonst bringt man mir eine Pizza und sonst alles, was ich brauche, bis ans Bett, und wo sonst bewacht man rund um die Uhr mein Flugzeug mit geladenem Maschinengewehr?

Für den Weiterflug brauche ich Wetterinfos, und so greife ich zum Telefon und wähle die Nummer der Meteorologie vom nächsten Flughafen, dem von Salvador de Bahia. Der Typ am anderen Ende der Leitung hat aber keine Lust drauf, die neusten Satellitenbilder hervorzukramen und guckt deshalb nur zum Fenster raus, um mir spontan mitzuteilen, das Wetter sei gut! Ich akzeptiere diese Lässigkeit ausnahmsweise, denn man soll zu Zeiten der Fußball-Weltmeisterschaft keinen Brasilianer mit schwierigen Fragen belasten. Jeder hat jetzt einen Freipass, sich das Leben so einfach wie möglich zu machen. Folglich mache auch ich a) mir mein Leben nicht schwer und b) mich auf den 200 km langen Weg zur Insel Itaparica, kurz vor Salvador, um selber kein WM-Spiel zu verpassen. Alles geht gut, bis sich genau vier Kilometer vor der Piste wie im falschen Film eine grauenhafte Wolkenwand vor mich hinstellt. Wo soeben noch die Piste stand, sehe ich plötzlich nichts mehr, nur einen tintenschwarzen Wolkenbruch. Wortwörtlich ist die Wolke vor mir zusammengebrochen und ergießt sich wie ein mächtiger Wasserfall. Auch ich kriege ein paar Eimer ab und kann schon bald kaum mehr aus dem Helm hinaussehen. Es scheint, dass heute, wenn ganz Brasilien TV schaut, Petrus umso härter arbeitet!

Mit solchem Wetter ist nicht zu spaßen. Ich muss runter, und zwar sofort, an Ort und Stelle in die stürmische See. Als ich weit im Meer draußen in die hohen Wellen reinknalle, krachen diese wie Peitschenhiebe übers Cockpit. Die Sintflut schwappt über mich und das Funkgerät und die Kameras, und wie erhofft, schiebt mich der Wind zurück ans Ufer. Ich bin froh, dass ich nicht untergegangen bin. Das Höhenruder ist zwar beschädigt, aber ich atme auf, mein Fluggerät hat nun auch den U-Boot-Test bestanden. Es regnet weiter in Strömen, die Tümpelfrösche scheinen ihre Freude zu haben, ich aber fluche – Gelübde hin, Versprechen her – laut über diese verdammten Wetterfrösche.

Die Lage ist ernst, die Flut steigend, und ein paar Kokosnuss-Sammler prophezeien, dass mein an der Ufermauer festgelaschtes Flugzeug binnen einer Stunde von den zwei Meter hohen Wellen erreicht und zermalmt wird. Meine Güte! Mein »Birdy«, das stets mitgeführte Klapprad, ist diesmal meine Rettung, ich radle wie der Teufel mit Vollgas im Regen zum Flugplatz und hole Hilfe. Piloten, so weiß ich, helfen Piloten immer. Und tatsächlich: Unglaublicherweise stehen ein paar Fallschirmspringer unter dem Hangardach herum und warten auf bessere Zeiten – oder etwa auf mich? Fünfzehn hilfsbereite Leute springen auf zwei Pick-ups, mit Vollgas geht's zum Strand, im stürmischen Wetter werden die Flügel abgenommen und das Flugzeug verladen. Und ab geht's zum Flugplatz zurück! Ich staune manchmal, wie oft Dinge in Weltrekord-Schnelligkeit geschehen können.

Der Schaden wirkt auf den ersten Blick bescheiden (das Höhenruder ist umgeknickt und muss mit Alu-Röhrchen und Flugzeugbespannungsstoff repariert werden), doch auf den zweiten Blick umso irreparabler: Wer um Himmels Willen wird hier in Salvador Flugzeugbespannungsstoff besitzen? Garantiert niemand! Meine Helfer sind sich einig: Solche Reparaturen lässt ganz Brasilien in Rio machen. Ein Blick auf die Landkarte, und eine Welt bricht für mich zusammen: Soll ich wirklich auf dem Landweg 2000 km bis nach Rio zurücktuckern, um wieder wochenlang Ersatzteilen nachzurennen? Deprimiert lasse ich alles in Itaparica stehen und verschwinde mit der Fähre nach Salvador. Ich brauche einen klaren Kopf. Mir reicht's mit den ewigen Reparaturen!

Salvador ist zweifellos die speziellste Stadt Brasiliens. Willkommen in Afrika! Ich fühle mich sofort wohl. Es ist noch nicht lange her, dass hier die ersten Sklaven aus dem schwarzen Kontinent in der neuen Welt abgeladen wurden. Das waren noch Zeiten, als dies die Hauptstadt Brasiliens war und ein Schiff nach dem andern das alte Fort mit Neuankömmlingen füllte. Dieses ringförmige Gebäude steht immer noch als unzugängliche Insel im Hafenbecken, und die Bewohner erzählen heute noch die Geschichte ihrer Vorfahren, als wenn es gestern gewesen wäre: Wer damals das Fort verlassen konnte, war ab dem Moment Eigentum eines portugiesischen Herren, und wer diesem nicht gehorchte oder gar floh, landete unweigerlich auf der Vorderseite des Forts. Gefesselt und geknebelt, als Spektakel für die ganze Stadt, die sich sich am Hügel gegenüber einfand und entsetzt zuschaute, wie Geier und Krähen den Bestraften langsam zerpflückten. Ein schauderhaftes Schauspiel, das seine abschreckende Wirkung nicht verfehlte. So gesehen kein Wunder, dass die Einwohner das Feiern von Festen wie die Weltmeister beherrschen, denn alles wird gefeiert, als wenn sie erst gestern befreit worden wären.

Heute ist es König Fußball, der die malerische Altstadt, ein glorioses Stück Afrika, in einen Hexen-kessel verwandelt. Diese sympathische Stadt bebt, swingt und tanzt rund um die Uhr, in jedem Körper scheint das Blut zu kochen. Tage- und nächtelang bellen große Fernseher in den Cafés, marschieren Umzüge im Trommelhagel durch die Stadt und reißen jeden mit, um für die gelb-grüne Fußballmannschaft zu tanzen.

Im gleichen Rhythmus fallen die uralten Gebäude auseinander. Noch nie in meinem Leben habe ich so viele verlotterte, provisorisch abgestützte und von dermaßen verlausten Katzen und Hunden bewohnte Häuser gesehen wie in Salvador! Kürzlich hat die UNESCO einen Renovierungs-Boom ausgelöst, zum Glück, ehe alles in sich zusammenbricht. Es geschieht fünf vor zwölf. Die wirtschaftlich guten Zeiten, als Salvador als erster Sklavenumschlagplatz der neuen Welt zu Reichtum gelangte, sind längst vorbei, und so herrscht heute tiefste Armut. Weit mehr als die Hälfte der Bevölkerung lebt in Favela-ähnlichen Stadtteilen – ohne Trinkwasser und rund um Lagunen, die wie Müllberge ausufern und die wunderbaren Lagunen füllen.

Am nächsten Tag begegne ich Nikolai, einem Seemann aus Bulgarien, der mit seinem Frachtschiff soeben im Hafen vor Anker liegt und mir dieses gerne von innen zeigt. Wir klettern auf dem ganzen Schiff herum, nur sein Motor ist etwas größer als meiner – dieser hier füllt vier Stockwerke! Mit einem Liter Diesel schiebt dieser das Schiff gerade mal 15 Zentimeter weit, dafür nimmt er dreitausend Container mit. Die meisten Matrosen scheinen nicht allzu gesprächig zu sein. Sieben Nationen sind an Bord vertreten, vom Balkan bis zu den Philippinen. Untereinander spricht man, wenn überhaupt, Englisch. In zwei Tagen läuft man wieder aus, Ziel: La Spezia, Bella Italia.

Als ich meinem neuen Freund von meiner ausweglosen Situation erzähle, versucht Nikolai mich zum Mitfahren zu überreden. Der Kapitän wäre sicher einverstanden, mich und mein Flugzeug auf diese zweiwöchige Überfahrt mitzunehmen, meint er. Ich muss aufpassen: Es ist ein gefährlich lockendes Angebot! In der folgenden Nacht sitze ich in der Herberge kerzengerade im Bett. Soll ich jetzt aufgeben, da ich schon so viel Zeit, Energie und Geld in dieses Pionierreiseprojekt investiert habe? Oder soll's weitergehen, obwohl für die restliche Strecke wegen des Wintereinbruchs in Kanada keine Zeit mehr bleiben wird und ich eigentlich schon Pleite bin? Noch nie kam ich mir von allen guten Geistern so verlassen vor. Was auch immer ich entscheide ..., zum Teufel, wo sind denn meine Schutzengel?

Ich stehe mit noch größeren Sorgenfalten auf und schlendere nach Itaparica zurück. Dort steht neben meinem Flugzeug überraschend José-Angelo, der sich als meine Rettung erweisen wird. José-Angelo verspricht mir ein Wunder, an das ich schon lange nicht mehr glaube, schraubt mein Höhenruder ohne zu fragen ab und beteuert mir, morgen wiederzukommen. Am nächsten Tag, ich traue meinen Augen nicht! Das Ruder frisch verstärkt, mit Stoff eingefasst und schneeweiß gespritzt! Einfach perfekt! José-Angelo ist mit Sicherheit der einzige Träumer in ganz Nordostbrasilien, der noch so ein Stück Flugzeugbespannungsstoff bei sich zu Hause eingelagert hatte! Und er besteht darauf, dass alles, Material und Arbeit, ein Geschenk sei! José-Angelo – wahrhaftig ein Schatz von einem Engel!

Als ich noch am selben Tag für eine Proberunde über Salvador fliege, sehe ich unter mir Nikolais Schiff, wie es von Schleppern ins offene Meer hinausgezogen wird. Ich schwebe darüber und kann meine überwältigenden Gefühle nicht beschreiben – ich habe meine Engelsflügel und meine Freiheit wieder! Ich schreie runter. – »Tschüss Nikolai!« Flügel zu haben, beflügelt zu sein, ist eben immer noch das Schönste von der Welt!

Unter mir dehnen sich die endlosen Favelas von Salvador aus. Hier irgendwo in einer Lagune hat José-Angelo selber sein amphibisches Ultraleichtflugzeug gebaut und eingelagert, und da will ich hin, lande in einer braunen Grütze direkt vor seiner Werkstatt. Er ist ein Tausendsassa – sein Flugzeug hat er von Grund auf selber entworfen, und gleich nebenan steht sein Fernverkehrs-Busbetrieb, den er aus eigener Kraft aus dem Nichts erschaffen hat. Heute ist er ein reicher Mann, was man auch daran merkt, dass er viel Zeit hat. Neugierig schaue ich mir den Betrieb an. Auffällig ist ein Schwarzweiß-Schema, das mir zu denken gibt. Zufall oder nicht? José Angelo ist der Boss – und von heller Hautfarbe. Eine Stufe weiter unten, die Chauffeure und Werkstattmeister – sie alle sind hellbrauner Hautfarbe. Noch weiter unten, die einfachen Mechaniker – alle dunkelbraun. Und wer zum Putzpersonal gehört, lässt sich auch sofort sagen: Alle Kaffeeschwarzen! Ein zweites Beispiel, erlebt in den Straßen Salvadors: In teuren, glänzenden Autos sitzt praktisch immer ein Weißer. In mittelguten Autos fahren Mittelbraune, und in wertlosen, verbeulten Kisten beugen sich die Schwarzen. Zufall oder nicht, Brasilien scheint so zu leben und zu funktionieren. Friedlich miteinander und doch irgendwie nebeneinander, immer die eigene, zugeteilte Freiheit genießend …

Die mir erteilte Freiheit als fliegender Globetrotter beflügelt mich umso mehr, als ich wieder einmal merke, wie verdammt gut es mir geht. Doch meine weitere Entfaltung hängt davon ab, ob ich mein zweites Problem ebenfalls lösen kann. Ich brauche dringend eine Finanzspritze, ich laufe auf den Felgen, muss jede Münze schon zweimal umdrehen. Die bisherigen Reparaturen haben mein Geld verschluckt. Die bittere Wahrheit ist, dass ich pleite bin! Mich jagen schon die ersten Albträume, dass ich zurück in die Schweiz muss, wo mein neues Leben an der Straßenecke beginnen wird: »Entschuldigung, ich habe zwar ein Flugzeug, kannst du mir aber bitte dennoch drei Franken für ein Sandwich leihen?«

Eine schreckliche Vorstellung. Helfen würde eine Zusage für einen Job für die Zeit, sobald ich wieder zu Hause bin, denn dann rückt meine Bank mit Knete für die nächsten zwei Monate raus. Doch – auch so viel ist klar – dieses Problem kann nur in der Schweiz gelöst werden, ich aber hocke in den Tropen, im Paradies! Wie soll das gehen? Hinfliegen geht nicht, und selbst Telefonate ins Ausland verschlingen Unsummen – die ich einfach nicht habe momentan! Meine Rettung heißt Chery, eine sanfte Französin, die mir diesen stahlharten Tipp zuflüstert: »Da gibt es diese eine bestimmte Telefonkabine, der heißeste Insider-Tipp für alle Auslandsangelegenheiten: Für Inlandsgespräche zockt der Apparat zwar normal ab, bei internationalen Gesprächen hört er aber nach fünf Cents auf zu zählen! Wär das nichts? Bonne chance!«

So kommt es zu der etwas skurrilen Situation, die ich schon aus finanziellen Gründen stets für unvorstellbar hielt: Stundenlang stehe ich im Regen und telefoniere mit der Schweiz. Das Trommelfeuer der Fußballfans im Hintergrund hilft mit, meinen Gesprächspartnern glaubhaft zu machen, dass ich wirklich gerade tief in einem südamerikanischen Sumpf stecke und mir geholfen werden muss. Während mir in der Nässe die Zähne klappern, klappere ich alle Schulrektorate der Zentralschweiz ab auf der Suche nach Lehrern, die in zwei Monaten ausfallen werden. Tagelang. Erst als ich aus der Ferne sieben befristete Stellen vorweisen kann, die schön aneinander gereiht ein Einkommen für die nächsten 14 Monate garantieren, kann ich aufatmen: Der nächste Kredit ist bewilligt! Ohne Chery und ohne die Unlust auf Perfektion bei der Telecom Brasil hätte ich's nie geschafft! *Merci, Chery!* Womit habe ich das bloß verdient?

Schweizerisch versichert und abgesichert, fliege ich nun meinem komplett durcheinander geratenen Zeitplan hinterher. Die weitere Strecke über dem Atlantik und der Palmenküste kommt mir vor wie ein Traum. Nur die heißen Nachmittage sind jeweils geprägt von schweren Gewitterregen, in deren Nähe selbst mein GPS oft den Geist aufgibt und ich im Zickzack orientierungslos den Weg aus den Wolken suchen muss. Oft gerate ich zu weit übers Meer hinaus und habe Angt, nach Afrika abzudriften ... Zu allem Gewitterübel schmeiße ich auch noch in einer Panikattacke meinen Fotoapparat eigenhändig über Bord! Ich fluche, dass sich die Gewitterwolken verziehen.

Von einem schiefen, unterspülten Leuchtturm auf einer kleinen Insel lasse mich knapp vor Sonnenuntergang zu einer Nacht in einer paradiesischen Lagune verleiten. Doch so alleine bin ich nicht, bald tauchen halb nackte, brasilienbraune Insulaner auf, und mit vereinten Kräften ziehen wir das Flugzeug an Land. Die meisten hier haben schon lange keinen Weißen mehr zu Gesicht bekommen – für die Kinder bin ich geradezu ein Außerirdischer, der buchstäblich vom Himmel fällt.

»Du kannst alles ruhig im Flugzeug stehen lassen«, so der runzlige Dorfälteste, »hier gibt es keine Diebe!«

Unglaublich, wie schnell ich wieder im Paradies bin! Eine alte Autobatterie treibt einen verrosteten Fernseher an, und so schauen wir gemeinsam das nächste siegreiche Spiel der brasilianischen Fußballmannschaft. Mit einem Auge schiele ich gleichzeitig auf einen wunderbaren Sonnenuntergang. Ein romantischer Ort, schöner geht gar nicht, und gewiss, es ist fast schade, all diese Schönheiten alleine zu konsumieren. Einsam in der wunderbaren Lagune im Zelt, träume ich davon, wie es wäre, wenn ich nicht alleine hier wäre … Zwar ein völlig unrealistischer Traum, aber wunderschön. Nichts ist schwieriger, als dann am nächsten Morgen wieder ohne jegliche Schwermut, dafür leichtfüßig wie ein Sieger aufzustehen und alleine weiterzumachen.

Zuerst aber merke ich mit den ersten Sonnenstrahlen, dass ich doch nicht ganz alleine am Strand gelegen hab. Um mich herum liegen nämlich überall menschliche Knochen. Ein Tsunami, eine gigantische Flutwelle, ausgelöst durch ein unterirdisches Erdbeben, hatte vor einem Jahr das ganze Dorf inklusive des Friedhofs weggespült – nur der Leuchtturm blieb wie durch ein Wunder stehen. Das wirklich große Wunder war, dass an jenem Abend das ganze Dorf weiter landeinwärts zusammensaß und so niemand zu Schaden kam. Die Häuser, so erklärt mir der Dorfälteste, wurden seither wieder neu aufgebaut, allerdings 200 m weiter weg vom Meer …

Obwohl der Norden Brasiliens, speziell der Nordosten, sehr arm ist, hat auch hier jede Stadt seinen »clube do ultraleve«, wo man mir stets herzlich Hilfe anbietet. So bin ich immer sofort unter Leuten – Einsamkeit wird oft blitzartig zu einer unbekannten Komponente. Ersatzteile, Benzin besorgen, Unterkunft, E-Mails schreiben etc., die Gastfreundschaft der Hobby-Piloten kennt keine Grenzen. Die Clubs informieren jeweils wie ein Buschtelefon den nächsten Club, und das tönt witzig: »Hey, morgen kommt ein fliegender, verrückter Schweizer bei euch vorbei! Sein Fahrwerk ist nicht das beste, vielleicht müsst ihr ihm helfen, aber das macht nichts, wir haben ihm heute auch schon drei Stunden daran herumgeschweißt!«

In Natal erwartet mich Robinson (der den insgesamt achten Schweißversuch am Fahrwerk unternimmt), in Recife ist es Arthuro (der anschließend fluchend zwei Wochen lang bei einer ahnungslosen Luftwaffe versucht, meine Überflugbewilligung zu verlängern), in Fortalezza ist es der Auswanderer Jörgdieter (der mich fliegend in seinem Doppeldecker ein Stück weit begleitet) und in São Louis warten noch zehn Frauenhelden auf mich, die meinen Flug noch zur *Praya*, zum Strand, verlängern – zu den tollsten Frauen des Landes natürlich! Diese Schlitzohren von Piloten haben es sich zum Hobby gemacht, an der *Praya* mit ihren Flugzeugen immer vor einer *Belleza*, einer Schönheit, vom Himmel hinunter zu steigen, um wenige Minuten später eine überraschte Dame in den Himmel mitzunehmen.

Ich frage Louis, den Anführer der Truppe: »Was machst du eigentlich, wenn mal eine Frau zu dir kommt und mitfliegen möchte, die nicht gerade deinem Geschmack entspricht?«

42

43

42 Wohnen im Sandstein wie zu Römers Zeiten: Dorf in Kapadokien.

43 Herzliche Begrüßung in einem kurdischen Dorf.

44 Rätselhafte Steinfiguren auf dem Nemrut Dhagi. Wie die wohl hierhin kamen?

44

45

46

47

48

45 Irrfahrt durch Teheran.

46 Die Iman Reza Moschee in Maschad – eine der wichtigsten Pilgerorte der Schiiten. Sperrzone für "Nichtgläubige".

47 Unterirdisches, kühles Teehaus in Esfahan, Iran.

48 Grünes statt schwarzes Kopftuch als erstes Zeichen der "Öffnung" des Irans .

49 Schnee im Iran!

50 Das wohl größte Shopping Center des Orients: Bazar von Teheran mit 20 000 Geschäften ...

49

50

51 Ein Kunstwerk auf Rädern in Pakistan.

52 Sagenhafte Aussichten vom Karakorum auf den Mt. Rakaposhi (7788 m).

53 Demonstration in Islamabad für die Einführung der Gesetze der Taliban in Pakistan.

54 Verrücktes Indien: Der Holy Hindu Feiertag. Alle schmeißen so viel Wasser und Farbpulver über andere wie nur möglich.

55 Wer hat noch keinen Vogel. Vogelhändler im Bazar von Lahore.

56 Gelebtes Indien– weise Augen im Tal des heiligen Flusses im Bundesstaat Himachal Pradesh.

57 Chaotisches Indien: Ein Elefant bahnt sich seinen Weg durch das Verkehrschaos in Delhi.

51

52

53

54

55

56

57

58

58 Heiliges Indien: Der Goldene Tempel in Amritsar, das Heiligtum der Sikh.

59 Strenges Indien: Ein Sikh-Wächter am Eingang zum Goldenen Tempel. Haben alle die Schuhe ausgezogen?

60 Sadhu in Kathmandu, Nepal.

61 Die große Stupa von Kathmandu, Nepal.

62 Das einzige, was in Afghanistan noch steht: Die Moscheen.

63 Die Minensucher in Afghanistan: Sie kommen, suchen und sprengen. Hier eine Panzermine unweit der Innenstadt von Kandahar.

64 Frauen in Afghanistan: Ihre Schönheit muss bedeckt sein.

59

60

61

62

63

64

65 Einst Weltstadt, heute einzige nicht zerstörte Stadt Afhanistans: Herat.

66 Letzter Checkposten der Taliban kurz vor der Ausreise. Trotz Fotoverbot posiert der junge Talib stolz mit seinem Maschinengewehr.

67 Nur wenige Kilometer von der afghanischen Grenze entfernt, aber eine komplett andere Welt: Frauen in Turkmenistan.

»Kein Problem. Nur Sexbomben fliegen gratis, die anderen bezahlen zehn Dollar!«

Brasilien, so lerne ich, ist nicht nur geteilt in Reiche und Nicht-Reiche, Weiße und Nicht-Weiße sowie in »Normale« und »Anormale«, sondern auch in Schöne und weniger Schöne. Doch wer auf der besseren Seite des Lebens steht, ist zweifelhaft. »Anormale« wie ich jedenfalls werden reich beschenkt, deshalb übernachte ich auch heute bei Piloten in einem luxuriösen Haus.

Der geschätzte Leser mag sich ob meiner Geschichten über die Gastfreundschaft wohl (nicht ganz zu Unrecht) fragen, ob denn hier einer die Gastfreundschaft ausnutzt, wenn er immer wieder opportunistisch die kostenlosen Dienste der Bevölkerung in Anspruch nimmt. Das ging mir oft auch durch den Kopf. Doch die Brasilianer haben kaum je so gedacht. Die empfingen mich immer als den jungen Gast, dem sie mit Freude halfen, den verrückten Schweizer, der etwas macht, was jeder gerne machen würde, aber aus welchen Gründen auch immer doch nicht tut. Mir schien, es war jedem Hobby-Piloten eine wahre Freude, mich zu treffen und etwas von meinen Geschichten zu hören. Hätte ich ihre Hilfe abgelehnt, hätten sie mich nicht verstanden. *Sie* wollten mich reden hören, nicht ich unbedingt erzählen! So zog meine Geschichte Kreise, und deshalb ist es gar nicht so verwunderlich, dass am nächsten Tag in São Louis plötzlich sogar *Rete Globo,* das Staatsfernsehen, auf dem Platz steht. Die Absicht des bierbäuchigen Moderators, einem unschönen Brüllaffen, und seines staksigen Kameramannes ist eindeutig: Ein Bericht über den fliegenden *loco,* den Spinner, muss her! In einer Hand hält der Moderator ungeschickt Bier und Zigarette aus dem Bild, in der anderen das Mikrofon ins Bild, und los geht's: »Glaubst du nicht, man müsse ein bisschen *loco* sein, um so eine gefährliche Reise zu unternehmen?«

Der Typ nervt, und da es ganz und gar nicht meine Absicht ist, ganz Brasilien mitzuteilen, dass das Realisieren eigener Träume eine Spinnerei ist, sehe ich die Chance gekommen, dieses Land endlich über die Gefahren aufzuklären, die ein graues Leben mit sich bringen kann.

»Was findest du denn besser? Das Leben und die Träume leben? Oder«, ich blicke auf seinen verfetteten Ranzen, »dein ganzes Leben mit Bier, Zigarette und fettem Ranzen vor dem Fernseher zu verpennen?«

Schallendes Gelächter bricht aus, der Kameramann lässt die Kamera fast fallen, eine andere Frage muss gestellt werden. Mich nervt's, und ich weiß nur eines: Was *Rete Globo* an Informationen bietet, unterstützt höchstens die Volksverblödung. Ich verzweifle fast. Schon seit Wochen hat die Tagesschau nichts anderes zu vermelden als die Erfindung von Viagra. Und, oh Wunder, ganz Brasilien glaubt plötzlich, dass diese Pille eine Chance gibt für alle diejenigen, die bisher im Leben noch nicht bestanden haben. Ohne Viagra kein Leben. *Rete Globo,* allmächtiger Bestimmer dessen, vor was sich die Brasilianer zu fürchten haben. Innenpolitische Berichte dagegen sind im Staatsfernsehen inexistent, und Internationales beschränkt sich auf Hungersnöte in Afrika (*»hey, Leute, denen geht's ja noch schlechter als uns!«*). Der Fernsehapparat ist *die* Macht im Land, selbst die Wahl des Präsidenten wird durchs staatliche Fernsehen bestimmt, indem alle Berichte auf einen Kandidaten fokussiert sind und die anderen totgeschwiegen werden. Die Wahl des mächtigsten Mannes des Landes ist in Wahrheit die Wahl des Besitzers von *Rete Globo.* Er und der gewählte Präsident Cardoso sind dicke Kumpels, so sagt man, und meine beiden TV-Kumpel ziehen bald ab, auf der Suche nach weiteren Themen, um das Volk noch weiter zu verblöden.

Über dem größten Dschungel der Welt

Ohne zu grübeln, wieder voll motiviert und in meinem Element setze ich zur nächsten Etappe an. Ich bin besessen von meinem Dauerthema »Amazonas«, will sehen, wie es um die Abholzungen steht. Die Landschaft geht von wüstenhaft in Dschungel über. Die echte, unbedeckte Naturschönheit Amazoniens öffnet sich plötzlich unter mir – in dieser Welt dominieren keine einfallsreichen Bikinis mehr, sondern die arten- und einfallsreichste Schöpfung der Welt!

In Viseu, einer 5000-Seelen-Ortschaft an einer Flussmündung, umrandet vom Urwald und dem Meer, entfessele ich mit meiner Landung im Bootshafen die größte je von mir ausgelöste Völkerwanderung! Die Menschen lassen ihre Arbeit fallen, und barfüßig und johlend hopst die halbe Ortschaft herbei. Kinder springen kopfvoran ins Wasser, schwimmen zu mir rüber und ziehen das fliegende Boot an Land. Ein fliegendes Boot oder schwimmendes Flugzeug, was auch immer, hat hier noch keiner gesehen! Und schon geht das Affentheater richtig los. Ich werde mir merken müssen: Lande nie in einem Dorf, wo man noch nie ein Flugzeug gesehen hat! Mein Fluggerät wird von der Menschenschar, von grenzenlosem Entzücken befallen, fast eingedrückt. Schon werden alle Landeklappen, der Propeller und die Knöpfe im Cockpit hin- und herbewegt. Kaum wende ich mich vom Flugzeug ab, wird es von den Kindern als Turngerüst missbraucht. Ich fasse es nicht! Wieder einmal platzt mir der Kragen, so schubse ich die Kinder weg und beschimpfe sie als »macacos«, Affen. Mein verbaler Krieg animiert sie zu noch mehr tierischem Verhalten. Niemand scheint für meine Sorgen Verständnis aufzubringen, das Affentheater scheint den Leuten gut zu gefallen.

Meine rettende Idee: Ich lasse das Flugzeug von den Kindern in die Flussmitte hinausziehen und dort verankern. Gedacht, gesagt, getan. Aber kaum ist mein Flieger an einen Holzpfosten gebunden, kaum habe ich etwas aufgeatmet, kaum hat sich die Menge verzogen und kaum stehe ich wieder am Strand, fährt schon ein halbes Dutzend kleine Ruderboote voller kleiner Bengel zum Flugzeug hinaus. Jetzt machen sie von meinem Flugzeug aus Kopfsprünge! Noch ist mein Flugzeug nicht abgesoffen, aber meine Nerven schon, und so überlasse ich das schwimmende Gestell seinem Schicksal, denke angespannt positiv und ziehe mich zurück in ein

Restaurant vor einen Teller *frango* (Hühnchen) und vor den TV-Bildschirm. *Hopp Brasil!*

Am nächsten Morgen ist erneut die halbe Ortschaft auf den Beinen. Der Teufel ist los. Wegen mir. Unglaublich! Meine *departure time* scheint sich herumgesprochen zu haben. Die Show beginnt in der Flussmitte, als ich Vollgas gebe und beschleunige. Doch wie wenn sich ein tollwütiges Krokodil darin verbissen hätte, wird mein Flugzeug urplötzlich abgebremst. Ich kriege kein Tempo und tuckere langsam zurück an Land. Ursache: Die zähe Haut der Wasserflosse ist kaputt und wirkt als Bremse! So ein Mist! Wieder habe ich keine Wahl – für diese Reparatur muss das Flugzeug auf einem LKW nach Belem, die große Hafenstadt an der Mündung des Amazonas' verbracht werden, 300 km entfernt. Doch hier am Ende der Welt sind LKWs etwa so selten wie gestrandete Schweizer. Wieder heißt es für den leicht gestressten Bruchpiloten: warten.

Warten in einer Ortschaft, die seit wenigen Jahren über ein einziges Telefon verfügt, dafür aber keinen Mangel an Parabolantennen kennt. Somit sorgen die Spiele der brasilianischen Fußballmannschaft alle paar Tage für leere Straßen und anschließende wilde Feststimmung im Dorf. Nach jedem Spiel lassen riesige Lautsprecher auf dem Hauptplatz die ganze Ortschaft ekstatisch erzittern, und der Samba raubt bis in die frühen Morgenstunden ganz Viseu den Schlaf. Was aber niemanden zu stören scheint. Es wird getanzt und gefeiert, und es fließt reichlich Bier, um auch noch die letzten Zweifel wegzutrinken: Die Brasilianer sind die Besten! Bis zum Einzug ins Finale, so sind alle Brasilianer überzeugt, muss ihr angehimmeltes Fußballteam nur noch ein bisschen mit den Beinen zappeln. Dann sind die Brasilianer die Nr. 1 der Welt!

Mein Flugzeug habe ich mittlerweile in die Gasse neben dem Supermarkt gestoßen, wie zum Verkauf. Dort interessiert es niemanden mehr, nur eine streunende Kuh bleibt für einen Moment stehen. Beim Besitzer des Supermarkts habe ich meine Unterkunft, in seiner Stube, denn ein Hotel fehlt. Ich warte vergeblich darauf, dass mir einer den Dschungel zeigt oder mir interessante Geschichten aus der Region erzählt. Tagsüber quatsche ich mit dem rollenden Schuhhändler über Gott und Fußball oder mit dem Leguan-Jäger über seine Beute. Dieser Jäger nimmt mich mit seinem Kanu mit auf Pirsch. Tatsächlich entpuppt sich der Wald hier als eine einzigartige Kolonie von riesigen, giftgrünen, an Urzeiten erinnernde Echsen. Lustig sind die Kinder, die mir dann auch noch einen jungen, gefundenen Nasenbär bringen, den sie wie einen Hund an der Leine führen.

Es vergehen acht lange Tage, bis ich am Hafen endlich auf einen uralten Lastwagen stoße, dessen Fahrer namens Heinz (!) bereit ist, mich und mein »Gepäck« zusammen mit seinen 800 kg lebenden Krebsen nach Belem mitzunehmen. Meinem Fugzeug wurden inzwischen zwei für Diebe nutzlose Anschlüsse gestohlen, wohl aus Böswilligkeit oder Dummheit, sodass fortan weder mein GPS noch mein Geschwindigkeitsmesser funktionieren werden. Es ist wirklich Zeit, dass der Gringo aus Viseu verschwindet, denke ich. Am frühen Abend beginnt eine unvergessliche Rüttelfahrt zu dritt durch den schwarzen Dschungel und durch eine kühle Nacht, die die Krebse bis zum nächsten Morgen, bis zur Ankunft am Markt am Leben halten soll.

Doch so weit kommt es nicht. Lastwagenchauffeure scheinen weltweit ein Auge für alles Schöne neben der Straße zu haben. Sieht Heinz eine Vierzehnjährige, so ist er nicht mehr ansprechbar. Geradeausfahren kann er dann nicht mehr. Er ist testosterongefüllt bis zur Unterlippe. Heute Abend reklamiere ich nicht, denn wir sind die einzigen Verkehrsteilnehmer auf der Straße, *Brasil* spielt im Halbfinale gegen *Hollanda,* und alles sitzt vor der Glotzkiste. Gefahr im Scheinwerferlicht erscheint erst nach dem Spiel, wenn ganze Dörfer auf die Straße rennen und die Korken knallen. Der größte Knall aber kommt von der Motorhaube. Stunden später, mitten in der Nacht, mitten im pechschwarzen Dschungel rollt der quietschende LKW aus und bleibt pustend auf der Straßenmitte stehen. Heinz meint, hier übernachten wir. Keiner von uns mag mehr kämpfen. Am nächsten Morgen kämpfen dafür die Krebse in den Baumwollsäcken mit Krabbeln und Stochern gegen die bleierne Sonne. Je heißer es wird, umso ruhiger wird es. Die Krebse tun mir leid – sie führen den Todeskampf. Gegen Mittag beginnen auch wir langsam zu leiden – Heinz ist immer noch nicht zurück, er sucht immer noch irgendwo einen Keilriemen – und uns plagt der Hunger. Der Begleitjunge und ich, wir hauen in einer nahen Ortschaft einen ganzen Sack voller Krebse in die Pfanne. So findet nebst dem Leiden der Krebse auch unser Hungerleiden schnell ein Ende.

Mit vollem Bauch erreichen wir erst spät am Abend unser Ziel. Für die Krebse kommt jede Hilfe zu spät, dafür kriegt mein Flugzeug am Flugplatz sofortige Behandlung, binnen zwei Tagen ist es wieder fit. Die Vorfreude auf den Amazonas schüttelt mich wieder einmal so richtig durch: Der mächtigste Strom der Erde steht auf dem Programm und ebenso der größte tropische Regenwald. Nur die jungen Flieger-Burschen von Belems Aviatic-Club halten mich für »plemplem«, zu waghalsig, und warnen, mit dem Amazonas sei nicht zu spaßen.

»Wenn du über dem Dschungel eine Panne hast, so wird dich nie jemand da wieder rausholen! Und mehr als ein paar Tage überlebt im Dschungel kein Stadtindianer!«

Zum Abschied geben mir die Kollegen kichernd noch einen letzten Tipp mit auf den Weg: »Du musst dir unbedingt noch Gewürze besorgen – damit du den Indianern besser schmeckst!«

Die Vorfreude überwiegt die Skepsis. Schon wenige Kilometer nach Belem entdecke ich das größte zusammenhängende Urwaldgebiet der Welt. Eintönig zieht es sich bis an den Horizont. Es wird ernst. Hier eine Panne, und ich bin geliefert! Einzig die feinen, tiefblauen Adern des Amazonas-Flusses durchziehen dieses grüne Meer, sie könnten mich retten. Ich befinde mich genau über dem Amazonas-Delta, dort, wo sich der mächtigste Fluss der Welt in tausenden von mäandrierenden Flussläufen in den Atlantik ergießt. Unter mir die Insel Maranha, so groß wie die Schweiz und Heimat von tausenden freigelassenen Wasserbüffeln, die jetzt, so scheint es, jeden Quadratmeter bevölkern.

Im Hauptort inspiziere ich vor dem Start nochmals – wie immer – das Flugzeug. Ich bemerke nichts. Ein Taxifahrer, ein zufällig vorbeikommender Schaulustiger, schaut ebenfalls und entdeckt etwas, das mir die Nackenhaare stäuben lässt: Der dicke Bowdenzug, mit dem ich die Leistung des Motors regulieren kann, ist an einer kaum einsehbaren Stelle zu 90 % durchgescheuert und hängt nur noch an drei hauchdünnen Drähtchen! So ist mein Schutzengel diesmal in Gestalt eines Taxifahrers zu mir gekommen – nicht auszudenken, was beim nächsten Start über dem Blättermeer hätte passieren können, wenn der Motor plötzlich keinen Schub mehr gibt! Ich wäre in den Wald runtergefallen wie ein Stein! Bei dem Gedanken wird mir schwindelig – und bewusst, dass ich in letzter Zeit wohl zu abgelenkt war durch irgendwelche Reparaturen und Pannen und mich so aufs Wesentliche, auf die Sicherheit, kaum konzentriert habe. Vielleicht bin ich auch übermüdet und zu erschöpft, was nicht verwundern würde. Seit fünf Monaten bin ich inzwischen unterwegs, ohne einmal vollständig ausgeruht zu haben.

Der Taxista bringt mich in eine kleine Honda-Motorradwerkstatt, wo ich auf der Suche nach einem passenden Gaskabel schnell fündig werde. Ich merke, dass sich in meinem Leben ständig etwas wiederholt: Extremes Glück und enormes Pech wechseln sich schnell ab – vor lauter Wellenbewegungen realisiere ich langsam gar nichts mehr! Gefühle rauf und runter, die ganze Zeit, schon seit

Monaten! Verflixt noch mal! Kann denn diese anormale Reise nicht etwas normaler verlaufen?

Ich versuche, die nächste Etappe ganz ruhig in Angriff zu nehmen. Weil ich mich nicht mehr auf die Hilfe des Satelliten-Navigationsgeräts verlassen kann, klemme ich meine Luftfahrtkarte unter die Sandalen und vergleiche die auf dieser 15 Jahre alten Karte eingezeichneten Flussläufe mit der Wirklichkeit von heute. Hunderte von Flussverzweigungen, Kurven und Inseln helfen mir, 300 Meter über diesem Irrgarten, so groß wie die Schweiz, die richtige Abzweigung zu finden. Es gibt in dieser Region nur einen einzigen Flusslauf, der wirklich direkt zum breiten Hauptstrom führt – alle anderen Flusswege sind entweder tote Arme, also Sackgassen, oder sie machen irrsinnige Umwege durch dieses grüne Universum, für die mir schlicht die Reichweite fehlt.

Wieder ist es oft der reinste Zufall oder pures Glück, dass ich den richtigen Weg einschlage. Seltener sind es Schiffe, die ebenfalls auf diesem Weg durchs Wasser pflügen und mir den Weg zeigen. Falls ich richtig fliege, so meint meine Karte, müsste hier eine einzige Ortschaft existieren – ein Dorf namens San Franscisco. Ich erwarte Großes, und mit Adleraugen halte ich Ausschau, bis ich unter mir zwei Häuser, einen Holzsteg und eine bleiche Holzkirche sichte. Na ja. Hier geht's also links ab! Und tatsächlich, so surre ich zum Hauptstrom – 20 km breit und einfach genial und gigantisch! Nur wenige Kilometer flussaufwärts folgt schon das nächste große Schauspiel aus der Luft: Die Vereinigung von Rio Solimoes (so wird der Amazonas genannt) mit dem überschwappenden Rio Xingu. Ich bin überwältigt, schwappe selber schon fast über bei so viel Naturschönheit!

Wohlbehalten setze ich zwei Stunden später auf der Armee-Landebahn von Port do Moz, einem 5000-Seelen-Dorf am Nebenfluss Rio Xingu, auf. Alles ist heute anders als sonst, ein Soldat in Zivil empfängt mich und lädt mich sogleich zu sich ein zu einer riesigen Party: »Komm, gleich spielt Brasilien gegen Frankreich im Finale der Weltmeisterschaft, das darfst du nicht verpassen!«

Zu einem solchen Fest der Superlative fehlt natürlich auch die auserlesenste Delikatesse des Flusses nicht, die Flussschildkröte! Obwohl vom Aussterben bedroht und auf der Liste der geschützten Tierarten, hatte man heute morgen einen Fischer losgeschickt, um sie zu fangen. Denn heute, so der Chef, kontrolliere eh keiner am Hafen die Fischfänge. Kaum komme ich in den eleganten Garten, trifft mich fast der Schlag – der soeben abgehackte Kopf des Tieres rollt vor meinen Füßen über den Boden. Der Schlächter rennt dem

Kopf etwas kopflos nach und schmeißt ihn zurück auf den Tisch, wo der körperlose Kopf noch fünf Minuten lang nach Luft röchelt. Das fein gehackte Fleisch wird dann in den ausgehöhlten Panzer geworfen und diese Art Pfanne gut 90 Minuten lang ins Feuer gelegt. Der mit Hackfleisch und Maniok gefüllte Panzer gibt jedem ergiebig viel zum Auslöffeln. Oder gäbe. Denn je länger das Spiel dauert, umso mehr ändert sich die Stimmung, verlieren alle den Appetit – den ich ohnehin nicht hatte. Und als das Spiel vorbei ist, sitzt schon lange kein Mensch mehr vor dem Fernseher. Schuld daran ist ihr angehimmeltes Fußballteam, das verloren hat. Ein Freudentag hat sich zu einem nationalen Trauertag verwandelt. Ich glaube zu sehen, wie der Fluss wegen der Tränenflut anschwillt. Die Niederlage schmerzt und nagt am Selbstvertrauen! Nur Zweitbester zu sein ist so, als wäre man Letzter geworden! Lustig, dass ab dem Moment kein Mensch mehr mir gegenüber ein Wort über Fußball erwähnt hat. Brasilien tut mir leid, aber nein, eigentlich ist's mir egal! Leid tut mir nur die Schildkröte …

Als die Tränen alle weggewischt sind am nächsten Tag, fliege ich bei prächtigem Sonnenschein im Tiefflug zehn Zentimeter über dem Wasser über den frisch duftenden Fluss. Ich scheuche immer wieder herrliche, schneeweiße Reiher auf und sehe nicht selten winzige, grün getarnte Papageien, wie sie in umso größeren Schwärmen vor mir in den Baumkronen ein Versteck suchen. Den Amazonas darf man sich nicht nur als einen breiten Fluss mit zwei Ufern vorstellen. Es ist eine Welt im Überfluss – das Flusssystem füllt im Sommer beim Höchststand auch unzählige Seen und Lagunen, während ganze Landstriche auch jenseits des Ufers im Wasser versinken und nur noch die Baumkronen zum Wasser hinausragen. Einige der Seen haben Ausdehnungen, dass man vom einen Ufer das andere nicht mehr sehen kann. Der Fluss ist auch erstaunlich besiedelt, alle paar Kilometer steht eine kleine Farm auf Stelzen, mit einem kleinen Motorboot an einem Holzsteg, und die dazugehörigen Wasserbüffel grunzen meistens knietief in ihrem Element. Insgesamt gibt das ein sehr malerisches Bild ab, obwohl dies bestimmt die einsamsten Häuser sind, die ich je gesehen habe. Dafür in purer Natur unter einem strahlend blauen, mit schneeweißen Wolken dekoriertem Himmel.

Manchmal geht es sehr schnell, zu schnell, und aus schönen Wolken entstehen dicke Gewittertürme. Die zwingen mich wieder einmal zur Notlandung im Fluss. Meiner neu reparierten Schwimmflosse sei Dank, kann ich in einer abgelegenen Lagune runtergehen ohne abzusaufen, und schon bläst mich der starke

Wind rückwärts in einen dicken Teppich aus Wasserpflanzen. Ich muss sitzen bleiben, auch der Dschungel hinter mir ist geflutet, und ich kann nur hoffen, dass ich irgendwann wieder aus eigener Kraft von hier rauskomme. Dies ist der menschenleerste Platz, an dem ich je war, und ich vermute, dass ich im Falle einer Motorenpanne hier niemals entdeckt würde. Vorerst aber prasselt während drei Stunden schwerer Regen auf meine wasserdichte Jacke. Erst ein komisches, kurzes Trompeten reißt mich aus meinen unguten Gefühlen – was war das? Ich horche auf. Tüt! Nochmals Tüüt! Und wieder: Tüt-tüt! Da erkenne ich etwas im silbernen Wasser, einen rosa Rücken – einen Boto, einen Flussdelfin! Ich flippe fast aus, während der Delfin mich umkreist. Während alle anderen Flussdelfine dieser Welt, die vom Yangtse, vom Ganges etc. praktisch schon ausgestorben sind, ist dieser blinde, sagenumwobene Amazonas-Flussdelfin noch zahlreich vorhanden! Ich hatte schon bisher ein paarmal einen Boto aus der Luft gesehen, und erst gestern stieß einer seine Luft gerade unter mir aus, als ich im Tiefflug fast seinen Rücken streifte. Jedes Mal, wenn ich einen sehe, kommt tiefe, echte Freude in mir auf. Ich schaue meinem kleinen Freund noch lange nach, wie er im endlosen Fluss seines Weges zieht. Hoffentlich kann er seine Freiheit noch lange genießen!

Kaum hat der Regen aufgehört, traue ich meinen Augen schon wieder nicht! Was sich nicht alles in dieser abgelegenen Lagune tummelt – ich dachte doch, ich sei »in the middle of nowhere!« Quasi aus dem Nichts kommt mir ein einsamer Kanufahrer entgegen, ein so genannter Kaboklo – ein zivilisierter Indianer. In seiner Hand hält er einen kleinen Wels, nur etwa einen Meter lang. Wir rufen uns eine ganze Weile lang die Sätze zu. Er getraut sich nicht, mit seinem klobigen Kanu zu nahe an mein Fluggerät zu kommen, und so grinst er von weitem durch seine große Zahnlücke und will mir den Fisch andrehen. Kaum zu glauben – schon nach zwei Stunden kümmert sich an diesem unwirtlichsten Ort jemand so gut um mich, dass es unmöglich wäre, hier zu verhungern! Am Schluss bittet er, beim Weiterfliegen doch über seiner versteckten Pfahlhütte eine Runde zu drehen, er will unbedingt, dass seine Kinder das fliegende Kanu sehen. Zum Abschied dreht er sich nochmals um und fragt verschmitzt, ob ich denn die Neuigkeiten schon wisse: Brasilien habe gestern gegen Frankreich verloren! Ich lache laut über ihn, den Witzbold, und bin richtig froh, dass er irgendeinen Draht zur Außenwelt hat und kein Hinterwäldler ist!

Mag sein, dass man den Urwald nur dann überlebt, wenn man ein Witzbold ist. Also bin ich auch ein Witzbold und mache mir einen Spaß daraus, Schiffe zu attackieren. Natürlich kann ich mich nach dem Regen ohne sonderliche Schwierigkeiten aus dem Wasserpflanzenteppich befreien und wieder in die Lüfte abheben, und wenig später erspähe ich schon das erste kleine Flussschiff vor mir. Hier wird es die ersten Opfer geben, ha, ha! Normalerweise sind die Passagiere tagelang unterwegs und todmüde von der anstrengenden Fahrt, und die Hitze zwingt sie in die Hängematten. So schleiche ich mich von hinten an und presche mit wenig Abstand, dafür aber umso mehr Krach direkt neben den Hängematten vorbei. Während ich mir vorstelle, wie die Leute vor Schreck aus ihren Hängematten fallen, lache ich mir den Ranzen voll, spinne total. Das ist wohl der Pygmalion-Effekt. Dieser besagt, dass selbst der schlechteste Mathe-Schüler ein guter Rechner wird, wenn man ihm dauernd einredet, er könne gut rechnen. Nun, mir hat man genug eingeredet, dass ich spinne. Das hat man nun davon. Ich drehe völlig durch – und attackiere schon das nächste Boot! Wie viele Passagiere wegen mir einen Schock erlitten haben, gelacht haben, aus der Matte gefallen sind, die Augen durch Rauskullern verloren haben, einen Herzstillstand erlitten, sich verschluckt haben, geweckt wurden, zu Träumen begonnen haben oder laut geflucht haben, das alles entzieht sich – zum Glück – meiner Kenntnis.

Manaus. Goldritterstadt im Herzen des Dschungels. Nach vier langen Tagen, fast 2000 km, mindestens 20 attackierten (und null versenkten) Schiffen lande ich endlich wieder auf Beton. Aber erst, nachdem ich mir eine Stunde Sightseeing am Himmel gegönnt habe. Was soll ich sagen – das herausragende Opernhaus ist das einzige berühmte Gebäude der Millionenstadt. Einst war es eine Fehlkonstruktion. Schlicht zu groß. Mein Fluggerät schwebt lange darüber – Fehlkonstruktionen ziehen sich bekanntlich gegenseitig an. Mich reizen weniger die Spiegelfassaden der Wolkenkratzer oder die verstopften Autobahnen – sondern, wenn schon, die Favelas. Der Gestank und die Kloake. Endzeitstimmung. Hunderttausende wacklige Stelzenhäuser, ein dicker Ring um die Innenstadt, stehen romantisch eng beieinander. Wie schön – von hier oben! In den teils blauen, teils schwarzen Lagunen machen sie allerdings den Eindruck, beim nächsten Hochwasser nach Belem runtergespült zu werden. Ich fliege keck darüber und winke runter, glaube kaum, dass man auf mich schießen würde.

Manaus ist die letzte Stadt vor der Karibik, wo mein »Kolb Firestar II« auf Herz und Nieren getestet werden kann. Zu meinem Erstaunen vernehme ich, dass meinem Flieger nichts fehlt – nach drei Tagen heißt es also: Weiter geht's, Venezuela, ich komme! Ich bleibe skeptisch.

Mein Interesse gilt nach wie vor den Abholzungen des Regenwaldes. Nur habe ich bisher außer prächtigem Wald noch gar keine gefällten Bäume gesehen! Neben dem Hauptfluss scheint der Wald also klar intakt und gesund zu sein. Ich erfahre mehr. Kein Wunder – Abholzungen im Überschwemmungsgebiet des Flusses gelten als unrentabel – keine Firma würde im Schwemmland Maschinen auffahren und Bäume fällen, um dann ein halbes Jahr lang mit allem bis über den Hals im Wasser zu stehen. Die Abholzungen finden alle in den höher gelegenen Gebieten statt, oft hunderte Kilometer vom Hauptfluss entfernt, wo das Land nie unter Wasser steht. Und so komme ich erst jetzt, nach zweitausend Kilometern, erstmals in solch eine Gegend, wo Rauchschwaden in den Himmel steigen. Es ist ein leicht hügeliges Land, und ich folge schön dem Transamazonica-Highway nach Norden in Richtung Grenze.

Hier sehe ich endlich die erwarteten baum- und trostlosen Landstriche, kahl und abweisend. Damals, 1975 beim Bau der Straße geschlagen, ist bis heute nichts nachgewachsen. Denn sobald die Bäume gefällt sind, wäscht der Regen die extrem dünne Humusschicht weg. Die Frage, ob sich der Wald je wieder regenerieren wird – auf einem Boden ohne Humus – ist schnell beantwortet. Da kommt nie mehr etwas, sobald der dünne Humus weggeschwemmt wurde! Und soll noch einer behaupten, diese Abholzungen hätten keinen Einfluss aufs Weltklima! Ich mache meine persönliche Entdeckung, dass Ultraleichtflugzeuge den besten Beweis für den Wandel des Klimas durch Abholzungen liefern! Denn wie das Meer reguliert ein Urwald die Luft über ihm – er hält das Klima in der Balance, indem er die Hitze wie ein Schwamm aufsaugt und sie in der Nacht gleichförmig wieder abgibt. Tagelang war ich bisher über einem dicken Baumkronenmeer geflogen und konnte mich zurücklehnen – von Turbulenzen war keine Spur, trotz größter Hitze. Es war wirklich wie das Reisen auf einem Sofa, weich wie auf einer Wolke, total angenehm. Der Regenwald reguliert jeden Luftstrom über dem Wald. An kahl geschlagenen Stellen aber folgt jetzt das pure Gegenteil – die heiße Luft kann nicht aufgesogen und gekühlt werden, sondern wird gleich wieder in die Atmosphäre zurückgeworfen. Die daraus entstehenden Turbulenzen werfen mich fast zum Flieger raus, ich muss die Gurte straffen. Solch erschreckende Turbulenzen hatte ich seit dem Tal des Todes in den USA nicht mehr erlebt. Kein Wunder: Ist der Wald weg, gerät auch das Wetter aus den Fugen. Und von den Auswirkungen der Abholzungen auf den Treibhauseffekt sprechen wir lieber gar nicht erst. Es ist eine Katastrophe, und ich bin schlicht erschlagen von der Erkenntnis. Dabei habe ich die Gegenden, wo pro Minute die Fläche von drei Fußballfeldern geschlagen werden, nicht einmal gesehen! Das ursprüngliche Ziel dieser Reise, nämlich die Abholzungen zu erleben, habe ich zwar nur zum Teil erreicht, dafür aber am ganzen Leib gespürt. Das macht mich – trotz der Traurigkeit – auch glücklich.

Ich fliege weiter. Diese Gegend hier ist auch die Gegend der gestohlenen Kleinflugzeuge. Hunderte davon fliegen illegal kreuz und quer über die Grenzen – der Handel mit Kokain, das aus Kolumbien stammt, wird so abgewickelt. Mir ist unheimlich. Einmal lande ich auf der Hauptstraße, eine Shell-Tankstelle muss zum Volltanken meines Flugzeugs herhalten. Ich bitte einen LKW-Fahrer, einen alten Deutschen namens Hans, seinen Brummi quer auf die Straße zu stellen, und so gelange ich schwer bepackt und sicher schnell wieder in die Luft. Weiter geht's. Schnell.

Ich freue ich riesig, dass mein Flugzeug nach Wochen endlich einwandfrei funktioniert, und gedanklich bin ich schon bei den Tafelbergen Venezuelas und den Hüpfern zwischen den Trauminseln der Karibik. Doch vielleicht steht es schon in den Sternen geschrieben, dass ich es dorthin nicht mehr schaffen sollte? Eine der wenigen (legalen) Pisten entlang dieser 900 km langen Transamazonica gehört zum Indianerreservat der Waimiri und Atroari. Genau hier sollte sich das größte Pech meiner Reise ereignen.

Es ereilt mich völlig überraschend. Kaum aufgesetzt, folgt mein Flugzeug meinen Steuerbefehlen nicht mehr. Wie ein wildes Pferd bricht es störrisch nach links aus, und ich kann nur noch in Zeitlupe mit ansehen, wie es sich um fast 180 Grad dreht und in Richtung Randstein galoppiert. Unter der Wucht des Aufpralls knackt das ganze Metallgerüst wie ein Haufen brechender Knochen. Wie der Flügel bricht, scheint auch die Welt um mich herum zusammenzubrechen. Ist das wahr? Ich glaube es nicht!

Als ich, unverletzt, aus dem Stahlkäfig steige und mein geliebtes Bronco inspiziere, erfasst mich ein kaltes Schaudern. Der Flügel: gebrochen. Das Hauptrohr: geknickt. Der Alukäfig: eingedrückt. Das Fahrwerk: entzwei! Und das schneeweiß gespritzte Höhenruder von José-Angelo: in Fetzen! Nein, das darf doch nicht wahr sein! Alle Schäden gemeinsam ergeben als Gesamtbild einen Totalschaden, und beim unweigerlich aufkommenden Gefühl, dass hier meine Reise zu Ende ist, überkommt mich erneut eine

Stimmung wie bei einem Begräbnis. Nur wird es diesmal keinen Keith geben, der mit einem Anhänger daherrollt und mein Flugzeug wieder flickt. Auch gibt es hier keine Mechaniker, die auf meinen Crash gewartet haben. Und überhaupt, irgendwann einmal ist auch meine Kraft am Ende. Von der großartigsten Reise meines Lebens heißt es hier Abschied zu nehmen. So ist es.

Die Frage, die mir ab dem Moment keine Ruhe mehr geben sollte, heißt *Warum?* Die Ursache wird diese Indianerpiste wohl immer für sich behalten. Wacklige Räder? Übergewicht? Korrosion im Radlager? Seltsame Winde? Verhexung durch die Indianer? Verflixt, alles ist möglich!

Diese letzte Nacht schlage ich mein Zelt nochmals neben dem Flugzeug auf. Ich bin ganz allein, der Verkehr wird während der Nacht angehalten, denn die Indinaner dulden keine Nachtruhestörung in ihrem Gebiet. Bei jedem nächtlichen Geräusch fahre ich hoch und fürchte mich vor den Indianern und ihren Giftpfeilen. An der Stelle, wo sie heute steht, traf nämlich im Jahre 1973 erstmals eine Gruppe von 29 katholischen Missionaren auf diese isoliert lebenden Indianer. Was damals genau schief gegangen ist, ist bis heute ein Geheimnis geblieben, jedenfalls kam kein Ordensmann lebend je wieder zum Vorschein. Dieses Ereignis wurde zum Auftakt eines weitaus größeren Mordens. Die Rache kam zehnfach, hundertfach, tausendfach. Goldschürfer, Polizisten, Soldaten und Straßenbauer drangen in das Gebiet ein, wüteten gleichermaßen, und von den ursprünglich 5000 Waimiri und Atroari überlebten keine 400! Keine Frage also, weshalb die ungefähr 800 hier lebenden Eingeborenen nichts, aber auch wirklich nichts mit uns Eroberern zu tun haben wollen. Die meisten bleiben ihr ganzes Leben lang in ihrem Gebiet, und das Misstrauen neugierigen »Zivilisierten« gegenüber ist genauso vorhanden wie die Angst vor eingeschleppten Krankheiten. Unseren Viren gegenüber sind die Indianer bekanntlich bis heute schutzlos ausgeliefert. Eine simple Grippe kann schon tödlich verlaufen.

Mit der Unglücksmaschine geht's am nächsten Morgen auf dem erstbesten leeren Lastwagen zurück nach Manaus. Ich warte noch einen Tag, sozusagen als letzte Hoffnung auf ein Wunder. Als ich meine Schutzengel im Himmel auf dem Handy anrufe, sagt ein Tonband, sie seien außer Reichweite. Ich mag ihnen den Urlaub von Herzen gönnen. Sie haben für mich schon genug geschuftet! Jetzt muss ich selber weiterschauen.

Nur bei der Filiale des Transportunternehmens Danzas nimmt man den Hörer ab und hilft mir freundlich weiter. Nach zwei Tagen kann ich das Halbwrack in zwei Holzkisten verpackt in den Bauch einer Boeing schieben. Auf dieser Luftsendung stehen groß die Buchstaben »ZRH« – *to Zürich please!*

Was mich betrifft, so habe ich mit amputierten Flügeln überhaupt keine Lust, den Kisten zu folgen. Sofort zurück in die Schweiz kommt nicht in Frage, ich bin zu aufgewühlt. Dieses Südamerika möchte ich mit positiven Gefühlen verlassen und muss diesen Schock auch deshalb hier unten verdauen, um den Crash aus meinem Gedächtnis zu löschen! Also fliege ich weiter, in einem Linienjet nach Bolivien und Peru, reise noch sieben Wochen weiter, zwar mit gestutzten Flügeln, aber immer noch auf der Suche nach den unbekannten Zielen, die ich zwischen den sagenumwobenen Plätzen wie Lago Titicaca, La Paz, Nazca und Cusco zu finden hoffe …

Ich schwöre mir, das nächste Mal wieder mit eigenem Flugzeug zu reisen und bald wieder neue Einblicke hinter den Kulissen zu erhaschen. Dann ist da auch noch Asien – mit einem geflickten Kolb Firestar? Ich weiß die Antwort noch nicht … die Entscheidung über meine Zukunft steht noch in den Sternen.

Zwei Wochen später weiß ich mehr. Ich muss auch diese Geschichte erzählen – ohne dieses einschneidende, zufällige Erlebnis hätte ich die Fliegerei wohl nie aufgegeben. Ich bin nämlich unterwegs in einem Motorboot auf dem Rio Madre de Dios, auf dem Fluss der *Mutter der Götter.* Im Manu-Nationalpark, im peruanischen Dschungel. Plötzlich erfüllt das mir vertraute Summen eines Rotax-Motors die Luft, und knapp über mir schneidet ein blauer Quicksilver mit Schwimmflossen durch den Himmel! Was für ein Anblick, mir wird warm ums Herz. Mein *Capitano* nimmt die Verfolgungsjagd auf und schon bald ist das Ultralight auf einer Sandbank inmitten des Parks gefunden. Für den Piloten bin ich ein alter Bekannter: Er war nämlich einer der Verantwortlichen im amerikanischen Ultralight-Verband, der einem gewissen verrückten Schweizer Piloten im letzten Jahr den »Preis für den außergewöhnlichsten Flug des Jahres« verliehen hat! Ich freue mich sehr über diese bizarre Art des Kennenlernens, obwohl es mir auch unheimlich vorkommt, wie klein die Welt ist. Sofort frage ich nach Bill Raisner, meinem ehemaligen Fluglehrer, dem Flugzeug-Guru. Ob er ihn denn kennt? Da kann Sam die Tränen plötzlich nicht mehr unterdrücken – sein sehr guter Freund Bill ist nämlich vor zwei Wochen auf den Galapagos-Inseln während Filmarbeiten für Discovery-Channel abgestürzt. Eines Tages war er von einem Filmflug nicht mehr zurückgekommen. Elf Tage lang suchte die Armee, bis man das Wrack mit den beiden Insassen auf einer Vulkanspitze geortet hatte und die Vorahnung zur traurigen Gewissheit wurde. Bill war abgestürzt und nicht mehr da! Die Freude dieses Treffens weicht einem Schock. Der Gedanke, dass einer, der über so viel Erfahrung verfügte und so vorsichtig, ja gar konservativ flog, überhaupt abstürzen kann, ist unvorstellbar! Bill war es, der mich gelehrt hatte, vor jedem Abflug jede Schraube, jedes Kabel und jedes Rohr zu kontrollieren. Ihm, dem Erfinder der Ultralights, habe ich verdammt viel zu verdanken. Nun ist *er* verunglückt. Und damit auch meine Illusion, dass das Fliegen eine sichere Sache ist. Bill hätte keine zehn Cents darauf gewettet, mich lebend wiederzusehen. Nun war er tot.

Ich nehme diese Nachricht als ein persönliches Zeichen, einen Wink, der mich bremsen soll. Schluss! Basta!

Es ist Zeit, in mich zu horchen. Herauszufinden, was mit mir eigentlich passiert ist während meiner verrückten Abenteuer. Ich habe als eine Art Astronaut leben dürfen, als einer, der ganze Kontinente von oben weit über den üblichen Horizont hinaus betrachtet hat. Ich habe dabei gemerkt, dass die Welt zwar wunderschön ist, eigentlich noch schöner und bunter als ich es mir je gedacht und in der Fantasie ausgemalt habe. Ich habe mit Menschen ihre Zeit teilen können, habe ihre Herzlichkeit gespürt und ebenso ihre Sorgen. Das verbindet sie wohl über Länder- und Kontinentalgrenzen hinweg. Ich erinnere mich gerne zurück an die vielen kleinen Begebenheiten, von denen ich hier im Buch einen Teil beschrieben habe. Die größte Sorge des Afrikaners, so hatte ich herausgefunden, war seine Angst, verhext zu werden. Dagegen war die größte Angst des Nordamerikaners, dass er auf Millionen verklagt wird! Und die größte Angst des brasilianischen Mannes? Dass er sexuell inaktiv werden könnte.

Und meine größte Angst nach diesem Versuch, die Welt ein wenig zu verstehen? Ich denke zurück. War es die Kriminalität? Nein, denn außer von den Thüringern in Afrika bin ich nie von jemandem geschädigt worden. Egal, wo ich war, hatte mir die Erde mitgeteilt, wo's ihr weh tut: In Afrika die Dürre, in Nordamerika die Trockenheit, in Südamerika die Flut. Und zu Hause, bei mir: Das Ausbleiben vom Schnee! Ja, meine Angst ist die, dass die Welt, ihre Schönheit dem Menschen zum Opfer fällt! Dem Raubbau, der Habgier, der Ignoranz und Unwissenheit, dem Desinteresse. Was auch immer der Grund ist: Der Mensch ist nahe dran, wie ein kleiner Käfer die Erde zu überfallen, zu verunstalten, zu zerstören. Und damit auch sich selber. Doch daraus macht niemand ein Thema.

Und, vielleicht noch schlimmer: Unter Tausenden hatte ich keinen Menschen getroffen, der sich um die großen Bedrohungen kümmerte wie die Zerstörung der Wälder, der Natur, der Fauna – außer er handelte im Auftrag irgendeiner Gesellschaft und bekam dafür einen dicken Gehaltsscheck. Wie sollte diese Welt also ihre großen Probleme in den Griff kriegen?

Das fragte ich mich am Ende dieser Reisen am meisten.

Ich war ausgezogen, um die Welt zu verstehen. Davon war ich weiter entfernt denn je. Aber immerhin hatten mich die bisherigen Perspektiven gelehrt, die Welt mit anderen Augen zu betrachten. Hunderte von Zufällen hatten mich bisher in himmlische Höhen, hinter den Horizont, selbst in die Unterwelt und in die Steinzeit geführt, um meinem Ziel näher zu kommen. Klar war in dem Moment einzig, dass ich noch weitermusste. Noch nie in der Geschichte hatte sich die Welt so schnell verändert wie jetzt, war Reisen so einfach, gab's so viel zu sehen und zu entdecken. Dranbleiben am Geschehen auf dieser Welt, das ist mein Motto. Also weiterreisen.

Doch man reist, um die Schönheit der Erde zu erfahren. Nur darf es nicht sein, dass man mit dem Reisen die Schönheit dessen, was man betrachten will, zerstört. Also ziehe ich für mich die Konsequenzen, die Notbremse. Zumindest für mich will ich diesen Widerspruch auflösen.

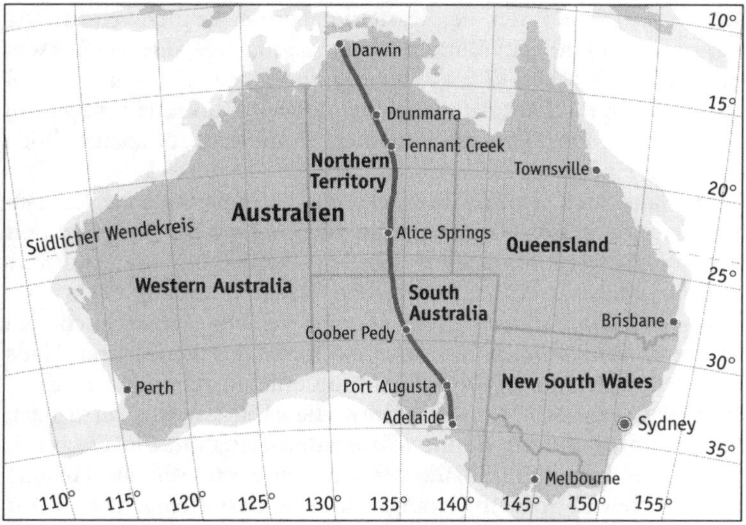

WORLD SOLAR CHALLENGE AUSTRALIA – 1999

Mit der Sonne durch Australien – von Darwin nach Adelaide – 10 Tage – 3022 km

Vierzig Davids gegen Goliath

Die Idee, sich ohne fossile Treibstoffe fortzubewegen und zu reisen, hatte auf mich schon immer eine ungeheure Faszination ausgeübt. Doch die einzigen Verkehrsmittel, die ohne Benzin auskommen, sind das Fahrrad, das Pferd, die elektrische Eisenbahn und das Segelschiff. Dachte ich bisher. Bis ich eines Tages von einem gewissen Hans Tholstrup gelesen hatte, der mit einem badewannenähnlichen Fahrzeug Australien durchquert hatte, angetrieben von der Kraft der Sonne. Seither veranstaltet Hans all zwei Jahre ein Rennen für Solarfahrzeuge, das von Darwin nach Adelaide führt. Keine Frage: Da wollte ich schon immer mal hin. Ein Gespräch mit dem Chef des Schweizer Solarteams *Spirit of Biel* genügt, und ich habe meinen Posten als offizieller Tour Observer, eine Art Schiedsrichter.

Ein Jahr nach meiner Rückkehr aus Südamerika sitze ich also bereits wieder im Flugzeug, irgendwo zwischen Brisbane und Darwin. Wieder einmal starre ich zum Fenster hinaus: Unter mir das rot gebrannte Australien. Neben mir sitzt zufällig eben jener Hans Tholstrup. Neugierig will ich von ihm seine ganze Geschichte erfahren. Man schrieb das Jahr 1983, als der Rennfahrer Hans Tholstrup mit sturem Kopf und seiner allesausfüllenden Figur in einer badewannenartigen Erfindung die 4130 km von Perth nach Sydney unter die vier dünnen Fahrradräder nahm. Ein Dach mit acht Quadratmetern Solarzellenfläche brachte seinem Gefährt erstaunlich viel Schwung – sogar so viel, dass sich sein Sponsor blau und grün ärgerte. Der clevere Hans hatte nämlich paradoxerweise einen Erdölmulti für die Finanzierung gefunden, der seinerseits wohl voller freudiger Erwartung war, dass dem Gefährt bereits an der ersten Steigung der Saft ausgeht. Der Wagen aber hielt durch, nach 20-tägiger Fahrt kam er am anderen Ende des Kontinents an.

Während sich Hans im Glück die Hände rieb, rieben sich sein Sponsor und die ganze Welt die Augen. Himmel – wie war das denn möglich? Das Auto, das mit der Sonne fährt, war geboren, ebenso wie die *World Solar Challenge,* das härteste Solarmobilrennen der Welt. Seither fahren Solarfahrzeuge aus aller Welt alle drei Jahre quer durchs Outback von Darwin nach Adelaide. Sogar General Motors, Ford, Honda und Kia sind dem Ruf Hans Tholstrups schon gefolgt. Wir beide sind unterwegs zur neusten Austragung des Rennens. Ich als Tour Observer, er als Ehrenpräsident.

Natürlich freue ich mich darauf, den Automobil-Werksteams auf die Finger schauen zu dürfen. Doch Hans winkt ab. Erstmals sei nämlich kein Auto-Team mehr dabei. Nur noch Bastler- und Studenten-Teams. Hans seufzt. Jetzt, am Ende dieses Jahrtausends, zwölf Jahre nach seiner Fahrt ist Hans seiner Vision vom Verkehr ohne Abgase immer noch keinen Schritt näher gekommen. Trotz Schlagworten wie »Greenhouse Effect« oder »Global Warming«, die in aller Munde sind, die den letzten Winkel der Erde erreicht haben.

Hans: »Es wird alles nur noch schlimmer auf dieser Welt! Seit Jahren hören wir von der Industrie nur noch: Gebt uns vier Jahre, dann haben wir den Antrieb ohne Benzin! Und was tut sich dann? Wieder klatschen alle und warten vier Jahre, und alle glauben das Märchen! Die Frage ist, ob uns das Erdöl noch früh genug ausgeht …«

Hans und ich, da sind wir uns einig, wollen diese Sprüche nicht nochmals dreißig Jahre lang hören. Wir sind hier, um zu revoltieren.

Am frühen Morgen des 17. Oktober 1999 stehen 40 Sonnenanbeter an der Strandpromenade Darwins bereit zum Start, bereit für die Revolution. Die kleinen Davids wollen es Goliath zeigen, mit pfiffiger Technik und minimalsten Budgets. Ihre Geheimwaffe ist die ausgeklügelte Technik, mit der sie ihre fahrbaren Untersätze gespickt haben. Entscheidend ist die Aerodynamik sowie die Leistung der Solarzellen. Kein Wunder, dass alle Fahrzeuge wie flache Flundern aussehen, deren Außenhäute elegant wie Mantarochen geformt sind.

Die Stimmung gleicht der bei großen Formel-1-Rennen, auch wenn die Marlboro-Poster, die leicht bekleideten Mächen und das Brüllen der Motoren fehlen.

Aus insgesamt zehn Ländern sind die 40 Fahrzeuge angereist. Ich höre mich um und staune, welche Hürden jedes Team überwinden musste, um überhaupt bis zum Start zu kommen! So hatte beispielsweise das finanzschwache Polytechnikum von Singapur – so erzählt mir der Teamchef, ein Professor – das Budget bereits aufgebraucht, als das Fahrzeug gerade erst fertig gebaut war. Den langen und teuren Weg hierhin schaffte man nur dank eines Herkules-Transportflugzeugs der *Singapore Army*, das wegen des Kriegs auf der benachbarten Insel Timor so oder so Darwin ansteuerte. »Krieg sei dank sind wir da!«, meint er lakonisch.

»Und wie kommt ihr nach Hause zurück?«, frage ich.

Er zuckt mit den Achseln, vorerst muss er in Adelaide ankommen.

Einen wirklichen Grund zum Glücklichsein hat der Wagen am Schluss des Startfelds, das »Auto« von Pechvogel Detlef Schmitz. Er ist der sogenannte »Suitcase-Man« aus Germany, ein Aushängeschild und Original der World Solar Challenge, ein Fossil von einem Teilnehmer: Er hat als einziger an allen bisherigen vier WSC schon partizipiert – und sein Solarmobil kriegt fast jedes Jahr die Auszeichnung »the most improved« – das am meisten verbesserte Gefährt seit dem letzten Rennen. Diesmal gleicht es einem Klappfahrrad. Es ist so klein zerlegbar, dass es annähernd in zwei normale Koffer reinpasst. Detlef Schmitz ist der beste Produzent für

Gesprächsstoff: Vor sechs Jahren explodierten ihm die Batterien schon beim Start, und beim letzten Rennen, bei einer zweiminütigen Pinkelpause an einer Tankstelle, wurden ihm die Batterien aus dem Fahrzeug geklaut. Nicht verwunderlich also, dass bereits jetzt spekuliert wird, was ihm wohl dieses Jahr zustoßen wird. Keiner kriegt so viele Wünsche, so viel »Good Luck!« mit auf den langen Weg wie er.

Wenn hier einem Team das Glück vom Himmel fiel, dann dem amerikanischen Solarteam namens *Solarmotion.* Dieses junge Studenten-Team musste anscheinend über irgendeinen Draht zur NASA verfügen und fährt somit die besten Solarzellen der Welt durchs Outback. Die ausgeliehene Weltraumtechnologie hat ihren Preis: zwei Millionen Dollar! Selbstredend hat *Solarmotion* damit gestern dank einer Geschwindigkeit von 130 km/h die Qualifikation überragend gewonnen und steht nunmehr als Favorit in der Pole-Position.

Ich sehe überall intelligente Technik, die die Welt verändern will. Und all das in der Hand von Bastlern! Das kann ja nur gut werden!

Punkt acht Uhr beginnt der heiße Kampf mit einer ersten Gemeinheit, die schon nach 500 Metern kommt: Die erste (und einzige!) scharfe Kurve des ganzen Rennens. Sie leistet gute Selektions-Arbeit: Wer schon hier die Nerven verliert und die Kurve nicht kriegt, fliegt raus! Das Wunderauto *Solarmotion* meint, wohl auch fliegen zu können, prallt mit voller Wucht gegen den Randstein und bleibt wie ein lebloses Häufchen in der Fahrbahnmitte stehen. Das Rad ist abgebrochen, und ein Federbein hat sich durch das millionenteure Solarpanel gebohrt. Au! Tut das weh!

Das Rennen über die 3022 km ist somit definitiv gestartet, der ganze Tross von weit über 100 Solar- und Begleitfahrzeugen ergießt sich ins Outback. Ich sitze im stinknormal stinkenden Begleitbus des englischen Solarteams *Mad Dog* der Southbank University of London und hetze mit einem wilden Rudel Engländer und 65 km/h dem Feld hinterher. Es wird die nächsten acht Tage so weitergehen. Schon nach kurzer Zeit zieht sich das Feld der Sonnenanbeter auseinander und präsentiert sich der Stuart Highway so, wie er aus dem Flugzeug zu sehen war: Leer und öde. Au, wird das ein Angriff aufs Sitzfleisch! Willkommen zur Durchquerung Australiens! Mein vierter Kontinent! Was jetzt schon fest steht: Ich werde mir dafür den Arsch aufreißen!

Mein Job als Tour Observer verlangt, dass ich fünf Regeln gut überwache. Die erste besagt, dass jedes Solarfahrzeug von zwei Begleitautos mit orangefarbenen Blinklichtern und Warnschildern in die Mitte genommen werden muss. Zweitens muss ich die genauen Rennzeiten überprüfen. Die Teams dürfen täglich nur von 8:00 Uhr bis 17:00 Uhr unterwegs sein und müssen dann neben der Straße übernachten, irgendwo im Nirgendwo. Drittens muss ich sicherstellen, dass niemand auf die Idee kommt, die Batterien an einer Steckdose aufzuladen oder auszuwechseln. Und viertens darf kein Auto eine Abkürzung nehmen. Steckdose wie auch Abkürzung – ich muss lachen – beides ist auf dieser menschenleeren, pfeilgeraden Straße ein Witz.

Die Geschichte des Teams mit dem frivolen Namen *Mad Dog* klingt ebenfalls wie ein Scherz. Die Mannschaft war 1996 als letzte ins Ziel gekommen – das Auto leicht verbeult, weil es mit einem wilden Hund kollidiert war! Diesmal aber sind die Humoristen von *Mad Dog* zuversichtlich, keinem Hund was zu Leide zu tun. Da das Fahrzeug aber erst in Darwin fertig wurde, ist die Mannschaft überarbeitet und schon jetzt auf dem Hund. Ich frage mich, wie sie es bis Adelaide schaffen wollen, und hoffe nur das Beste, denn das Mobil hat noch keine 50 Testkilometer hinter sich! Selbstredend sind sie erneut als Letzte gestartet. Und die Letzten beißen bekanntlich die Hunde …

Mit 60 km/h hetzen wir flott durch die Landschaft, immer schön in der Straßenmitte, nur ein paar weiße Wolken verlangsamen die Fahrt. Die Natur entpuppt sich als lieblicher Wald voller kolossaler Termitenhügel, ab und zu hält sogar ein Kakadu meine Augen noch offen, oder kleine Schwärme von Zebrafinken oder Wellensittichen erquicken es. Bis plötzlich eine riesige Staubwolke auf uns zudonnert, eine rasende Bombe. Wir alle erschrecken, und der Teamchef kräht den Road-Train-Alarm ins Funkgerät – das Solarfahrzeug muss weg von der Straßenmitte! Sekunden später braust der König der Straße vorbei, 60 Meter lang, 120 Tonnen schwer und aus drei Teilen bestehend, ein Monster mit 1000 PS! Der von ihm aufgewirbelte Dreck und Staub bedeckt uns wie ein Vulkansausbruch, löst höllischen Spaß und höllische Angst zugleich aus. Nicht auszudenken, was bei einem Zusammenstoß passieren würde! Pech ist, so wurde uns allen vorsorglich von der Rennleitung mitgeteilt, wenn die Road Trains zu zweit nebeneinander auf einen zurasen – wenn einer den andern überholt. Sie haben immer Vortritt, deshalb muss jeder immer *ready* sein – für den Straßengraben. Hier in den Northern Territories fehlt es sogar an Tempo-Limits, selbst für Road Trains. Denn es fehlen sowieso die Polizisten, die die Einhaltung überprüfen könnten.

Allein auf weiter Flur halten wir gut gelaunt weiter Richtung Süden zu. Bis Andreas, der Rennfahrer, unvermittelt einen bedrohlichen Zickzack-Kurs einschlägt und der ganze Begleitbus schockiert aufschreit. Gleichzeitig prescht der nächste Road Train auf uns zu, während das Funkgerät aussetzt und die Botschaft *»Road Train ahead!«* ungehört bleiben muss. Verdammt, schreien alle, Andreas scheint unerreichbar tief unters Glas geglitten zu sein, zu tief, um das Ungetüm selber noch zu bemerken. Das Mobil schlingert und kreuzt das Monster mit ein paar Zentimetern Abstand! Dem Team im Begleitbus stehen die Haare zu Berge. Jetzt Vollgas im Bus. Mit einem schnellen Überholmanöver und einem Blick ins Cockpit stellen wir fest, dass Andreas schweißnass unter seiner Plexiglashaube klebt und das nasse Glas die Aussicht praktisch verhindert. Immerhin, irgendwie, das Funkgerät geht wieder, Andreas will weitermachen, trotz Sauna. Erst zwei Stunden später wird der Fahrer erleichtert aus seinem Schwitzkasten befreit, und die Engländer stellen fest, dass sie noch nie einen so pflotschnassen Menschen gesehen haben. Andreas zittert, ist nahe an einem Hitzschlag – weil die Engländer im kalten Britannien vergessen hatten, für das Rennen im Outback einen Luftschlitz zur Kühlung des Cockpits einzubauen!

Um 17 Uhr ist der erste Renntag ohne weitere spezielle Vorkommnisse beendet, die Sonne hat uns gute 500 Kilometer weit gebracht. Die Engländer sind sichtlich stolz, sich vom 31. Startplatz auf Rang 20 verbessert zu haben, dank Andreas' Hitze-Survival-Fahrt. Wir campieren irgendwo im Nirgendwo direkt neben der einsamen Straße. Die aufgeklappten Solarzellen pumpen die letzten Sonnenstrahlen in die Batterien, während der Koch uns im Camp vergeblich mit seinem Porridge zu beglücken versucht. Die meisten sind fieberhaft damit beschäftigt, eine Möglichkeit für einen Luftschlitz im Cockpit zu finden. Die Luft ist drückend heiß, es herrscht totale Windstille. Dies ist das Reich der Insekten. Während Bodentrupps von Termiten uns immer mehr in einen Kampf ums Territorium verwickeln, wird der Himmel immer dunkler. Weniger wegen der hereinbrechenden Nacht, sondern wegen eintreffender Verstärkung, einem Fliegen-Geschwader. Der ganze Himmel brummt, und mein hart verdienter Teller englisches Porridge verwandelt sich in ein Schlachtfeld voller Fliegenleichen. Ich schlüpfe direkt neben *Mad Dog* in mein Zelt – um (fünfte Regel) auch noch in der Nacht sicherzustellen, dass niemand am Wagen unerlaubt herumfingert.

Am zweiten Tag, um genau acht Uhr, pfeife ich Mad Dog zum Rennen. Bis zum Mittag legen wir ohne Pause über 200 km zurück und hängen mit einer Geschwindigkeit zwischen 50 und 60 km/h alle Insekten wieder ab. Öde links, Öde rechts. Faszinierendes Niemandsland. Ich habe gelesen, dass der Erste, dem es gelang, ohne zu verdursten diesen unwirtlichen Flecken Erde von Süd nach Nord durch die Mitte zu durchschneiden, John McDouall Stuart hieß. Nach ihm wurde der Highway benannt. Zusammen mit afghanischen Kameltreibern war er auf der Suche nach Rohstoffen und einer Strecke für eine Telegrafenleitung. Erst sein dritter Versuch gelang, und er brauchte dazu fast zwölf Monate. Man schrieb das Jahr 1862. Ich blicke zum Fenster hinaus. Viel hat sich nicht geändert. Die Telegrafen-Leitung steht immer noch. Sonst kein Zeichen irgendwelcher Zivilisation. Schon seit Stunden. Wer mit seinem Auto von der Straße schleudert und im Busch verschwindet, wird kaum je gefunden. Die Polizei, so habe ich gehört, hat ganze Listen von verschwundenen Autos.

Blanke Langeweile, bis uns der erste sogenannte Medienstopp im Städtchen Dunmarra erwartet. Ich muss das Team wieder verlassen, auch ohne dass wir einem wilden Hund begegnet wären. Das war schon wild genug! Gemäß Rennreglement muss ich auf das nächste Team warten, doch schon fünf Minuten später fährt es wie ein Paukenschlag ein, mit Tempo 80 und vier Begleitfahrzeugen! Ich reibe mir die Augen – die verunfallte *Solarmotion* ist da!

Weiter geht's mit durchgedrücktem Gaspedal. Neben mir ein Fahrer mit komischem Akzent. Matthias entpuppt sich als Landsmann. Nun sind zwei Schweizer im gleichen Boot, und so erfahre ich alle Geheimnisse des Teams: »Gestern haben wir wegen des Unfalls am Randstein viereinhalb Stunden in den Sand gesetzt. Doch wir müssen gewinnen – niemand sonst hat solch raffinierte Komponenten, niemand ist so schnell wie wir!«

Tatsächlich bringt mich diese Aufholjagd ins Staunen: Mit Tempo 90 km/h überholt das Wunderding einen Konkurrenten nach dem anderen, und schon nach wenigen Minuten rutscht auch der liebenswerte Mad Dog einen Platz nach hinten. Hoffnung kommt auf. »Unsere Solarzellen der NASA«, so Matthias weiter, »wandeln bis zu 26 % des Sonnenlichts in Strom um und liefern so fast drei PS! Wir von der Ingenieurschule Biel haben dazu den Motor geliefert – für eine Viertelmillion Franken! Der Motor sitzt direkt in der Radnabe, also im Rad, und so kommt der Antrieb ohne Kette aus – die Effizienz des ganzen Antriebs liegt so bei unschlagbaren 96 %!«

Eine Zahl, die nicht nur Technikerherzen höher schlagen lassen muss, sondern auch die Herzen von Umwelthysterikern. Ich rechne sachlich: Wenn alle heutigen Benzinantriebe die gleiche Effizienz hätten, würde zwei Drittel des weltweiten Benzinbedarfs eingespart.

Nicht genug der Technik, Matthias schwärmt weiter: »Die Batterien sind ebenfalls die weltbesten. Die haben einfach 800 Notebook-Batterien zusammengekauft und zusammengelötet. Voilà! Das gibt das leichteste und zeitgleich billigste Batteriepaket vom ganzen Rennen. Das Geniale daran: Falls sich die Lithium-Ionen-Batterien hier an der World Solar Challenge bewähren, könnte dieses Batteriesystem eines Tages auch für herkömmliche Elektrofahrzeuge industriell und günstig hergestellt werden!«

Das bringt mich ins Träumen: Das wäre wahrhaftig ein sensationeller Durchbruch auf dem Weg zum Auto ohne Benzin. Und so simpel! Man nehme einfach die Batterien aus Handys und Notebooks! Ich rechne nach: Statt eine halbe Tonne an Batterien mit sich herumzuführen (wie heutige Elektroautos), könnten sich Fahrzeuge mit 200 kg schweren Batterien begnügen und damit auch noch doppelt so weit fahren wie bisher. Auf welches Wunder wartet die Menschheit noch?

Nach dem einzigen Wunder, das wahrhaftig eingetreten ist, frage ich natürlich auch: »Wieso ist *Solarmotion* eigentlich wieder dabei? Das sah gestern aus wie ein Totalschaden!«

»Das ist einer Schreinerei zu verdanken«, klärt mich Matthias auf. »Die hat gestern in einer 15-minütigen Aktion das Fahrgestell aus Holz nachgebaut. Schwein gehabt!«

90 Minuten vor dem eigentlichen Rennschluss bleibt *Solarmotion* ohne Power wie ein armes Schwein völlig verausgabt neben der Straße stehen. An einem steilen Berghang campieren fünf weitere Solarmobile früher als geplant – niemand hat in der heißen Wüste der Northern Territories mit schlechtem Wetter gerechnet, alle Batterien sind ausgequetscht. Eine Stunde später die große Überraschung: Mad Dog überholt uns mit kleinem Tempo, aber einem Big Smile – die Engländer haben kühl überlegt und die Batteriereserven richtig eingeteilt – und kommen heute am weitesten! Alle jubeln ihnen zu – mit einem scherzhaften »*See you tomorrow*«!

Niemand rechnet damit, dass auch am nächsten Tag das Kriechen weitergeht. Doch mehr als Tempo 40 lassen die Wolken auch heute nicht zu. Gleichzeitig, so hören wir per Funk, sind die schnellsten Teams weiter südlich aus den Wolken raus – und jagen im Sonnenschein mit 80 km/h auf und davon. *Solarmotion* könnte heute umgetauft werden in *Cloudmotion.*

Am Mittag beschleichen wir endlich das Städtchen Tennant Creek – der nächste Observer-Wechsel steht bevor. Jedesmal ist es eine Überrschaung: Diesmal komme ich zum Team *Tokyo Salesian Polytechnic* – zusammen mit der Sonne. Ein lustiger Zweisitzer, mit einem Fahrer, der konzentriert nach vorne guckt und einem Beifahrer, der schläfrig und schwindlig nach hinten glotzt. Das Fahrzeug hat einen Spitznamen, und den verdankt er seiner Sitzstellung: Die Sitze sind so weit auseinander, dass wirklich nichts Anrüchiges passieren kann, auch wenn's sehr langweilig sein sollte. »Safer Sex« ist da wirklich passend gewählt als Name! Im Gegenzug dazu quetscht sich das ganze restliche Team – zwei Professoren und 22 Studenten – in drei kleine Begleitbusse, was zu einer genialen Stimmung führt. Welcome to Japan! Die Japaner, ein ergreifend nettes Team. Sie alle haben ihre Reise aus der eigenen Kasse bezahlt und sind das Team mit dem meisten Herzblut. Am Abend, beim Aufstellen der Zelte, muss ich loslachen: Sie nehmen sich extrem Zeit, um den richtigen Platz für ihr Zelt zu finden. Zu weit im Gebüsch fürchten sie, von einer giftigen Schlange angefallen zu werden, und zu nahe an der Straße droht die Plattwalzung durch einen Road-Train …

Von den 24 Japanern kann mich nur die etwa 20-jährige Ai, die einzige Frau im Team, in die Geheimnisse des Teams einweihen – sie ist die einzige, die Englisch kann. Das Team setzt weniger auf High-Tech, dafür auf vollste Disziplin. Genau ist festgelegt, welcher Student für welche Komponenten zuständig ist. Wenn einer repariert, schauen alle anderen zu, aber keiner spricht. Genauso strukturiert ist auch das Abendprogramm: Die Professoren und Studenten diskutieren miteinander bis tief in die Nacht hinein über die morgige Schlechtwetter-Renntaktik. Dass ein Student aufsteht, wenn er zur Gruppe spricht und sich vor dem Professor verbeugt, ist eine Selbstverständlichkeit. Genauso wie der aus dem Tokyoter Supermarkt mitgebrachte gekochte Reis im Vakuumbeutel oder die japanische Misu-Suppe zum Frühstück, die man mir alle fünf Minuten anbietet.

Am nächsten Tag merke ich, während Ai mir im japanischen Lkw die Grundzüge der japanischen Sprache beibringt und die ganze Studentenhorde hinten drin wegen meiner Aussprache herzhaft grölt, merke ich, wie schnell und gut ich mich in Japan schon eingelebt habe. Jedes Team drückt dieser braunen Öde seine eigene Kultur auf. Vorgestern war ich in England, gestern in Chicago, heute in Tokyo. Einzig der grausame Anblick der niedergestreckten Känguruhs lässt mich realisieren, dass ich weder auf dem Mond noch im Land der aufgehenden Sonne bin, sondern im trockenen Outback. Die Kängurus geben zu rechnen: Pro Kilometer der Anblick von sechs toten Kängurus, das macht – auf die Gesamtdistanz von 3000 Kilometern hochgerechnet – 18 000 Kadaver! Ein wahrhaft gigantischer Leichenhaufen, den die Road Trains hinterlassen. Es stinkt zum Himmel, oft fast bis zum Erbrechen.

Doch die Kängurus sind nicht die Einzigen, die sich mit dem Wandel der modernen Welt nicht arrangieren können. In Alice Springs wartet der nächste Medienstopp. Das Feld ist weit auseinander gezogen, es wird Stunden dauern, bis das nächste Team eintrifft. Ich mache die Bekanntschaft mit Mark, dem hageren Rennarzt, der mich in seiner improvisierten Ambulanz mit ins Städtchen nimmt. Gäbe es hier keine Touristen, so sehe ich schnell ein, so gäbe es kein Alice Springs. Am Rand der Siedlung erspähe ich erstmals Ureinwohner, Aborigines, die in einem ausgetrockneten Flussbett sitzen und sich unterhalten. Und scheinbar nichts tun und an nichts teilnehmen. Jedenfalls nicht an unserem hektischen Leben. Ich gestehe, dass ich zu wenig über die Ureinwohner weiß, um eine Diskussion über ihren Lebensstil zu führen, doch Marks Erzählungen schockieren mich:

»Sie stehen höchstens auf«, so Mark mit einem seltsamen Unterton, »um an einer Sauferei oder Keilerei teilzunehmen. Alkohol und Tuberkulose raffen sie dahin, diesen armen Teufeln fehlt ein Enzym zum Abbau des Alkohols im Körper. Ein Glas Wein macht jeden stinkbesoffen, eine Flasche ist schon reinstes Gift. Das Geld dazu kriegen sie von der Regierung, als Sozialhilfe, und so wird selten einer älter als 50.«

Tatsächlich macht fast jeder Ureinwohner den Eindruck, als wäre er reif fürs Einsteigen in unseren Ambulanzwagen. Marks Sprache verrät, dass er die Aborigines nicht für voll nimmt. Und dass auch sonst wohl nur wenige in diesem Land den Ureinwohnern eine feuchte Träne nachweinen.

»Wagst du eine Prognose?«, will ich von ihm wissen.

Mark wird nachdenklich. »Noch 50, vielleicht 100 Jahre gebe ich ihnen, aber dann wird es keine reinrassigen Aborigines mehr geben.«

Den Abend verbringe ich im Campground von Alice Springs, zusammen mit dem Team *Capricorn* von der Central Queensland University aus Brisbane. Neben einem hervorragenden Mahl tanzen ein paar auffallend hellhäutige Aborigines auf einer Bühne.

Zum Nachtessen gibt's ein Beef-Schnitzel, das weit über den Tellerrand und meine Vorstellungskraft hinausreicht. Erst jetzt bemerke ich die großen Vorteile des Schiedsrichter-Daseins, weil ich im Rennreglement einen Passus über meine Verpflegung entdecke: »Jedes Team ist verpflichtet, seinen Tour-Observer täglich mit drei Mahlzeiten zu versorgen. Unterlässt ein Team die Verpflegung oder ist die Verpflegung mangelhaft, ist der Tour-Observer zur Meldung verpflichtet, was Strafpunkte oder die Disqualifikation nach sich zieht.« Jetzt verstehe ich: Kein Wunder, dass mich alle Teams mästen wie eine Weihnachsgans!

Am nächsten Morgen, kurz vor der Weiterfahrt, ist der Grill versorgt und die Sonnencreme hervorgeholt. Die Australier schmieren sich als Erstes dick mit Schutzfaktor 30 ein. Die Angst vor dem Ozonloch und Hautkrebs geht um. Das Team fantasiert aber noch von einer weiteren Verwendung ihrer Creme: Die rivalisierende Konkurrenz namens *Sunswift*, das Team der University of New South Wales aus Sydney, liegt nur fünf Minuten hinter *Capricorn*. Wie wär's mit dieser Creme auf den Solarzellen ihres Konkurrenten, um es um den Faktor 30 zu verlangsamen? Die inneraustralische Rivalität beflügelt den »Steinbock«, und wir fegen den Staub vom Highway, eingepfercht in einem Geländewagen »Made in India«. Die Landschaft fasziniert durch die Inexistenz von Augenhaschern, und der Höhepunkt des Tages ist nach einer Stunde schon fällig: Michèle kann mit ihrem *Capricorn* und den 14 %igen Solarzellen das hohe Tempo nicht halten und muss *Sunswift* mit seinen 17 %igen Solarzellen neben sich vorbeisurren lassen. Das ganze *Capricorn*-Team schwört sich zähneknirschend, das nächste Mal mindestens 18 %ige Solarzellen zu montieren …

Die Etappe endet in Cadney Homestead. Eine Ortschaft mit 15 Einwohnern – und einer Zapfsäule. Die anschließenden drei Stunden Warterei gehen mir schnell auf den Geist, denn es ist nichts los, es gibt absolut nichts zu tun (für einen leicht gestressten Europäer). Doch stündlich wiederholt sich ein immergleiches Theater: Ein quietschender Ami-Schlitten, ein unbeschreiblicher Anblick eines Rosthaufens, eine fahrende Komposition von Blech, wohl ein Schrottsammler oder ein irrer Aussteiger, hält an der Zapfsäule. Die Türen fliegen auf, und wer steigt aus? Stets eine sechsköpfige Aborigine-Familie! Ihr Anblick – so traurig und desolat wie ihr Wagen. Ich frage mich unweigerlich, wer es länger macht. Wagen oder Mensch? Es ist zum Weinen traurig und lustig zugleich. Ich versuche immer, die positiven Aspekte jeder Situation zu sehen, auch wenn's zum Himmel schreit. Nie ist eine Situation hoffnungslos, nie ist sie ohne einen Hauch Romantik. Etwas Liebe zum Leben schwingt immer mit. Hier aber ist die Romantik abgestumpft. Diese ganze Verbindung Mensch-Maschine klappert, eiert, rostet, fetzt, flucht, krächzt und spuckt und lahmt. Mir kommt unweigerlich Afrika in den Sinn. Der gleiche rote, eisenhaltige Boden, auf dem sich die Geschichten vom Leben entwickelt haben. Die gleiche Mutter Erde. Selbst die gleichen Rosthaufen. Doch in ihren strahlenden Kindergesichtern stand den Afrikanern die totale Begeisterung. Mein Neid sagte mir damals, dass ich nie so glücklich werde dreinschauen können wie die Kinder dort. Hier: Totale Entgeisterung. Es passt nicht in mein Weltbild, ich bin von Afrika zu sehr verwöhnt worden. In Australien geht eine ganze Kultur ohne bemerkt zu werden, ohne ihre Identität, ihre Werte und ihrem Stolz dem Untergang entgegen – alles ist ihnen entzogen wie ein Führerschein. Nichts gibt ihnen den Geist zurück, um wie die Urahnen mit einem Sinn fürs Leben über diese endlose rote Erde zu streifen. Ihre Seelen und ihre Geister – weg. Hier, an dieser Zapfsäule, bin ich Augenzeuge von ihrem Absaufen, Abgleiten, Ableben, Abzapfen. Verlorene Seelen, sie werden langsam, quälend langsam wieder zu roter Erde. Keine Sozialhilfe, kein Job, kein Auto und auch kein Alkohol wird sie retten, denn unsere Werte sind nicht ihre Werte. Ich fürchte: Die Aborigines, sie werden bald nur noch in Büchern leben, gelten dann zusammen mit dem Schwarzen Nashorn als ausgestorbene Spezies. Ist dieser Wandel der Zeit wirklich unaufhaltsam? Ich hoffe Mark hat Unrecht. Ich möchte an eine Zukunft glauben, die für alle Platz hat. Ich möchte hingehen und mit diesem Urvolk im Chevrolet reden. Aber was soll ich sagen? Mir hat's die Sprache verschlagen.

Erst die amerikanische *University of Missouri-Rolla* reißt mich aus der Trübsal. Einsteigen, weiter geht's, schlafen! Im tiefgekühlten Motorhome sind einzig die Notebooks und der Fahrer wach – alle anderen halten wie die Präriehunde ein Mittagsschläfchen. Es ist schon der sechste Renntag, und eine allgemeine, gefährliche Ermüdung macht sich überall breit. Wieder auf dem Highway. Die Amerikaner sind auf der Flucht vor der kanadischen University of Waterloo, die ihnen wenige Minuten dahinter den 21. Rang noch streitig machen will. Wir sind weit im Süden. Es ist Oktober, Frühling. Die Tage warm, die Nächte bitterkalt. In der frostigen Nacht sammelt sich das Team zur Beschwörung des Sonnengottes, hält sich an den Händen und schreit seine »Go Missouri!«-Parolen in Richtung Waterloo, welche nur drei Kilometer entfernt ihr Camp aufgeschlagen hat. Dem Team fehlen nur noch die Hüftschwünge der Cheerleaders, so sehr erinnert es an ein wunderbares Bild von einem College-Baseball-Spiel in der Wüste Arizonas …

Am nächsten Tag kommt die Opalgräberstadt names Cooper Pedy vor unsere Augen. Tausende von weißen und gelben Maulwurfshügeln säumen die Straße und machen uns froh. Froh, weil wir endlich etwas anstarren können. Die Goldgräberstimmung ist noch nicht vorbei – verbeulte Bagger und langsame Steintransporter wackeln vor uns über die Straße. Sie erinnern daran, dass sich das Automobil seit seiner Erfindung vor mehr als 100 Jahren immer noch nicht verändert hat.

Am zweitletzten Medienstopp steige ich zur *University of Minnesota* um, ein wunderschön goldrot gespritzter Solarflitzer, ähnlich einem Ufo, dessen Verschalung bei hochgeklapptem Sonnensegel so dünn scheint wie Papier. Gäbe es einen Preis für die »Miss Solar Car« – er wäre dem Team gewiss. Nur ein kleiner Aufkleber spricht bescheidenen Klartext: »Made in USA«. Das Team hält den Atem an, als ihr Gefährt an einem Berghang nahe an der 100 km/h-Grenze einen Road-Train kreuzt, um mit Schwung dem wenige Kilometer weiter vorne liegenden *Waterloo* nachzujagen. Emus rennen im letzten Moment über die Straße und sind sichtlich irritiert: Vom Solarmobil kommen keine Geräusche. Die Verfolgungsjagd ist spannend, bis wir plötzlich «Waterloo» im Straßengraben entdecken. Wir halten kurz an und erfahren, dass ihr einziger Motor durchgebrannt sei. Für die Kanadier ist das Rennen hier beendet. Mein ganzes Wohnmobil – zutiefst schockiert. Das kann doch nicht wahr sein, so kurz vor dem Ziel! Beherzt wendet der Fahrer eines unserer Begleitfahrzeuge und offeriert ihnen einen unserer baugleichen Motoren. Obwohl die Teams Konkurrenten sind, helfen sie sich aus, so gut sie können, nach dem Motto: Jeder, der es bis ins Ziel schafft, ist ein Sieger mehr!

Je südlicher wir kommen, umso kürzer die Abende und umso mehr fallen die Temperaturen in der Nacht ins Bitterkalte. Kaum ist die Sonne unter dem Horizont verschwunden, verkriechen sich alle wie Klapperschlangen schnell in die letzten freien Ecken des Wohnmobils und klappern vor Kälte hinter einem Bildschirm. Das Team aus dem Land von Bill Gates scheint das Rennen am Computer entscheiden zu wollen. Ihre Wunderwaffe steht auf dem Dach: Eine Spiral-Antenne. Damit werden von Satelliten die neusten Wetterkarten eingefangen. Die Farben der Infarot-Aufnahme verraten uns, dass im nächtlichen Busch soeben eine Temperatur von fünf Grad herrscht! Mir klappt beim Anblick dieser High Tech der Unterkiefer runter, doch die Amerikaner schauen so gelangweilt drein wie in einen verrosteten Toaster. Dieser Anblick scheint kein Herz zu erwärmen, keinen Puls höher schlagen zu lassen. Ich fürchte, dass die Amerikaner noch ganz erfrieren, und nehme erfreut zur Kenntnis, dass sie den Motor des Wohnmobils wenigstens laufen lassen …

Der letzte Tag ist angebrochen. Alle Knochen schmerzen, die Sehnen sind verspannt, meine Muskeln verkrampft. Verdammt, wieso hat mir keiner gesagt, dass Australien so arschkalt ist? In Port Augusta warte ich stundenlang bei einer einsamen Tankstelle auf das nächste Team, für die letzten 300 km. Ich sauge nochmals ein Stück Australien ein – diesmal stehe ich an der Endstation der Road Trains. Hier beginnt die Zivilisation, deshalb gelten ab hier wieder strengere Regeln: Eine Zugmaschine, die weiter südlich muss, darf nur noch einen Anhänger ziehen. Also hängt man ab und um.

Ich komme mit Jack, einem »Lokführer«, ins Gespräch. Wie fast alle hier trägt auch er einen Lederhut. Crocodile Dundees sind meist keine großen Erzähler. Nicht so Jack. Er sprudelt im Aufstellen von Rekorden: »Bin seit 14 Jahren auf Achse, und mein Rekord für den Stuart-Highway beträgt 32 Stunden!«

Während ich nachrechne, brummt Jack, was für ihn ein wirklicher Lastwagen-Lokführer ist: »*Hey Mate,* ein richtiger Lokführer fährt ohne Zwischenhalt, ohne Nachzutanken, ohne Pinkelpause und ohne einmal Einzunicken von hier nonstop nach Darwin rauf. Wenn du für einen Stop zwei Kilometer zum Abbremsen und dann 20 Kilometer zum Beschleunigen brauchst, dann überlegst du nicht lange, dann fährst du lieber durch!«

Schwieriger als einen Road Train zum Stehen zu bringen fällt es Jack nur, sich an die Zahl der Känguruhs zu erinnern, denen er den Kopf vom Rumpf getrennt hat. Er runzelt die Stirn: »Hey Mate, ich habe einmal vorne ein Pferd erwischt. Es hat vorne unten rechts am Bullengitter ein bisschen *Ping* gemacht«, meint er und zuckt mit den Schultern, »aber gespürt habe ich sonst nichts … und von Kängurus habe ich erst recht keine Ahnung.«

Die Unterhaltung mit Jack endet erst, als die temperamentvollen Italiener erscheinen. Auch sie fahren mit ihrem Gefährt namens *Futura* heute nur noch ungeduldig in Richtung Ziel und Dusche. Giovanni, der gesprächige Teamchef, hat mit viel Leidenschaft sein Mobil, gelb wie ein Tropenfisch, selber hergestellt. Er ist stolz auf sich: »Mein Haus steht im Norden Borneos, in Bandar-Seri-Begawan, in der Hauptstadt des Ölsultanats von Brunei. Ich arbeite im Auftrag Ferraris an der Pflege und Instandhaltung jener 100 Ferraris, die dem Sultan von Brunei gehören!« Giovanni mag einen Traumjob haben, doch sein irdisches Glück sprüht nur limitiert: »Oh, das Sultanat, weißt du, ist muslimisch, streng und langweilig. Keine Discos, keine Action, einfach tropisch schön, aber ohne die Magie zum Leben! Ich vermisse Italia!«

»Das haben wir nun davon«, so witzelt sein Freund Giuseppe auf dem Hintersitz, »dass er sich dann am Abend statt an Frauen nur an Autos heranmachen kann!« Großes Gelächter.

Nun kann er sich wenigstens an Adelaide heranmachen. Die Stadtautobahn spült uns zwischen die Hochhäuser, die Schatten aufs Panel werfen, und was folgt, ist der Verkehrszusammenbruch. Zum Glück kein Nervenzusammenbruch, die Australier lächeln, und die Italiener sowieso, sie nehmen den Horror gar nicht erst wahr – sie schwenken die Arme und zelebrieren mit einer großen Fahne die Fahrt über die Ziellinie.

Geschafft! Alle sind müde von der achttägigen Sitzung, das Sitzfleisch ist wund. Wir haben's gerade noch rechtzeitig zur Preisverleihung geschafft und kommen zur Siegerehrung in ein brodelndes Festzelt. Der Preis für das *»last big adventure of the millennium«* geht dieses Jahr an das Team *Aurora* aus Melbourne. Ihre Solarzellen mit einem Wirkungsgrad von 21 % haben den Sieg innerhalb von 35 Stunden reiner Fahrzeit ermöglicht. Die Stimmung im Zelt droht überzuschnappen – der tobende Applaus und Jubel bis tief in die Nacht hinein gilt Teams, Pionieren und Tüftlern für eine bessere Zukunft.

Spät in der Nacht begegne ich Hans Tholstru wieder. »Und«, frage ich ihn, »was hat unsere Revolte gebracht?«

Fast wortlos drückt er mir einen Stapel Zeitungen in die Hand. Schon halb umgedreht wirft er mir noch ein »Lies mal schön drin!« zum Abschied über die Schulter zu und trottet davon wie ein Bär.

Die australischen Zeitungen sind bekannt für ihre Vernarrtheit in den Automobilsport. Auch heute sprechen sie über die wirklich wichtigen Dinge dieses Sports: Ferrari ist von einem Formel-1-Rennen irgendwo in der Ferne disqualifiziert worden wegen einem Spoiler, der an Michael Schumachers Wagen einen Zentimeter zu breit war. Ich merke: Wegen einem lächerlichen Zentimeter hält die Welt den Atem an! Und von der World Solar Challenge, dem »brain sport«, der eigentlich dazu da sein sollte, dass die Welt in Zukunft den Atem wegen dreckiger Luft nicht mehr anhalten muss? Kein Wort!

Wie sagte doch Hans? Die Frage ist nicht, ob uns das Erdöl ausgehen wird, die Frage ist nur, ob es früh genug geschieht …

TRANS ASIA – 2001

Per Auto von Luzern nach Nepal und zurück – 7 Monate – 33 000 km

Wildes Osteuropa

Mir fehlt nur noch Asien, dann hab ich alle Kontinente. Naja, fast. Die Antarktis ist mir einfach zu kalt, um ernsthaft als Reiseziel in Betracht gezogen zu werden. Nach meinen Erfahrungen in Australien will ich für mich die Konsequenzen ziehen und diesmal ganz ohne Benzin fahren. Eigentlich sollte es hundert Jahre nach der Erfindung des Autos ja möglich sein, sich diese mit etwas anderem als mit Benzin antreiben zu lassen. Ich brauche nur so ein Auto, wie sie jedes Jahr zu Dutzenden im Genfer Autosalon ausgestellt sind: Hochglanzpoliert, doch alltagstauglich, robust und schnittig. Doch ein Jahr der intensiven Sponsorensuche ist ergebnislos verlaufen. Ich habe Autos getestet, die mit Luft betrieben sind. Bin mit solchen gefahren, die Strom tanken, und solchen, die sich mit Erdgas bewegen, auch mit jenen, die weniger als drei Liter Benzin auf 100 km verbrauchen. Habe Anfang 2000 die namhafte Management-Prominenz aller Automobilfirmen auf dem Automobilsalon in Genf getroffen, um sie von meiner Idee einer Weltreise mit einem »*Advanced Vehicle*« zu begeistern. Es sollte doch möglich sein, ein umweltfreundliches Auto, mit dem alle Firmen ihr Image verbessern wollen, für solch ein Unternehmen zu erhalten! Meine Argumente von der Verknappung der Resourcen und von der Präsentation vorbildlicher Technologie in vielen Ländern kam gut an. Sämtliche Manager zeigten sich begeistert. Doch was ist am Schluss daraus geworden? Schon diese Geschichten alleine gäben ein Buch! Ein lautes Gähnen nämlich! »Unsere *Showocars*«, so sagten mir die Marketing-Direktoren später am Telefon einstimmig, »sind nur für Ausstellungszwecke und nicht für wirkliches Fahren auf der Straße bestimmt.«

Wie bitte? Alles nur Show! Pure Angeberei! Das sind Publikumsmagnete, die nur das Volk anziehen und begeistern sollen, doch weiter als einmal um die Kirche herum fahren kann keiner dieser Wagen! Obwohl ich ähnliches von Hans Tholstrup ja schon gehört hatte, konnte ich es nicht glauben.

Was für eine gruselige Vorstellung: Mir bleibt nichts anderes übrig, als stinknormal zu fahren! Damit ist endgültig garantiert, dass ich nichts Spezielles erleben werde und dass es eine Reise ohne Würze gibt. Munter werde ich selber zu einem globalen Problem beitragen, das ich gerne lösen möchte. Das ärgert mich am meisten. Und mich blaugrün-pinkelgelb anmalen, nur um auf diese Probleme aufmerksam zu machen, wäre vielleicht doch übertrieben.

Und überhaupt, wenn ich weiterdenke, dann ist Auffallen auf einer Asien-Reise vielleicht nicht unbedingt das Gescheiteste. Egal wie ich die Route wähle, diese Reise steht nicht im Zeichen von Natur, von himmlischen Erlebnissen oder einer technischen Herausforderung. Nein, auf dieser Reise werden mich kriegerische Auseinandersetzungen begleiten. Osteuropa ist immer noch von den Nachwehen des Kalten Kriegs geprägt, in der Ost-Türkei wartet der ungelöste Kurdenkonflikt, dann folgt der berühmt-berüchtigte Gottesstaat Iran, das Wüten der Taliban im nahen Afghanistan und weiter der drohende Atomkrieg zwischen Pakistan und Indien. Selbst die letzte so friedvolle Bergoase Nepal wird seit zwanzig

Jahren von den Maoisten immer mehr in den Strudel des Abgrunds gezogen. Vielleicht, so denke ich, ist es ganz gut, falle ich diesmal nicht auf, kann ich diesmal einfach durchschleichen. Selten hat mich solch ein Unbehagen in die Welt hinaus begleitet wie jetzt. Diese Reise entlang der großen Erdölvorräte der Welt wird meinem Sinnen über die Menschheit die Krone aufsetzen. Ich habe weiß Gott Mühe, angesichts dieser Aussichten in Euphorie zu verfallen. Aber um die Welt zu verstehen, muss ich diesmal auch die Tatsache hinnehmen, dass Menschen auf Kommando andere auslöschen, dass simple Dinge wie Erdöl dazu ein Grund sein können, dass die Welt nicht nur ein friedliches Paradies ist, wie ich's bisher erlebt habe. Nur mein Kopf rebelliert gegen die Hinnahme solcher Zustände.

Es ist Ende 2000, und noch weiß ich nicht, dass die Gunst der Stunde für eine Asien-Reise genau genommen gerade gekommen ist. Solch eine Reise wird ein Jahr später nicht mehr machbar sein. Wahr haben will ich zur Zeit nur eines: Die Reise nach Indien wird vor allem deshalb abenteuerlich, weil ich gerade erst vor zwei Wochen meinen Führerschein gemacht habe. Das lässt mich hinter dem Lenkrad fürs Erste genug zittern.

Für diese Reise muss ein ganz normaler, zehn Jahre alter Toyota Hiace herhalten. Schön an diesem roten Wagen ist einzig, dass er acht zusätzliche Plätze bietet, um spontan Leute mitzunehmen.

Ich erlebe eine stinknormale Ankunft in Budapest. Es ist die friedvolle Zeit zwischen Weihnachten und Neujahr im Jahr 2000. Ich besuche Einkaufszentren, die zu den größten Europas gehören. Trotzdem sind die Ungarn noch weit davon entfernt, eine Wohlstandsgesellschaft zu sein. Die Zentren sind zwar gut besucht, aber nur Wenige sind da um einzukaufen. Sobald ich den Konsumtempel wieder verlassen habe und im Auto sitze, raste ich fast aus. Wie erwartet. Weil niemand Fragen stellt. Niemand spricht mich an. Ich habe kein Flugzeug, nicht einmal ein Fahrrad. Ein Auto als Reisemittel macht nur glücklich, wenn man allein bleiben will. Schlimm für mich.

Ich verpasse meinem Wagen ein schweres Bullengitter, wie an den Bussen Tansanias und an den Road Trains Australiens gesehen, zum Schutz vor heiligen Kühen und den anderen Sachen, die auf den zehntausenden von Kilometern mit 80 km/h auf meine Front prallen können. Kaum ist der Kamelfänger am Wagen, bauen vier Mechaniker vier Stunden lang eine elektronische Wegfahrsperre, zusätzliche Scheinwerfer, ein Radio, eine Sirene und zudem ein orangefarbenes Drehlicht ein. Dazu eine Verdunkelung der Scheiben hinten und ein fettes Schweizer Kreuz unter die Frontscheibe. Fertig ist die Ambulanz! Langsam geht's mir besser. Doch als ich den Stundenlohn erfahre, bin ich erneut platt: drei Mark pro Mann und Stunde! Wo, so frage ich mich, wäre Osteuropa heute, wenn es Stalin, Chrustschow, Breschnew und die anderen nie gegeben hätte? Wäre Ungarn mit seiner Wirtschaftskraft näher an Mitteleuropa als an Indien?

Die Landwirtschaft ist Ungarns Kapital, das ganze Land ist ein einziger Acker. Trotz Wende zum Guten: Auf diesem Nährboden gedeihen auch Schaudergeschichten weiterhin prächtig. Ich liebe diese Geschichten, weil sie mir Stoff zum Nachdenken geben. Weil sie mir klar machen, dass nicht alles einfach so selbstverständlich ist, dass man oft etwas länger überlegen sollte, bevor man aufmotzt. Die beste Adresse für solche Geschichten ist mein guter alter Freund Miklos. Nach fünfzehn Jahren sitze ich erstmals wieder bei ihm auf dem Ledersofa. Glatzköpfig, athletisch, unscheinbar, um die 50 und intelligent wie die Wunderkinder des Silicon Valley ist er. Miklos ist Unfallchirurg in einer großen ungarischen Stadt. Sein Leben ist geprägt von zwei Dingen: Dem Leichengeruch und dem Amputationsmesser.

Seit meinem letzten Besuch hat sich im Spital trotz Wende nichts geändert. Miklos krempelt immer noch die Ärmel hoch, wenn er von seinem Alltag erzählt: »Ich habe zwei Operationsräume, wo ich abwechselnd zwei Schwerverletzte operieren kann. Ab und zu kriege ich aber drei geliefert – dann muss ich einen im Korridor stehen lassen.« Miklos verfügt über die Lizenz, über Tod oder Leben zu entscheiden. Dafür ist er stadtbekannt. Seine Storys und sein schwarzer Humor schlagen immer noch ein wie eine Bombe: »Weißt du, in diesem Land muss jeder irgendwie Überleben. Als ich noch Student war, hatte ich kurz vor dem Examen meine Lernblätter zum Thema Unterarm verloren. Na gut, dachte ich, dann hole ich mir halt einen Arm vom Leichenschauhaus! Mit ein paar Forint war das schnell erledigt, und den Arm in Papier eingewickelt bestieg ich mit einer unscheinbaren Tüte den Bus. Plötzlich erschien die Fahrscheinkontrolle – und ich fand das Billet in der Tüte nicht! Dafür rutschte mir beim Suchen dieser Arm aus der Zeitungsrolle. Das Gesicht des Kontrolleurs, als sich plötzlich diese Hand nach seinem Gesicht ausstreckte, hättest du sehen müssen!« Miklos grinst, seine Schadenfreude kennt keine Grenzen. »Ich entschuldigte mich sofort und erklärte dem Genossen, dass ich der zukünftige Unfallchirurg der Stadt, und dies Teil meiner Ausbildung sei. Der Genosse verstand den Zusammenhang natürlich nicht und schrieb mir einen Bußzettel! Deshalb musste ich ihm es erklären, langsam und deutlich: Ich allein würde der nächste Unfallchirurg hier werden. Falls er einmal auf meinem Operationstisch landen sollte, könne ich für nichts garantieren. Seither«, lautes, großes Lachen, »fahre ich gratis Bus!«

Miklos weiß seine Privilegien als »Gott in weiß« zu nutzen. Ein Lohn von 600 Euro im Monat kann nicht genug sein. Deshalb ist es für einen Patienten in ganz Ungarn immer noch »Brauch«, dem Arzt einen Briefumschlag unter das Kopfkissen zu legen. Aus Dankbarkeit, dass man sich überhaupt um einen kümmert. Miklos lebt mit dem Dilemma. Er erklärt, dass er den Umschlag annehmen müsse. Denn wenn er ablehnen würde, fürchteten die Patienten, wären sie ihrem Schicksal überlassen. So seien alle happy. Das Dritte, das seither das Leben von Prof. Dr. Miklos prägt: ein schwarzer BMW M3.

Ungarn verabschiedet mich mit seinen Lieblingssprüchen. Stolz, dass es noch ärmere Länder gibt: »Pass auf in Rumänien! Wenn du eine Fleischkonserve isst, dann tue es so, dass niemand zuschauen kann, denn das Volk hungert und bleibt stehen und schaut dir zu und nimmt dir die Konserve weg! Fahre durch ohne anzuhalten! Rumänien ist arm und sehr gefährlich!«

Tatsächlich ist Rumänien so arm, dass ich oft meine, schon in Indien zu sein. Mich beschleichen dunkle Gedanken. Osteuropa galt für mich schon immer auch als der Ort, wo die brutalsten Schaudermärchen herkamen. Unweigerlich kommt mir Dracula in den Sinn. 1475 herrschte hier ein Vlad Tepes alias Graf Tepes, und dieser ließ zehntausende Widersacher einfach aufpfählen. Ganz Westeuropa zitterte schon damals vor dem Osten. Trotzdem sagen mir viele etwas zwiespältig, wir dürften ihm, Graf Dracula, auch dankbar sein. Denn er bewahrte Europa vor den Türken. Und zu den Türken will ich hin. Kopfschütteln überall. Ich will wieder mal nichts kapieren.

Mariana, die erste Rumänin meines Lebens, empfängt mich in der ersten Stadt, Klausenburg. Es war schon immer so: Bekomme ich eine Adresse zugesteckt, klopfe ich dort unweigerlich an – irgendwann. So wie hier: Mariana, rund und fröhlich, hat mich noch nie gesehen und noch nie von mir gehört, trotzdem ist ihr Empfang an diesem eiskalten Abend warm und herzlich. Sie muss eine siebenköpfige Familie durchfüttern, drei ihrer sechs Kinder sind aus einem Waisenhaus adoptiert, zwei sind geistig behindert.

Auch wenn die Ungarn vielleicht eine andere Meinung über die Rumänen haben, Mariana führt auch in dieser Not keine Raubzüge durch, sondern bringt für alle 80 Euro im Monat nach Hause – als Deutsch-Professorin an der Universität. Der Popcorn-Verkäufer am Straßenrand, so finde ich heraus, verdient aber 200 Euro.

»Wieso machst du denn diesen Job?«, will ich von ihr wissen.

Sie lacht. »Weil ich Professorin und nicht Popcorn-Verkäuferin bin.«

Ich bewundere Mariana und die Leichtigkeit, wie sie mit ihrer Situation umgeht. Könnte man nicht reisen, würde man nur selten solch wunderbaren Menschen begegnen.

Transsilvanien – rein in den verschneiten Hinterwald Europas! Rückfall ins Jahr 1901. Neben jeder Eisenbahnschranke ein Häuschen, in dem einsam jemand haust und wacht und sich an einem Feuerchen wärmt. Die Schranken – von einem Mütterchen von Hand betätigt. Der Zug – eine quietschende Elektrolok, Baujahr 1940, mit zwei ungeheizten Waggons und vereisten Scheiben. Dahinter peitschen harte Hände grunzende Ochsen über die Felder. Auf den Straßen nur wenige Autos, kein Wunder, da bis heute viele Dörfer nur zu Fuß erreichbar sind. Man hat Füße – eingepackt in Tüchern. Und die umwickelten Füße stecken in schweren Stiefeln. Ich glaube meinen Augen nicht.

Ich erreiche die ungarisch sprechende Stadt Mircurea-Cuj und somit auch meinen Freund Gabor, der sich hier, in diesem entlegenen Nest mit einer Schreinerei über Wasser hält. Luxuriös. Als Dorfkönig holpert er am Ende jeden Monats in seinem Mercedes durch die Pfützen der gestampften Straße die Siedlung einmal rauf und einmal runter. Seine 15 Angestellten warten heute Abend – heute ist der Letzte des Monats – in der klirrenden Kälte draußen vor der Haustüre, wie die Untergebenen in biblischen Vorzeiten. Für einen Umschlag in die Hand. Ohne diesen Umschlag, so fürchte ich, würden sie auf der Stelle verhungern, denn so klapprige, arme Geschöpfe habe ich in Europa noch nicht gesehen. Sie nennen ihn zudem »Führer« und haben den ganzen Tag vor der Türe gezittert, um sich vor ihm verbeugen dürfen, kniend, ehrfürchtig, unterwürfig, ohne ihm in die Augen zu schauen. Wie Gott persönlich. Immerhin kriegen sie den Umschlag. Harte 40 Euro. Das reicht, so denke ich, für hartes Brot. Doch hartes Brot ist nicht hart, kein Brot, das ist hart. Die politischen Götter in Bukarest verkünden genau in diesen Tagen ein neues Gesetz: Ab sofort dürfen keine Bäume mehr gefällt werden. Was bleibt da noch für eine Schreinerei zu tun? Von jetzt auf gleich muss Gabor dichtmachen, verliert das Dörfchen all seine Arbeitsplätze. Aber das ergebene Volk duckt sich. Götter irren ja nicht. Die harten Zeiten kommen erst noch.

Wirtschaftsstudenten braucht das Land, sage ich. Also nehme ich Sàndor aus dem grauen Dorf mit ins ebenso graue Bukarest. Mein Beitrag für ein neues Rumänien. Etwas Aufklärung kann nicht schaden, ich zeige ihm das neue Hauptstadtleben, lade ihn ein in ein pseudo-texanisches Steak-House. Doch für Sàndor ist das wie ein Besuch auf dem Mond. Zuerst unsicher, ob er auch in löchrigen Jeans etwas zu essen kriegt, trotzt er der Schwerkraft, setzt sich einfach nicht. Stattdessen grübelt er und wartet auf meine Anleitung, was er tun soll. Der unbeholfene Junge vom Land. Er weiß nichts über Restaurants. Sàndor war noch nie in seinem Leben in einer Wirtschaft. Aber er studiert Wirtschaft. Das kann Rumänien nur gut tun.

Die letzten Abschiedsworte dieses Landes gibt mir Christian, ein 17-Jähriger, den ich am Schwarzen Meer treffe, mit auf den Weg: »Pass auf, Bulgarien ist arm und gefährlich und korrupt! Bleib nicht lange!« Dieses Wissen und dieser Stolz, dass es anderswo noch schlimmer ist, machen das Leben eines jeden hier etwas erträglicher.

Doch die Warnung bleibt haften. Ich fahre nicht, ich rase an einem einzigen Tag durch Bulgarien. Bis ein Polizei-Lada hinter einer Kurve meiner Spritztour ein Ende setzt. Ich stoppe. Uniformierte haben immer grimmige Gesichter. Und grimmige Gesichter warten immer auf Entspannung. Ich verstehe das Wort »Radar«, und 100, die erlaubt wären, aber kein anderes Wort verbindet uns. Sie fordern die Papiere, und ich gebe sie. Da passiert Überraschendes. Mein Toyota hat Nummernschilder des Kantons Luzern. Der schlaue Inspektor gibt sich als spielerisch gebildet und spricht plötzlich in der Sprache des Fußballs, und die ist international. Und so verstehe ich: Aleksandrov, Bulgarischer Nationalspieler, spielt beim FC Luzern. Ich weiß nicht. Ich nicke und freue mich für ihren Aleksandrov. Dafür werde ich belohnt: Als Luzerner darf ich weiterfahren. Gute Fahrt, wünschen mir die beiden. Zum Schluss: In die Türkei wolle ich? Nur ein »no good« verstehe ich. Ja, ja, ich weiß eh schon, was sie mir sagen wollen: Die Türkei sei brutal arm, muslimisch, schlimm, gefährlich. Ich solle lieber nicht hinfahren. So ist es. Ich bedanke mich für den gut gemeinten Tipp. Armes Osteuropa, denke ich: Noch immer hallt das Echo von früher nach. Richtung Westen kommt das Paradies, Richtung Osten wird alles schlimmer.

Kalte Türkei

Es ist kalt. Um genau zu sein: arschkalt. Kaum jemand geht raus, das dunkle, graue Istanbul zeigt mir die kalte Schulter, und auch die letzte glitzernde Bauchtänzerin hat sich hinter einem wärmenden Kamin verkrochen. Meine sonst so lebhaften Hochgefühle sind schockartig tiefgefroren, schon seit Tagen. Eine Weltreise im Winter ist nur was für Leute, die an Eiszapfen im Bart Freude empfinden. Ich jedoch hänge lustlos in der Herberge herum und denke zurück an die guten Zeiten. Wieder die alte Leier: Früher flogen mir die Menschen und Kontakte einfach zu, als ich mit Fahrrad oder Flugzeug daherkam. Mein Toyota aber macht mich zum stinknormalen Touristen. Keiner kommt. Keiner spricht mit mir. In meiner Not klebe ich auf mein Auto ein großes Plakat. Mit einem Hilferuf für eine erkaltete Seele: »Wer kommt mit nach Teheran? Teile Benzin!« Die Temperatur draußen ist irgendwo um Null Grad, und die Chance, auf diese Art und Weise einen aufheiternden Reisepartner zu treffen, ist wohl weit unter Null.

Am nächsten Morgen klopft eine tropfende Nase an meiner Zimmertür und spricht von einer Reise nach Teheran – ich bin völlig überfordert. Was? Die Überraschung heißt Tom, und mein angeborenes Misstrauen bohrt schnell nach seinen Hintergründen. Er gibt sich aus als Amerikaner iranischer Herkunft, wurde zu Zeiten des Schahs als 14-Jähriger nach Amerika an die Uni geschickt, nach der islamischen Revolution blieb er, wurde Arzt, heiratete, und heute ist er erstmals auf dem Weg zurück zu seiner Mutter in Teheran, mit 45 Jahren. Er habe keine Eile, möchte vorher noch die Türkei sehen, am liebsten in meinem Auto. Perfekt! Mit Tom habe ich Navigator, Copiloten und Dolmetscher in einem gefunden! Weiter geht's! Zu zweit!

Kaum liegt Istanbul hinter uns, fahren wir auf der alten Handelsroute entlang, der sagenumwobenen Seidenstraße. Ich fühle mich wie Marco Polo, der erste Europäer, der über eine Asien-Reise berichtete. Es war 1272, als er sich in Venedig aufmachte, um über die Türkei, den Iran und Afghanistan nach China zu gelangen. 20 Jahre verbrachte er auf dem Hof des Kaisers und reiste als sein Abgesandter in die verschiedenen Präfekturen. Die Kamelkarawanen, die sich damals auf der Seidenstraße in Richtung des sagenumwobenen Morgenlandes auf den Weg machten, brachten nicht nur das Christentum bis zu den Toren Pekings, sondern auch

Seide, Glas, Porzellan und Schießpulver zurück nach Europa und Arabien. Das Osmanische Reich erlebte seine Blütezeit. Die Überreste von damals prägen unsere Reise, diktieren unsere Route.

Je östlicher, desto ärmer und öder die Gegend. Die glitzernde Weltstadt Istanbul mit ihren Hochhäusern – plötzlich weit weg und abgelöst durch eine bizarre Skulpturenlandschaft. In Vorzeiten war diese Gegend, genannt Kapadokien, vulkanisch höchst aktiv, und so haben Lava, Wasser und Wind riesige Schlote geformt, die die Einwohner liebevoll »Feenkamine« nennen. Die Menschen meißelten Wohnungen und Kirchen in diese kamin- und steinpilzförmigen Figuren und beschmückten sie mit Fresken. Wir suchen in den unzähligen Höhlen nach den mehr als 1000 christlichen Kirchen, die von außen nicht sichtbar sind. Für die nächsten zwei Nächte buchen wir ein Höhlenzimmer, eiskalt und fensterlos, uralt und von einer der zahlreichen Kulturen gegraben, die ihre Herrschaft hier abwechselten. Beherbergte das Zimmer schon Hethiter, Phryger, Perser, Römer oder alle zusammen? Heute herrscht im Zimmer das Satelliten-TV. Der Besitzer hat die Satelliten-Schüsseln auf der Spitze unseres uralten »Feenkamins« installiert. Würden das die alten Römer sehen … sie würden denken, sie spinnen, die Türken.

In Kurdistan begann der Krieg, der 15 Jahre dauerte und 30 000 Tote, über drei Millionen Flüchtlinge und Vertriebene sowie an die 4000 zerstörte Ortschaften forderte. Seit kurzem herrscht äußerlich zwar wieder Frieden, denn Panzergarnisonen sorgen in jeder Stadt und Panzer an jeder Straßenecke für Ruhe und Ordnung. Die türkische Armee als Besatzungsmacht im eigenen Land. Wir schleichen durch die Haupstadt Dyarbakir. Vor einer Woche wurde der Polizeichef ermordet, die Stadt ist in Aufruhr, auch heute wieder Protestaktionen von wütenden Menschenmengen im Stadtzentrum. Unheimlich. Man erzählt uns hinter vorgehaltener Hand, der Polizeichef hätte mit den Kurden sympathisiert, er war sehr beliebt. Somit komme als Täter nur der türkische Geheimdienst in Frage. Junge Burschen in der Uniform der türkischen Armee halten uns nun alle zehn Kilometer auf, um nach Pässen, Papieren und Problemen zu suchen, finden aber nichts. Das frustriert sie, das kann nicht sein. Wir fahren weiter, bis in der nächsten menschenleeren Schlucht erneut sechs Mann mit Gewehren, Funkgerät und Panzer ungeduldig auf uns warten. Sie sagen nichts, durchstöbern nur. So intensiv, bis eine verdächtige Straßenkarte gefunden ist – von einem Schweizer Verlag, gedruckt mit einem schwarz und dick eingerahmten Kurdistan! Diese Karte muss herhalten, um uns zu enttarnen. Wir dürfen uns nicht mehr bewegen, müssen warten, eine halbe Stunde lang, dem Kommandanten gehört das letzte Wort. Ich merke, dass hier nicht Herzen sprechen, sondern Waffen. Hier können Menschen wegen einem unbeabsichtigten Kästchen auf einer Karte für Jahre hinter Gitter wandern. Doch wir haben Glück, können erklären, dürfen weiter.

Wenige Kilometer später biegen wir auf einen Feldweg, fahren hinter einen Hügel, folgen ein paar Kindern und Eseln mit Wasserkrügen und kommen so in ein malerisches, kurdisches Dorf. Wir sind auf der Suche nach menschlicher Wärme, die es hier doch auch geben muss. Ich will dieses Kurdistan nicht nur beschleichen, ich will es aufrecht erleben. Beim Dorfchef ein warmer Empfang auf seiner besonnten Terrasse zu Tee und Mittagessen, wir sind überwältigt und danken und lehnen gleich ab. Womit haben wir diese Gastfreundschaft verdient? Drei junge Männer tischen ihre Geschichte auf. Alle drei waren kürzlich noch auf der Flucht – und fanden Aufnahme in der Schweiz. Sie strahlen: »Für zehn Franken pro Stunde hatten wir in der Uhrenindustrie Arbeit gefunden, schwarz. Viel Geld!« Sie kichern. »Mit dem Ende der Kämpfe in der Heimat mussten wir letztes Jahr wieder zurück, zurück in dieses Gefängnis namens Kurdistan!«

Ihre Gesichter haben sich verfinstert. Wenn sie jetzt über ihre Heimat erzählen, dann erbost und ergeben gleichzeitig: »Unsere Kinder dürfen in der Schule kein Wort unserer Muttersprache sprechen, der Unterricht beginnt ab der ersten Schulstunde auf türkisch, und sie verstehen kein Wort. Wieso? Alle kurdischen Lehrer und Polizisten sind entlassen, es gibt nur noch türkische Lehrer und Polizisten. Warum?«

Wenn Fragen über Fragen nicht zu beantworten sind, kann es doch nur eine zentrale Frage geben: »Wieso schafft die Türkei den Kurden nicht einen eigenen Staat?«

Ich ahne die Antwort schon, und die Männer zeigen auf die Erde: »Petrol ..., Erdöl! Die reichen Erdölvorkommen der Türkei liegen in Kurdistan ... Weißt du: Auf uns Kurden zu verzichten, wäre nicht so schwierig, aber aufs Erdöl eben schon ...«

Was war das mal für ein Paradies! Ablenkung und Ruhe in diese hektische Gegenwart bringt der einsame, verschneite Nemruth Dagi. Türkisches Benzin (einen Dollar der Liter!) treibt uns fast bis auf die 2150 m hohe Spitze. Wer hier raufkommt, erlebt sein blaues Wunder. Eine Bergspitze in stahlblauem Himmel, eingerahmt von zwei Tempeln, auf denen kolossale Steinfiguren und mystische Steinköpfe das ehemalige Reich namens Kommagene bewachen.

Die Spitze ist ein von Menschen erbauter Tumulus von 150 Metern Durchmesser und 50 Metern Höhe, der dem natürlichen Gipfel hinzugefügt wurde. Die Anlage diente dem hellenistischen Herrscher Antiochus I. (69 v.Chr. bis 34 v.Chr.) als Grab- und Kultstätte, seine Figuren überschauten von hier oben sein ganzes Reich. Man nimmt auch an, dass Antiochus selbst im Berg begraben ist. Nemruth Dagi, die unerklärliche Steinpyramide auf der Bergspitze – erst 1881 entdeckt und seither ein undurchschaubarer, friedlicher Kraftort.

Die Kraft des Nemruth Daghi kann ich brauchen, denn meinem Leib droht ernsthaftes Ungemach. Eine rote, unscheinbare Stelle an meinem Handgelenk ist Schuld dran. Seit drei Wochen nehme ich deswegen Antibiotika, seit mir in Budapest ein Arzt eine Limeborreliose diagnostiziert hat. Eine ursprünglich aus den USA eingeschleppte Krankheit, die vor Monaten in den Schweizer Alpen (!) durch einen Zeckenbiss ausgelöst wurde und ganz harmlos begann. Bis ich in Budapest Konzentrationsstörungen kriegte, extrem müde wurde und den Weg zu einem Arzt fand. Nun aber werde ich zunehmend nervös, denn ab der jetzigen vierten Woche kann eine plötzliche Lungen- oder Hirnhautentzündung auftreten, und meine Pillen haben bisher überhaupt nicht angeschlagen (was sie aber hätten tun sollen). Ich überlege ernsthaft, die Reise zu unterbrechen, der Pessimist in mir schreit nach Stopp.

In dieser Situation entpuppt sich Tom als Spezialist für Infektionskrankheiten. Er verfügt über Vitamin C (Connections) zu einem alten Studienkollegen, der auf Lime spezialisiert ist. Nichts wie hin – zur nächsten Internet-Station. Eine fast aussichtslos lange Suche nach einem Computer führt schließlich zu einer umso blitzartigeren Reaktion aus San Diego: Ich soll die Pille doppelt nehmen, bis der Ausschlag darauf anschlägt. San Diego sollte recht behalten: Wenige Tage später ist die Rötung geschlagen, die Gefahr vorbei! Ich merke: Diese Reise steht unter einem dankbaren Stern namens Tom. Was für ein Glück, dass er dabei ist!

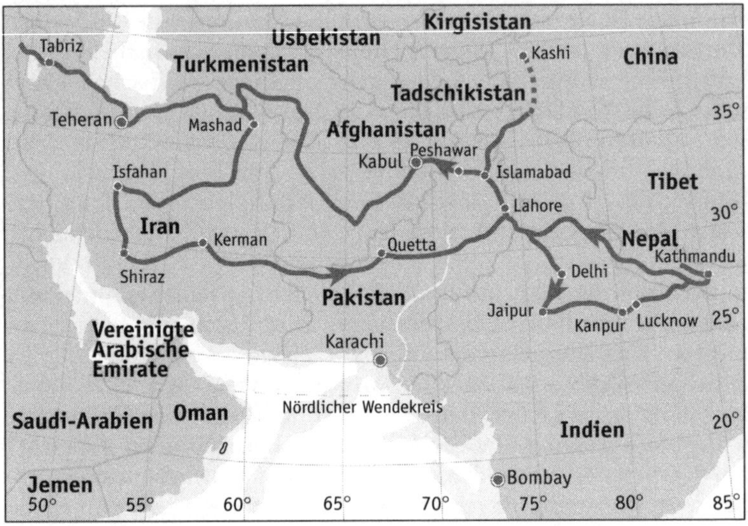

Großartiger Iran

Bei der Ausreise aus der Türkei klemmt's. Tom wird zusammen mit einer Busladung von Reisenden zwei Stunden lang in eine stickige, fensterlose Lagerhalle für Gefrierfleisch eingestellt. So lange nämlich dauert es, bis die phlegmatischen türkischen Zöllner ihr Grillhähnchen abgenagt haben. Die Türken haben eben, was den Iran betrifft, keine Eile. Der iranische Zoll macht dafür nicht den Anschein einer Lagerhalle, sondern eher eines Flughafen-Terminals mit Kunststein-Fassade. Ich staune nur, der Unterschied der beiden Zollstationen spricht Bände: Für die Türkei beginnt jenseits des Tors die dunkle Unterwelt, für die Iraner ist dies das Tor zur Welt. Ein Mullah mit Umhang und freundlichen Augen, beides braun, sowie mit Bart und Turban, beides weiß, darf – selbstverständlich, bitte sehr – einen Blick in meinen aufgeräumten Bus werfen. Trotz seinen sanften Augen nicht auszudenken, wie schnell mich dieser Mann Gottes beim Auffinden von Alkohol, Sex-Heftchen oder Video-Bändern in den Rachen des Teufels werfen würde. Ich bin ja nicht bedeppert, im Iran ist Gott allmächtig, das weiß Mensch, und jeder in braunem Umhang ist sein Abgesandter, sein Gesetzeshüter, der einen nicht so schnell aus dem Klammergriff läßt. Dem Mullah genügt ein Blick ins Auto und keine halbe Stunde später sind wir mit der Einreiseprozedur schon fertig. Der am meisten gefürchtete, im Endeffekt aber freundlichste Zoll liegt hinter mir. Na denn: Lasst es so weitgehen, liebe Iraner!

Ein hoher Militäroffizier, den wir als Anhalter aufgelesen haben, begleitet uns. Tom und er unterhalten sich köstlich und scheinen einander ihr ganzes Leben zu erzählen. Wir sind beim Militäroffizier eingeladen, doch wir lehnen ab, möchten nach Tabriz ins brodelnde Verkehrschaos rein. Was wir dann aber schnell bereuen. Eigentlich wäre mir, ehrlich gesagt, der Iran am ersten Tag völlig normal vorgekommen, wenn es nicht diese anormalen Verkehrsteilnehmer gäbe. Ich bin ja stolz darauf, mit meinen bescheidenen Autofahrkünsten bisher glimpflich davongekommen zu sein, aber Tabriz fordert mir wirklich alles ab. Ein riesiger Verkehrszusammenbruch, scheinbar absolute Normalität, hervorgerufen von einer absoluten Übermacht an kleinen Autos, Marke »Paykan« und alle »Made in Iran«, würgt sich Zentimeter um Zentimeter durch die Innenstadt. Stoßstange an Stoßstange. Und nicht nur das. Die eingesperrten Insassen hupen, schimpfen und schwingen die Fäuste, auf dem Zebrastreifen geht das Wüten sogar mit aufgekrempelten Hemdsärmeln weiter. Schuld am Chaos ist immer der Paykan vorne, stets muss es ein Idiot sein, der am Zeitverlust des hinteren Paykan Schuld ist. Hier packt eine Faust durch ein offenes Fenster ein Hemd und zerrt den Inhaber raus, dort springt einer wutentbrannt über fremde Motorhauben und versucht sich an einer Fahrertüre. Rechnungen von verbeulten Stoßstangen an 30 Jahre alten Autos werden hier auf offener Straße direkt beglichen. Mich erinnert das Geschehen an Szenen vor einem Saloon im Wilden Westen. Irgendwie ist es beruhigend zu wissen, dass der Wilde Westen und der Iran doch nicht so weit auseinander liegen: Die Prügelkultur ist die gleiche. Für uns kommt jeglicher Gedanke ans Umkehren zu spät. Um mich als Unbeteiligten zu geben, schalte ich vorsorglich mein gelbes Drehlicht ein und verstärke es mit meiner Sirene. Panik und ein noch nie erlebter Ausbruch von Platzangst beschleichen mich. Sind hier alle von Sinnen? Als ob alle gesoffen hätten, doch halt, das kann nicht sein! Zwei Stunden später, völlig geschafft, finden wir endlich ein kaltes, kahles Hotel. Uff! Alles im Iran ist auf farsi geschrieben, nicht ein einziges Schild mit den Buchstaben »H - O - T - E - L« lässt sich entziffern! Okay, ab heute zähle ich mich nicht nur zu den Gottlosen, sondern auch zu den Analphabeten.

Am ersten Morgen die erste Schnuppertour durch den Bazar. An jeder Kreuzung auf den Hausmauern die riesigen Portraits der religiösen und politischen Führer, höher als die vorbeifahrenden Lastwagen. Iran ist mit dem neuen Präsidenten Chatami, den sich das Volk gewünscht hat, zwar offiziell auf Reformkurs, doch intern hat die Garde ebenso wie vorher alles unter Kontrolle. Big brother is watching you. Alle religiösen Führer schauen auf den Plakaten demonstrativ auf Chatami.

Leichtes Fahren. Ein gutes Land. Unendliche Kilometer liegen vor uns. Wären die Straßen aus Papier, so wäre es Hochglanzpapier. Der Straßenbelag ist Weltklasse! Wissbegierig legen wir unsere Kassette vom Bazar ein, die modernste iranische Musik, die die Zensur zugelassen hat. Tom übersetzt. Die Gruppe heißt »Lächeln des Wassers« und singt persisch poetisch zu elektrischen Gitarren wunderschöne Gedichte – sie handeln von Regen, der auf wunderschöne Augen fällt, und der Sonne, die sie erstrahlen und trocknen lässt. Ganz geschickt bleibt unklar, ob Tränen oder Regentropfen getrocknet werden. Die Rede ist natürlich ganz eindeutig zweideutig von Liebe, aber völlig unausgesprochen, und wie ein leichter Hauch entzaubern sanfte Frauenstimmen im Hintergrund die sonst prüden Lautsprecher. Frauen und Liebe – die größten Tabus im Land – dürfen also wieder wahrgenommen werden, wenn auch nur zwischen den Zeilen. Obwohl Liebe offiziell ein verbotenes Gut ist, das in der Öffentlichkeit nie und nimmer gezeigt werden darf, muss es tagtäglich zum Akt zwischen Mann und Frau, zu einem Austausch der Liebe kommen. Nur so ist zu erklären, dass ein Drittel der Bevölkerung unter 15 Jahre alt ist. Nun darf Mensch sich sogar bereits vor der Hochzeit mit einer Kassette den Gefühlen hingeben! Kein Zweifel, Iran setzt ein Zeichen, ist auf Reformkurs. In westlichen Medien nennt sich dies schon »Öffnung«.

Das nächste, was wir einlegen, ist ein Stopp bei einer Tankstelle. Der ganze Tank füllt sich zum märchenhaften Preis von drei Franken. Abgefülltes Trinkwasser, so sehe ich an der Kasse, kostet immer noch das Zehnfache.

Über eine gut ausgebaute, spektakuläre Bergstraße schrauben wir uns immer höher, es nimmt kein Ende. Nach vier Stunden Bergaufstrecke haben wir drei Meter hohen Schnee neben uns, und unter uns trocken gepflügten Asphalt. Spät am Abend erfrischt uns der lang ersehnte Blick auf Teheran, die Zehn-Millionen-Stadt. Und Toms Mutter empfängt ihren verlorenen Sohn, einen Außerirdischen. Welten und Tränen prallen aufeinander.

Die nächste Woche verbringe ich in Teheran im dreistöckigen Haus von Shamsi, Toms Mutter. Ihre Familiengeschichte steht stellvertretend für die Geschichte Irans. Da ist Shamsi, eingehüllt in einen grauen Tschador und stets mit Kopftuch, die sich auf ihre letzten Tage vorzubereiten scheint. Sie hat ihr ganzes Vermögen in dieses Haus investiert, in der Hoffnung, dass Sohn und Tochter wieder zurückkehren werden. Doch die Vorstellungen der Mutter über das Leben des Sohnes sind mit dem American Way of Life nicht kompatibel. Beide Kinder hatte sie nur fürs Studium in die Staaten geschickt, als sie noch klein waren, doch beide sind geblieben, weil der Iran sein Gesicht geändert hat. Shamsi verheimlicht ihre Enttäuschung nicht, ihre Blicke auf den Sohn sprechen Bände. Die Geschichte des Irans hat auch diese Familie entzweit. Die spirituell interessierte Shamsi, unfähig mit der Oberflächlichkeit der Konsumwelt etwas anzufangen, und Tom, der wissbegierige, der Amerika nicht verteidigt, aber mit dem »neuen« Iran auch nichts am Hut haben will und seiner Mutter nur zuhört und nickt. Tom ist zu ängstlich, sich angesichts ihrer Altersschwäche groß in Debatten mit ihr zu verstricken.

Teheran. Die ehemalige Botschaft der USA, Schauplatz des Geschehens vor 23 Jahren, ist heute – wie zynisch – ein Kindergarten. Hier spielte sich das große Drama ab, die lange Geiselnahme: Mit der Ankunft Chomeinis 1977 waren die allermeisten der 30 000 Amerikaner, die bisher in Teheran lebten (!), geflohen, nur diejenigen in der Botschaft gerieten in die Fänge der Revolution, blieben 400 Tage. An die bewegte Geschichte erinnern nur noch die Malereien auf den Mauern rund ums Gelände, die die Freiheitsstatuen als Knochengerüst zeigen – verziert mit Hasstiraden gegen den Satan USA. Die Guten werden mit grünem Stirnband dargestellt, es sind diejenigen, die ihr Blut im Gotteskrieg vergossen haben, sei es gegen die Amerikaner, sei es gegen Bösewicht und Erzfeind Irak.

Dieses Blut fließt immer noch. Für immer und ewig, im makabersten Brunnen der Welt. Sein Wasser sprudelt rot wie Blut. Dieser Brunnen steht auf dem Heldenfriedhof Teherans, dem größten Friedhof der Welt, mit zwei Millionen Gräbern auf vier Quadratkilometern. Noch heute, mehr als zehn Jahre nach Ende des Golfkrieges, pilgern sie in Scharen hierhin, die Familienangehörigen, und weinen um die gefallenen Söhne. Saddam Hussein hatte sich 1980 auf den Iran gestürzt – damals noch angestachelt und unterstützt von den Amerikanern. Schätzungsweise acht Millionen Iraner sind dieser Sinnlosigkeit, diesem taktischen Spiel des Westens zum Opfer gefallen. Denn natürlich ging es um internationale

Interessen: Die umkämpften Gebiete waren die Erdöllagerstätten des Irans.

Am zweiten Tag hat Tom eine Idee: In Teheran versammeln sich heute, am 21. Februar, zwei Millionen Menschen, um die Revolution, die Machtübernahme Chomeinis, zu feiern und gegen die USA zu demonstrieren. Wir wollen hin, in die Hölle der nach Allah und Chomeini brüllenden erzkonservativen Iraner. Heute ist der Tag, wo alle US-Fahnen verbrannt werden. Schätzungsweise eine Million Menschen ergießen sich zum Freiheitsdenkmal, die Autobahnen sind von Menschenmassen in Beschlag genommen, der Himmel von Hubschraubern, die die Führer der Revolution einfliegen. Ihre Portraits werden geschwenkt, zusammen mit der Parole »Down with the USA« sowie Puppen mit der Aufschrift »Uncle Ben's«, mit rot-weiß gestreifter Sträflings-Kleidung. Und während ich den Typen fotografiere, der mit der Puppe für mich posiert, wird mir plötzlich klar, wie viele kurze Lächeln-Einheiten ich einfange. Dass ich hier in der Demonstration dabei bin, quittieren die Iraner mit Sympathie – auch wenn ich als einziger rot und nicht schwarz trage, auch wenn ich ein »Ungläubiger« bin. Im Fernsehen wirkten solche Bilder immer bedrohlich, vermittelten stets, wie schnell die Stimmung gegen den Westen Feuer fängt.

Dass die meisten Einwohner Teherans den Ruhetag zu Hause genießen und über die Demo nur lachen können, beweist mir eine Familie, die wir am gleichen Abend besuchen. Drei wunderschöne Töchter sitzen den ganzen Tag im T-Shirt und in Jeans vor dem Fernseher und kümmern sich nur darum, dass ihre Parabolantenne weiterhin MTV und Britney Spears ins Wohnzimmer zaubert. Beim Herumzappen empfange ich – wo bin ich hier?? – Tele-Zürich!

Genau eine Woche sind wir in Teheran, meine Gefühle dem Land gegenüber fahren totale Achterbahn. Auch Tom ist zwiegespalten. So bin ich doppelt froh und wenig verwundert, dass er bis an die pakistanische Grenze weiterhin mein Weggefährte sein möchte. Er hat schnell genug von seiner Heimkehr.

Es ist schon komisch. Eigentlich bin ich ja ein ganz braver Bürger, aber seitdem ich den Führerschein habe, will ich anscheinend in jedem Land mindestens einmal die Polizei kennen lernen. Heute möchte ich die 900 km nach Maschad unbedingt vor Mitternacht hinter mich bringen und fege mit eingeschaltetem Drehlicht und mit Tempo 140 den Wüstensand vom Asphalt. Blitzschnell ist ein Peugeot »Persia« hinter mir und drängt mich mit rotem und blauem Drehlicht zum Anhalten. Verdammt, fluche ich, während ich das Schlimmste kommen sehe – in Form von zwei weiß uniformierten Stiefelträgern, die mir mit einer Taschenlampe direkt ins Gesicht leuchten. Mit einem lauten »*Ambulance!* Police!« beginnt ihre Aufklärung darüber, wer ein Drehlicht haben darf und wer nicht. Ich lache, zeige auf das Schweizer Kreuz auf der Fronthaube und gebe ruhig zu verstehen: »Ambulance!« Mein Witz wird verstanden. »You sleep Police!«, kommt es zurück. Die Sache erledigt sich schnell, alles ist nur als Witz gemeint, ich brauche nicht einmal die Papiere zu zeigen. Wieder einmal bin ich der Beschenkte. Weiterfahren, aber ohne Drehlicht. Kein Wort wegen der massiv überschrittenen Höchstgeschwindigkeit.

Yazd. Esfahan. Shiraz. Persepolis. Und schließlich die alte, aus Lehm erbaute Oasenstadt Bam. Der Iran bietet ein abwechslungsreiches Programm von Städten, von kulturellen Highlights. In Esfahan steigen ein anderer Tom und eine Caro aus Zürich zu. Die beiden sind hier auf Hochzeitsreise. Im Iran! Es scheint sich herumzusprechen, dass der Iran garantiert, allen Besuchern in fantastischer Erinnerung zu bleiben. In Bam mache ich Halt in Mister Akbars Guest House, dem einzigen Guest House des Irans, wo ausländische Frauen im Garten auch ohne Kopftuch spazieren gehen. Sie dürfen offiziell nicht, aber sie tun es. Da verwundert es kaum, dass sein Guest House nicht nur von Travellern, sondern auch von der Sittenpolizei regelmäßig frequentiert wird. Doch bisher hat er jede Razzia überlebt. Akbar ist ein großer Poet, er denkt so anders als die meisten. Sein Spruch zum Thema Heiraten bleibt bei mir haften: »*Heiraten ist wie ein Schloss. Siehst du ein Schloss auf einem Hügel, so willst du dort drin leben. Lebst du aber mal dort drin, wirst du oft am Fenster stehen und hinausstarren und denken, wie schön doch das Leben war, früher, als du da draußen in der Freiheit warst!*«

Jahre später werde ich Mister Akbar wiedersehen: als tragischen Helden auf CNN. Ein riesiges Erdbeben hat Bam dem Erdboden gleich gemacht, 30 000 Menschen verlieren an Weihnachten 2003 hier ihr Leben. Am Straßenrand, mit einer Wollmütze vor einem Trümmerhaufen, vor dem, was an Backsteinen von seinem Guest House übrig geblieben ist, sitzt er auf einem Hocker. Auch für diesen Fernsehauftritt hat er einen Spruch, der aus seiner innersten Überzeugung kommt und den ich nicht vergessen kann: »Das Erdbeben ist nur ein neues Kapitel in unserem Leben. Das Leben wird weitergehen, inshallah, so Gott will!« Rück- und Schicksalsschläge zu verkraften, ist gewiss keine Stärke von uns Europäern.

Hitziges Pakistan

Es ist Zeit, um von Tom Abschied zu nehmen. Seine Mutter ruft ihn zurück, widerwillig gibt er nach. Die 800 hitzigen Kilometer von der Grenze bis nach Quetta führen durch die unwirtliche Wüste Belutschistans, parallel zur afghanischen Grenze. Jeder, der diese Strecke unbeschadet hinter sich bringt, kann froh sein. Tankstellen gibt es keine, Benzin wird aus dem Iran hereingeschmuggelt und direkt aus Plastikkanistern am Straßenrand verkauft. Ich höre, dass dazu Kamele auf der iranischen Seite mit Benzin bepackt und mit so viel Alkohol abgefüllt werden, bis sie in Braus und Rausch über die Grenze rennen. Ist der Rausch dann ausgestanden, werden sie in Pakistan wieder eingefangen.

Wenn man mit Einheimischen auf die Gefahren zu sprechen kommt, dann macht die neuste Geschichte eines Radfahrers die Runde. Erst vor wenigen Wochen sollte dieser – allen Warnungen zum Trotz – im afghanisch-pakistanischen Grenzgebiet übernachtet haben mit dem Fahrrad im Zelt. Es passierte das, was es hier geben kann: Er wurde unter Beschuss genommen. Da muss ihm sein Fahrradrahmen das Leben gerettet haben, denn eine Kugel blieb im Rahmen stecken!

Kein Wunder also, dass meine Flitterwöchner nach all den Geschichten lieber auf einen hoffnungslos überladenen Bus umsteigen, statt mit mir allein durch die Wüste zu fahren.

Das nahe gelegene Reich der hitzköpfigen Taliban flößt auch mir eine ungeheure Angst ein, keine zehn Elefanten könnten mich hier zurückhalten. Ich rase, so schnell ich kann. Nach Quetta, nicht viel besser folgen die wilden Stammesgebiete, die *tribal areas.* Hier gibt's kein pakistanisches Militär, alle Gebiete sind unter Kontrolle von Stammesfürsten. Im Reich der Belutschen und Paschtunen hilft mir ein Junge, keine fünfzehn Jahre alt, den richtigen Weg zu finden. Ich lasse ihn bei einer Weggabelung einsteigen, er spricht fließend Englisch, welche Überraschung, und sein Onkel, so erzählt er, sei ein einflussreicher Politiker. Ich denke, dass ich nicht viel falsch machen kann, wenn ich gerade ihn als Lotsen mitnehme. Riesige Kamelherden blockieren immer wieder die Straße, und in Loralai, dem Tagesziel – so will es der Junge – lotst er mich direkt ins leere Ehebett des pakistanischen Eisenbahn-Ministers, wo ich die Nacht verbringen werde, gut bewacht von vier Kalaschnikow-Trägern.

Die *tribal areas* scheinen aus spitzen Berggipfeln zu bestehen, die aus der Wüste herausragen, und Kirschbäumen, die gerade in ihrer schönsten Blütenpracht stehen. Trotzdem gibt es keinen Grund, die Zeit hier zu verbringen, ich bin froh, wenn ich als Ausländer im Transit mit meinem Erscheinen keinen selbsternannten Häuptling provoziere. Schließlich fällt die Straße steil ab hinunter zum Hindus, hinunter in den Dunst des kochenden, schwülen indischen Subkontinents. Ab hier beginnt das chaotische, das pulsierende Element meiner Reise. Zwar führt eine Autobahn von Multan nach Lahore, was theoretisch auf geordnete Straßenverhältnisse hinweist, doch praktisch schert sich niemand darum, die meisten Verkehrsteilnehmer ziehen es vor, sich auf der falschen Straßenseite zu bewegen. Irgendwann beginne auch ich die Fahrbahnen zu wechseln, wie es mir gerade beliebt, und bis zum Ende des heißen Tages kann ich den Chaoten in mir ausleben und mich in einen Geisterfarer verwandeln.

Ich bin in meinem Leben schon oft außergewöhnlichen und angefressenen Reisenden begegnet. Doch die drei Österreicher, die sich soeben in meinem Hotel einquartiert haben, sind mit Sicherheit die größte Lachnummer, die Lahore zu bieten hat. Sie haben sich während den letzten zwei Monaten hinter das Steuer eines 50 Jahre alten Steyr-Traktors gezwängt und sind damit weiter und länger gefahren als je irgend jemand vor ihnen auf dieser Welt. Doch Bandenführer Peter sowie Christian und Fritz wollen noch weiter – bis zum Mount Everest und zurück nach Linz. Im Internet nennen sie sich treffend »Traktormania«. Genau! Und wie sie von ihrem Traktor besessen sein müssen! Mich gruselt es vor dem Gedanken, sich von einer Geschwindigkeit langsamer als ein Fahrrad versklaven zu lassen. Am nächsten Morgen machen sie sich in Begleitung eines TV-Teams von *Pakistan-TV* wieder auf die Firestones und können mit ihrem Maximaltempo von 15 km/h die nächste Kurve gerade noch kriegen, ohne dass ihr Anhänger wegen überhöhter Geschwindigkeit umkippt. Lange bleibe ich stehen und schaue ihnen nach, sie gehen mir nicht mehr aus dem Kopf. Es sollten die Ersten und einzigen bleiben, die ich je treffe, die mit einem *»Advanced Vehicle«* die Welt bereisen – ihr kleiner, fünfzig Jahre alter Motor schluckt nicht mehr als drei Liter auf 100 Kilometer!

Chaotisches Indien

Wo sich an der Grenze zwischen Pakistan und Indien auf beiden Seiten zwei verfeindete Atommächte gegenüber stehen, zelebrieren die beiden Supermächte an ihrem einzigen Grenzübergang eine Theateraufführung. Täglich um 17 h übergeben sich die Soldaten vor hunderten von Zuschauern ihre Waffen im Gleichschritt und mit lautem Geschrei. In einzigartiger Harmonie wird hier die Kriegsbereitschaft gefeiert, Rituale abgehalten, die ruhig und exakt erscheinen, dabei schreien sie in Wahrheit nach Unruhe und Anarchie. Witzig, wenn es nicht so traurig wäre. Wer würde in dem Moment denken, dass beide Staaten mit aller Kraft Atomwaffen und je eine Million Soldaten aufstellen, um den Nachbarstaat lieber heute als erst morgen von der Weltkarte auszuradieren … Pakistan wendet dazu über 80 % des Staatsbudgets auf, während nur 8 % des Staatsbudgets in die Bildung fließen. Das dürfte Weltrekord sein.

Die nächste Lachnummer stellt sich am Ende der Show plötzlich neben meinen Toyota. Ein riesiger, grauer Bus der Städtischen Betriebe von Rotterdam! Drin ein betagtes Ehepaar, auf dem Heimweg von China. Furznormale Urlauber, würde man denken: Er, dick und verschwitzt, in strahlend weißem Hemd und roter Krawatte. Sie, schlank und Edelfrau, berankt mit schwerem Schmuck. Beide so richtig vornehm. Nur ein Bus, dessen Türen sich elektrisch öffnen lassen, kann gut genug für sie sein. Die indischen Soldaten erschrecken über das Raumschiff, sie bleiben höflich draußen, schwingen nur den Stempel. Dafür frage *ich* nach einem Blick ins Innenleben, nach einem Blick auf die Aufteilung in Wohnzimmer, Schlafzimmer und Bad mit Badewanne! Stolz erzählt mir der Holländer von seinen speziellen, riesigen Benzintanks im Unterboden. Er rechnet vor: Bei einmal Volltanken im Iran zum Preis von zwei Cents pro Liter Diesel rollt der Palast für weniger als 40 Dollar vom Iran bis ganz nach Rotterdam!

Auch Indien empfängt mich mit einer Autobahn, aber ohne Geisterfahrer, dafür mit der Einladung, mit 140 Sachen in Richtung Delhi zu donnern. Wie ein Idiot, begleitet von der Angst, einen Inder zu überfahren, nehme ich das Angebot an. Wirklich, ich entwickle mich noch zum Straßenrowdy, wenn's so weitergeht! Doch eine Warnung habe ich weiß Gott genug gehört: »Liegt ein Inder ohne Punkt auf der Stirn unter deinem Auto, dann ist er kasten-

und somit wertlos, dann hilf ihm, bring ihn in ein Krankenhaus. Hat er aber einen Punkt, dann gehört er zu einer höheren Kaste, dann kannst du blechen bis ans Lebensende, fahre weiter, so schnell du kannst, ehe dich seine Familie wegen des Schadenersatzes umbringt!« Gegen solchen Horror kann man als betuchter Europäer nur einer Versicherungsbude die Türe einrennen. Im Zentrum von Delhi tue ich das, Oriental Insurance, orientalischer Empfang, orientalische Türe, orientalische Gewohnheiten. Der dicke Inder am Pult lebt in einer anderen Welt, er kaut rote Blätter, mit denen er abdriftet. Ihm fehlt nur noch ein fliegender Teppich. Bevor er die weißen Blätter hervorkramt, fließt das Wasser in seinem Mund zusammen. Nicht, weil er wegen des Geschäftsabschlusses Freude verspüren würde, sondern um sein Gekäu zwischen seinen gespreizten Beinen in einem langen, roten Strahl auf den Boden laufen zu lassen. Dort stellt er sich mit beiden Schuhen nochmals drauf. Welcome to India! Die Kühe möchte ich am liebsten gleich mitversichern lassen. Sie sind heilige Tiere, ihr Überfahren würde mich unweigerlich für zwei Jahre ins Gefängnis wandern lassen; eine Erfahrung, auf die ich gerne verzichte. Doch vor diesen Folgen kann mich auch der Makler nicht bewahren.

Wer die Welt nicht versteht, soll ja nicht nach Indien kommen. Beispiel Jaipur, die »*Pink City*«: Wer Mann ist und gerade einmal muss, der macht es an der nächsten Mauer. So sind Spaziergänge und Mauerläufe eine Nötigung für jede Nase. Doch die Nase muss jede Zumutung ertragen, so wie die Füße die Blasen, die Lunge die Abgaswolken, die Ohren das schrille Hupen der Tuktuks, die Haut das unmenschliche Stechen der Sonne und die Augen das Mitansehen des totalen Verkehrschaos. Jaipur bietet als Haupattraktion den Palast der Winde. Vielleicht heißt er so, weil hier für einen frischen Wind gebetet wird. Ich weiß es nicht, es täte gut. Ich stelle mich jedenfalls davor, rieche weiter den Gestank und zähle die verschiedenen Verkehrsteilnehmer: Fußgänger, Maultierkarren, Vespa-Fahrer, Rikscha-Fahrer, Motorradfahrer, Motorradrennfahrer, Eselskarren, Kleinbusse, Kamelkarren, Tuk-Tuks, Taxis, Stadtbusse, ein Elefant, gewöhnliche Radfahrer, Lastwagen und Traktoren. Freudige Feststellung: Sieben von 16 sind abgasfrei, eine Rate, so hoch wie nirgends in Europa! Na ja, fast. Ihre »*Emmission*« flutet nicht die Luft, sondern den Straßenbelag.

Welches Leben sich wirklich auf Indiens Straßen tummelt, merke ich am nächsten Tag, als ich Kurs nehme Richtung Agra, Richtung Taj Mahal. Junge Männer rennen direkt vor mir auf die

Straße und reißen an einer Kette schwarze, zottelige, langhaarige Zweibeiner mit sich. Was soll das? Wollen sie meine Bremsen testen? Oder mein Reaktionsvermögen? Nein, dies ist das Haupteinkommen von ganzen Dörfern entlang dieser Strecke: Tanzbären zur Schau stellen, armselige Kreaturen, gefesselt mit einer Kette durch den Nasenring, um den erstaunten Touristen für ein Foto ein paar Rupien abzuknöpfen. Ich aber fahre im großen Bogen um alle Bären herum – es sind auf den ersten zwanzig Kilometern mindestens 50 Tiere, denen ich ausweichen muss.

Ausweichmanöver sind die Inder gewohnt. Allzeit muss auch ich bereit sein, anderen Verkehrsteilnehmern, die mir plötzlich entgegenfahren, auszuweichen. Ich düse täglich mehr als 300 Kilometer, was mich oft genug den ganzen Tag kostet, weil ich stundenland im Stau und in Dörfern feststecke. Gut alle zwanzig Kilometer kann man einen umgekippten Lastwagen im Straßengraben entdecken. Gemäß der strengen, hinduistischen Regeln kein Wunder: Selbstverständlich riskiert hier jeder Brummi-Fahrer lieber den LKW, als eine heilige Kuh umzufahren.

Indien ist reich an Wundern und (für uns Westeuropäer) Wunderlichem, aber auch Wundervollem. So findet man denn auch den größten Liebesbeweis der Welt in diesem siebtgrößten Land der Erde. Das Taj Mahal ließ der Maharadscha Shah Jahan erbauen – als Ruhestätte für sein geliebte Frau. Dafür ließ er von 1633 bis 1650 rund 20 000 Arbeiter aus Indien, Persien, dem Irak und Zentralasien beschäftigen. Das bedeutendste Wahrzeichen Indiens hat eine Kuppelhöhe von 73 Metern. Lediglich die heute geforderten, gepfefferten Eintrittspreise sind annähernd so imposant, weshalb ich mich entscheide, diese von Touristenmassen überlaufene Ruhestätte lieber in Ruhe zu lassen.

Himmlisches Nepal

Kanpur. Lucknow. Indische Städte fliegen nur so an mir vorbei, scheinen mir chaotisch, überbordend, exotisch, unbegreiflich.

Ich steuere durch trockene Laubwälder in Richtung Himalaya, hinauf nach Kathmandu ins Königreich Nepal. Von Indien habe ich bereits nach diesen kurzen zwei Wochen genug. Irgendwie war es erheblich angenehmer, Indien als Ziel vor sich zu haben als letztendlich dort zu sein. Dieses Land strengt mich mehr an, als die lange Reise, die mich dorthin führte. Ich denke angestrengt zurück: Was habe ich erlebt? Und gebe als Antwort: Eine nette Picknick-Fahrt! Mehr war es nicht. Mit dem Auto in der Weltgeschichte herumzufahren, nährt keine nach Geschichten hungernde Seele.

Auch Kathmandu ist nicht wesentlich besser. Allein die Anzahl der scheinbar allgegenwärtigen Touristen erschlägt mich fast. Im riesigen Touristenviertel Thamel quartiere ich mich neben lauten und übervollen Cafés, Buchläden, Adventure-Anbietern und Musik-Shops ein. Ich bin wieder unter meinesgleichen und brüte einen neuen Plan aus: Ich verfertige eine Eingabe für die Durchquerung Chinas! Das kann höchstens zwei Monate bis zur Bewilligung dauern, so lange werde ich noch hier auf dem Subkontinent bleiben und warten. Wieder hänge ich einen Fetzen Papier an meine Autoscheibe und stelle das Altmetall vor die deutsche Bäckerei. Wieder heißt es: »*Who comes with me through China? Share costs and fuel – wer kommt mit mir nach China, teile Kosten und Benzin?*« Die Chinesen wollen 100 Dollar am Tag fürs Auto für die Bewilligung. Ich habe ausgerechnet, dass ich bis Laos mindestens einen Monat brauche, also 3000 Dollar. Saftige Kosten, die aber schon bei fünf Personen auf ein erträgliches Maß reduziert werden. Mal sehen, was passiert.

Zunächst aber entschwinde ich für eine Woche auf den Annapurna-Trail, zum Träumen, zum Ausspannen, zum Wieder-mal-Lachen, während sich zur linken Hand die 8167 Meter des Daulaghiri und zur rechten die 8021 Meter des Anapurna I erheben. Derart majestätische Berge habe ich noch nie gesehen, das Königreich präsentiert sich von seiner allerschönsten Seite. Ich kann durchaus verstehen, dass Nepal für Wandervolk aus aller Welt zu einer Art Mekka geworden ist.

Am Eingang zum verschlossenen Königreich Mustang ist Schluss, hier wären über 1000 Dollar zu entrichten. Die spare ich mir lieber für China und die Weiterfahrt nach Thailand und Singapur auf. Dort, so schätze ich, wird meine Reise irgendwann einmal zu Ende sein. Doch wer weiß das schon so genau. Es ist herrlich, ich bin frei wie ein Vogel!

Zurück in Pokhara, Ausgangspunkt fürs Annapurna-Trekking und 250 km westlich von Kathmandu gelegen, schließe ich Bekanntschaft mit Mitch und Dahlia aus Vevey am Genfersee. Die Idee, in meinem Bus bis nach Hong Kong mitzureisen, kommt ihnen sehr gelegen. Gleichzeitig hat sich auch Tom aus dem Iran – diesmal zusammen mit seiner Frau – per E-Mail für meine Reise angemeldet. Wir sollten uns in einem Monat in Islamabad treffen. Wow! Als ich zurück in Kathmandu bin, haben zudem einige Leute ihr E-Mail-Adresse auf meiner Frontscheibe hinterlassen, aber ich habe die Reisegruppe schon beisammen. Ich glaube es kaum … langsam steigt eine ungeheure Vorfreude in mir auf. Endlich eine Fahrt, die bisher nur wenige Menschen unternommen haben. Sollte ich wirklich einzigartigerweise ohne Unterbrechung auf dem Landweg von Europa bis nach Singapur kommen?

Zwei Wochen später sind wir unterwegs, im Schlepptau das deutsche Motorradfahrer-Paar Annette und Marko. Während ich mit meiner Ambulanz und dem Drehlicht die Straßen frei fege, hängen sich die beiden in meinen Windschatten und freuen sich extrem über die so gewonnene Sicherheit auf den Straßen von Himachal Pradesh. Was für ein Panorama! Es ist mittlerweile Mai, weit entfernt sehen wir durch die Äste der Kiefernwälder die verschneiten Gipfel des indischen Himalayas, während es oft nur wenige Zentimeter neben uns hunderte Meter steil in die schäumende Ganges-Schlucht runtergeht. Der Weg zur Wiedergeburt wird nie versperrt – Leitplanken sind hier unbekannt. 85 000 Inder nehmen jährlich den Weg zur Wiedergeburt als Opfer von Straßenverkehrsunfällen auf sich, und anscheinend möchte sie niemand daran hindern. Auch wir kommen nur knapp davon: Plötzlich prescht unvermittelt ein riesiger Reisebus hinter einer unübersichtlichen Kurve hervor – auf der Gegenfahrbahn, direkt auf uns zu! Wir sind starr vor Schreck und sehen uns schon durch sein pures Übergewicht mit ungeheuerer Leichtigkeit in die Schlucht geschoben. Als es knallt, kneifen wir die Augen zu, doch es trifft lediglich meinen Außenspiegel – mehr zum Glück nicht! Der Bus schaukelt weiter, wir aber bleiben bleich zurück, nur Zentimeter vom Fall in den heiligen Fluss entfernt. Kaum auszudenken, wenn sein Kurvenradius in paar Zentimeter größer gewesen wäre!

Im Tiefland um Rishikesh, der heiligen Stadt am Ganges, brodeln wir tüchtig in der stechenden Sonne. Autofahren in der drückenden Hitze wird extrem anstrengend, und ab und zu reißt mich erst ein nackter Sadu aus dem Halbschlaf, wenn er im letzten Augenblick über die glutheiße Straße flitzt und meine Bremsen testen will. Wenn ich überhaupt ein bisschen was von Indien verstehen kann, dann sicher, dass das Leben hier nicht besonders viel zählt. Diese Sadus jedenfalls sind Heilige und für mich ein weiteres Rätsel. Viele tragen außer einer leeren Kürbisschale nichts bei sich, oft nicht einmal Kleider, als ob sie sagen möchten: Schau mal, ich besitze nichts, trage nur das Nichts bei mir! Sie haben weder Frau noch Eigentum oder gar ein Einkommen, sondern leben von dem, was andere ihnen geben. Dank totaler Körperbeherrschung werden ihnen übermenschliche Fähigkeiten nachgesagt. Ich denke, allein schon nichts zu besitzen und dennoch Kraft göttlicher Verbundenheit glücklich zu sein, ist übermenschlich.

Tage später erreichen wir Islamabad, die Hauptstadt Pakistans. Was für ein Unterschied zu Indien! Während die Inder über die Drohungen des Nachbarstaats nur lachen können, ist hier alles bitterer Ernst: Inmitten von Verkehrkreiseln stehen Attrappen von Raketen, was zählt, sind Aggressionen, Attacken und Atombomben. Pakistan flößt Furcht ein, ich möchte am liebsten flüchten. Doch das Land hat zum Glück noch ganz andere, unerwartete Seiten, die wir ebenfalls erleben sollten.

Wie verabredet treffen wir hier Tom und seine aus den Philippinen stammende Frau Delia. Damit ist das Fünferteam nun komplett, und wir alle verstehen uns perfekt. Auch mein Auto hält brav durch, ohne bisher irgendeinen nachhaltigen Defekt erlitten zu haben. Beste Voraussetzungen also für eine abenteuerliche Durchquerung des Reichs der Mitte. Gespannt fahren wir durch die schönste Gegend der Welt, die ich je gesehen habe. Kaum erreichen wir das Karakorum-Massiv und schrauben uns in der schmalen Hindus-Schlucht hunderte Kilometer den Karakorum-Highway hinauf, wird Pakistan zum Paradies. In Skazar sind wir von 14 Siebentausendern umringt, während wir neben blühenden Aprikosenbäumen pausieren und uns knusprige Grill-Hähnchen Kraft spenden. Was ist das für ein anderes, fröhliches, weltoffenes Pakistan hier oben! Die Hunza-People, die Nachfahren von Alexander dem Großen, bevölkern diese Täler seit zwei Jahrtausenden. So blickt man hier oft in strahlend blaue Augen, die sich hinter langen, blonden Haaren zu verstecken versuchen. Die Frauen leben hier genauso zurückgezogen wie überall in der islamischen Welt, doch die Ismaeliten, eine kleine Splittergruppe des Islam, die hier vorherrscht, sind sehr herzlich und absolut friedvoll. So fällt es uns leicht, mit großem Genuss durch die atemberaubende Hindusschlucht den Karakorum-Highway hinaufzufahren.

Der Grund für unsere irrsinnige, grenzenlose Euphorie ist natürlich auch, dass wir demnächst über die Grenze ins Reich der Mitte fahren dürfen! Zwar habe ich in den letzten Tagen auf meinem Kurzwellen-Radio mitgekriegt, dass ein amerikanisches Spionageflugzeug mit einem chinesischen Militärflugzeug über der Küste Chinas zusammengestoßen ist, doch habe ich diesen chinesisch-amerikanischen Spannungen bisher kein Gewicht beigemessen. Ein Fehler, wie sich allzu bald herausstellt, wir sollen die Auswirkungen noch zu spüren kriegen – und wie! Ein letztes Telefonat mit meinem Agenten in der Schweiz treibt mir den Schweiß aus allen Poren: Unsere Bewilligung ist von den Chinesen wieder zurückgezogen worden. Angabe von Gründen: keine.

Ich raste fast aus. Waren jetzt diese drei Monate der Vorbereitung, die Vorfreude mit diesem herrlichen Team in meinem Bus, all die Träumerei von der Strecke bis Südostasien, alles für die Katz gewesen? Ich bringe es fast nicht fertig, es den andern mitzuteilen.

Tage später überquere ich mit hängendem Kopf in einem öffentlichen Toyota-Coaster-Bus die Grenze zum Reich der Mitte. Meinen Bus habe ich im letzten Grenzkaff Pakistans zurückgelassen. Gemeinsam reisen wir nach Kashgar, besuchen den weltberühmten, riesigen Sonntags- und Viehmarkt, doch richtig genießen kann ich es nicht.

Die Mehrheit der Bevölkerung hat erstaunlicherweise türkische Gesichtszüge, die vorherrschende Religion ist auch hier der Islam. Wenn ich mir die Kleidung anschaue, habe ich unweigerlich das Gefühl, in Rumänien oder sonst wo in Osteuropa zu sein. Auch von der neuen Wirtschaftsmacht Chinas ist hier im äußersten, westlichen Zipfel des Riesenreiches nicht viel zu merken, obwohl auch dieser Landesteil im Umbruch ist. Die niedergewalzte Altstadt, an deren Stelle gesichtslose Geschäftshäuser entstanden sind, verstärkt den Eindruck eines kommunistischen Landes. Um das Land zu einen, lässt die Zentralregierung immer mehr Han-Chinesen in den islamischen Landesteilen siedeln. Die Folge daraus sind ethnische Spannungen, und die verschiedenen Weltanschauungen werden allzu offensichtlich: Weiß gepuderte, leicht bekleidete Han-Chinesinnen mit bunten Sonnenschirmen teilen sich die Gehwege mit

Musliminnen, die sich mit einem braunen Tuch vor dem Gesicht und langen Gewändern vor den Blicken einer freizügigen, neuen Welt zu verschleiern versuchen.

Die Zeit verfliegt, und allzu bald muss ich von meinen Freunden definitiv Abschied nehmen. Ein Zug wartet auf sie, der sie nach Peking bringt. Und ich? Ich werde mir jetzt irgendeinen Weg zurück nach Europa suchen müssen!

Doch wie soll ich zurück? Nochmals durch Belutschistan, jetzt im Sommer, bei Temperaturen von 52 °C an einem normalen Tag, das wäre glatter Selbstmord! Die andere Möglichkeit kommt aus dem Reich der Fantasie: Afghanistan! Durchs Reich der Taliban! Allein der Gedanke durchzuckt mich wie ein Blitz. Das einzige, was ich weiß: Ich habe mit Sicherheit irgendwann irgendwo kürzlich Reisende gehört, wie sie munkelten, dass sie Leute getroffen hätten, die sagten, sie hätten gehört, dass jemand einen getroffen habe, der behauptet hätte, er hätte gehört, einer hätte behauptet, dass es gewissen Touristen kürzlich gelungen sei, das Land auf eigene Faust zu bereisen. Mit einem Visum der Taliban! Für mich ist diese schlechte Idee mehr ein Witz als sonstwas. Aber wieso dem nicht auf den Grund gehen?

Terrorisiertes Afghanistan

Wenige Tage später schaue ich einem ersten Taliban tief in die dunkeln Augen. Ich befinde mich in der Botschaft der Islamischen Emirate von Afghanistan, in Peshawar. Ihre schwarzen Turbane reichen fast bis zum Boden, und ihre Blicke jagen Angst ein, bis in die Knochen. Ich beobachte sie gut: Figuren aus dem Märchenland, irreal, außerirdisch. So hatte ich mir schon als Kind den bösen »Araber« vorgestellt. Mein Vorhaben ist kein Witz mehr, es wird erstaunlich ernst genommen, ich lege einen Brief bei mit den Worten, wie sehr ich die großartige afghanische Kultur schätze. Der Taliban meint nur kurz: »Wir haben nicht jeden Tag einen hier, der mit seinem Auto durch Afghanistan will. Über dein Gesuch entscheidet Kabul, komm in fünf Wochen wieder!« Gut, denke ich, somit ist die Sache in guten Händen, in Allahs Händen …

Afghanistan und die Taliban gehen mir nicht mehr aus dem Kopf. Die nächsten vier Wochen vergehen wie im Flug, ich bereise nochmals das Karakorum-Massiv. Wochenlang sehe ich keine einzige Wolke, es gibt keine Hitze, keine Menschenmassen, nur diese Anblicke verschlagen mir den Atem: Nanga Parbat, Mustagata, Maschebrum, Skardu, Skazar Valley – so heißen die glitzernden Zacken und Furchen dieses wunderbaren Stücks Erde. Die landschaftlich eindrucksvollste Gegend meines Lebens! Das gibt mir Kraft. Die werde ich brauchen können.

Dann ziert tatsächlich ein wunderbarer Stempel meinen Pass. Bedingung: Ich muss mich einverstanden erklären, dass die islamische Scharia auch für mich gilt. Erst jetzt erschrecke ich, wird mir die Tragweite dieses »Spiels« bewusst. Was wollen die Taliban von mir? Wieso lassen die mich einreisen? Wollen die mich als Geisel nehmen, oder was sonst haben sie mit mir vor? Die Tür zum vergessensten Land der Welt, mit der menschenfeindlichsten Truppe der Welt an der Macht, steht plötzlich weit offen! Nur für mich! Ich kann nun mit eigenen Augen hinter die Kulissen dieses geschundenen Landes blicken! Was für Tage stehen mir wohl bevor? Neugierde und pure Angst wechseln sich ab. Treu nach der Devise: Nichts schon wissen, alles in Erfahrung bringen, renne ich zum UN-Hauptgebäude, zum Saudi-Pak-Tower – der einzige Ort, wo sich die ganz wenigen Ausländer einfinden, die ab und zu im Land sind. Ich brauche alle Informationen, die ich kriegen kann, am besten aus erster Hand. Doch bei der UNO warten nur dicke Panzertüren. Ich habe keine Chance auf Einlass, auf mich hat kein UN-Angestellter gewartet. Zweiter Versuch, weiter ins Diplomatenviertel. Auch der Schweizer Botschafter rät mir von Afghanistan mit folgenden Worten ab: »Sollte Ihnen dort etwas passieren, so kann Ihnen nur Gott helfen. Wir werden es sicher nicht tun!«

Es muss doch einen Ort geben, so denke ich, wo man die Ausländer-Szene treffen kann, ungezwungen, ohne steife Hälse in gestärkten Krawatten. Dritter Versuch. Noch am selben Abend verschaffe ich mir Zugang zum UN-Clubhaus, zu dem Ort, wo sich die Szene zeigt, die UN-Leute, die Diplomaten und die Geschäftsleute aus der ganzen, heilen Welt. Hier fließt Alkohol, hier dröhnt laute Musik – ein verrauchter Tempel der auserwählten High Society, eine sündige Oase im strikten Islam. Ein ideales Umfeld, um Leute gesprächig zu machen. Ich rutsche den ganzen Abend von Barhocker zu Barhocker und mache mich an die gesellige Runde ran. Zuerst zwei deutsche Erdölbohrer aus dem Ruhrgebiet, Peter und Ingo. Ihr Kommentar: »Für kein Geld der Welt würden wir in Pakistan herumreisen und im Urlaub herkommen. Niemals. Ist uns viel zu gefährlich!« Sie müssen anständig verdienen, denke ich, denn den ganzen Abend dreht sich das Gespräch darum, welches Häuschen am Rhein und was für einen Ruhestand sie sich mit 45 verdient haben werden. Ich nehme ihre Einladung ins streng bewachte Villenviertel gerne an, doch okay, von Afghanistan sage ich lieber nichts, ich will ängstliche Naturen nicht erschrecken. Draußen, wie ein Hammerschlag, fährt plötzlich ein schneeweißes Cabriolet, ein Bentley, vor. Ein Playboy von einem Diplomaten, die Haare stark gegelt, das Hemd weit geöffnet, tritt ein und elektrisiert mit seiner Begleitung, zwei Nachtkatzen. Strohdürre Puppen, strohblond, nur hauchdünne Leoparden-Bikinis rutschen auf ihrer braun glänzenden Haut herum, ihre Körper gebaut mit Zubehör aus dem Modellier-Katalog. Was für ein Schock! So viel weibliche Haut gibt's zwischen Islamabad und dem Indischen Ozean garantiert nicht nochmals öffentlich ausgestellt zu sehen. Der Gentleman ist übrigens ein Vertreter eines islamischen Erdöl-Sultanats, was die Sache pikant macht – und ihn zum geborenen Provokateur des Islams. Er, der Sultan, heftet sich an die Bar, kippt ein Glas nach dem andern in sich hinein und knutscht und streichelt den ganzen Abend seine beiden Katzen. Die drei sind nichts für mich. Ich interessiere mich für die Taliban und so, wie er sich hier aufführt, kann er mir garantiert nicht weiterhelfen!

Bis ich den richtigen Mann bei einem Glas Whisky neben mir

sitzen habe, bleibt mir nichts erspart, auch die lauteste Katy der Welt nicht. Die Australierin, groß und bissig und ein Gesicht wie ein Weißer Hai, explodiert beim Erzählen ihrer Geschichten. Ihre berufliche Herausforderung: Erziehung zur Familienplanung! Ich bewundere immer Frauen, die alleine und selbständig in islamischen Ländern Jobs machen. Sie müssen mit Zumutungen umgehen, die Männer nicht einmal träumen können. Doch bei Katy ist die Sache anders. Es gibt keinen Mann, den sie nicht in die Flucht schlagen könnte. Oder umgekehrt nicht gewinnen könnte, um Kondome zu verteilen. Sie will Heerscharen von arbeitslosen, aber gebildeten Männern ausbilden, die ihrerseits die Männer bearbeiten. Das macht sie vorzüglich, den Job hat sie im Blut. Und kippt das nächste Bier in sich. Um bei der Stange zu bleiben, damit die Bevölkerung Pakistans, eh schon eine der am schnellsten wachsenden der Welt, nicht noch ganz explodiert. Gute, edle Absichten. Möchte man dieses Problem aber wirklich in den Griff kriegen, so bräuchte man eine Million Katys.

Am Ende meiner seelischen Belastbarkeit, nach zehn Minuten ihren Kiefer an meinem Ohr, rutsche ich weiter, stoße aufs nächste Bier, das von einem einsamen Typen namens Greg angestarrt wird. Ich mache mir den Vorteil des Alkohols zu Nutze: Der Trank bringt jeden zum Reden! Ich bestelle ihm noch eines, und das enttarnt jeden hierhin verirrten Iren als echten Irren! Seit acht Jahren, so beginnt Greg nach einem weiteren Bier zu sprudeln, arbeite er für das Entminungsprogramm in Afghanistan, seit fünf Jahren schlage er sich mit den Gotteskämpfern herum. »Ich rate niemandem, auch nur einen Fuß in dieses gottverlassene Land zu setzen! Es gibt dort wirklich nichts zu suchen! Auch du hältst es nicht aus ohne einen Schluck Alkohol und ohne ein Wort mit einer Frau. *Forget it!* Wenn du erwischt wirst, hilft dir keine Sau!«

Greg ist, gelinde gesagt, alles andere als begeistert von der Idee, ohne wirkliche Mission nach Afghanistan zu reisen, und schaut wieder abwesend ins Bier.

»Sind das schon alle Regeln?« frage ich vorsichtig zurück.

Angestrengt denkt Greg nach. »*Well* … keine Spielkarten, keine Krawatte, kein Schweinefleisch, kein Schachbrett, keine Fotos, keine Spielzeugdrachen! Hast du verstanden? Soll ich weitererzählen?«

Mein Gegenüber wird ungemütlich und hält mich klarerweise für einen von der Sorte, der keine Ahnung hat, auf was er sich einlässt. Würde er entscheiden müssen, wer in diesem Raum dümmer ist, die Nachtkatze oder ich, würde er wohl mich für den Dümmeren halten. Doch irgendwann schlägt er versöhnlichere

Töne an: »Dein Schicksal liegt letztendlich in deiner Hand. Wenn du dich an ihre Regeln hältst, dann wird dir nichts passieren. Du willst nicht ja nur rein, du willst auch wieder raus!«

Bingo! Danke, Greg! Ich spüre: Mein Vorhaben ist nicht allzu abwegig! Zudem erwartet er mich am nächsten Tag in seinem Büro, endlich Saudi-Pak-Tower, oben irgendwo. Das Bier hat seinen Dienst getan! Ich weiß nicht, weshalb mir Greg seine Zeit schenkt, ich merke nur, dass er sich um mich sorgt.

»Regel Nummer zwei«, so der Alte anderntags, als ich ihn in seinem Büro hinter einem Computer mit heruntergerutschter Lesebrille antreffe, »du gehst nicht allein! Du hast immer einen Afghanen dabei, einen Dolmetscher, der mit dir durchs Land reist! Du brauchst immer Augenzeugen. Ich stelle dir jetzt Azim vor, meinen Fahrer. Er ist Afghane, er wird dir einen Dolmetscher besorgen!«

Mit Azim verabrede ich mich für den Abend in Peshawar, 120 km von hier, um in einer dunklen, geheimnisvollen Ecke eines Hinterhof-Kebab-Restaurants unter seinen Kandidaten den besten Dolmetscher auszuwählen. Aber was heißt Auswahl? Lediglich einer erscheint. Wir verstehen uns auf Anhieb nicht – der präsentierte, alte Familienvater kann zwar konstant Lächeln, aber kein Wort Englisch. Unter 50 Dollar, so Azim, käme er nicht mit. Pro Tag, versteht sich. Ich schüttele erneut den Kopf.

Eine halbe Stunde später erscheint ein junger Mann, ein Cousin von Azims Cousin, sehr vertrauenswürdig, wie mir Azim versichert. Der Student spricht tatsächlich gutes Englisch, doch die erneut geforderten fünfzig Dollar pro Tag entsprechen wiederum nicht meinem Budget. Im ärmsten Land der Welt, so lasse ich den enttäuschten Azim wissen, wird keiner von mir täglich mit einem Monatslohn gefüttert, nur weil ich ein »stinkreicher« Ausländer mit Kohle bin.

»Du verstehst das falsch!«, so Azim, »genau hier zeigt sich, wie gefährlich dein Unternehmen ist: Erst wenn du ein halbes Vermögen zahlen kannst, wirst du einen finden, der dich begleitet! Diese Tour ist verdammt gefährlich – für uns Afghanen! Wenn du von den Taliban für irgendetwas erwischt wirst, werden wir dafür dreifach bestraft, nur weil wir deine Begleiter sind!«

Drei Tage später der zweite Anlauf mit Azim in Peshawar. Diesmal hat er vier afghanische Ärzte ausgegraben. Die vier Ärzte wollen, dass ich sie zu ihrer Klinik unweit der Grenze fahre und mir die himmelschreiende Situation dort anschaue. Dafür würden sie mich bis Kabul begleiten. Der Deal kommt zustande. Ich bin erleichtert, freue mich und will so schnell wie möglich fahren. Alles ist gepackt, die Ärzte stehen bereit, im letzten Moment noch ein letztes Telefonat mit Greg, ich möchte mich für seine Hilfe nochmals bedanken. Doch da tönt ein diesmal wirklich ernsthaft besorgter Greg: »Warte! Es gibt da ein Problem. Die UNO wird in den nächsten Tagen wahrscheinlich aus Afghanistan abziehen. Unser Ernährungs-Programm, das 500 000 afghanischen Witwen und ihren Kinder täglich Brot gibt, ist soeben gestoppt worden. Von einem Tag auf den anderen haben die Taliban allen afghanischen Frauen, die bisher für uns arbeiten durften, die Arbeitserlaubnis entzogen. Nun bleiben uns nur noch Männer. Diese dürfen aber nicht mit den Frauen sprechen, und so können wir kein Brot verteilen. Und für das Ausbleiben des Brotes machen die Taliban jetzt uns, die UNO und den Westen, verantwortlich. Es ist zu befürchten, dass das Volk gegen alle Ausländer aufgehetzt wird. Es hat schon lange nicht mehr so schlecht ausgesehen mit Afghanistan! Niemand weiß, wie es weitergeht. Jetzt zu fahren wäre Selbstmord!«

Ich atme tief durch. Nach sechs Wochen der Vorbereitung der große Rückschlag. Ich danke Greg und lege den Hörer behutsam auf. Wieder mal habe ich Glück gehabt, zweifellos. Aber mein Kopf senkt sich. Es ist Zeit, um nochmals nachzudenken, wozu denn diese Reise gut sein soll. Es muss doch Gründe haben, wieso Afghanistan in keinem Reisekatalog erscheint. Wieso kein normaler Mensch da hingeht. Bin ich ein Katastrophenvoyeur, wie ein Schaulustiger? Muss ich schauen, wie es ist, wenn es andern mies geht, damit ich wieder mal merke, wie gut es mir geht? Oder fehlt in mir einfach der Antrieb, der verlangt, dass ich die Augen vor dem Elend auf dieser Welt schließe, damit ich bis ans Ende meiner Tage vom Märchen erzählen kann, wie cool, farbig, lebensfroh unsere Welt doch überall ist? Ich trage seit meinen ersten Pedaltritten den Willen in mir, dass ich eines Tages die Welt verstehen möchte. Und die Überzeugung, dass mir dieses Vorhaben nur gelingen kann, wenn ich mir die Welt und die Zustände auf ihr anschaue. Zu diesem Verständnis gehört auch die Wahrheit von Krieg, Macht, Unterdrückung und dem »Big Game«, das die Großmächte hier spielen. Gerade hier, im Öldorado.

Nein, ich gebe nicht auf! Zwei Tage vergehen mit Nichtstun. Da vermeldet aus meinem kleinen Weltempfänger die große BBC, dass sich die UNO und die Taliban auf einen neuen Kompromiss geeinigt haben. Krankenschwestern sei es nun erlaubt, Brot zu verteilen. Anruf bei Greg. Der tönt am anderen Ende der Leitung schon fast euphorisch. Die Luft sei rein, meint er. Und Good Luck!

Die Fahrt ins Unvorstellbare kann also beginnen. Ich hole erneut tief Luft – und die vier Ärzte ab.

So steuern wir in Begleitung eines bewaffneten Soldaten der pakistanischen Armee in Richtung der afghanischen Grenze. Schon wenige Kilometer hinter Peshawar beginnt eine kaum kontrollierte Zone, wo Waffenhändler in Schiffscontainern neben der Straße ihre Kalaschnikows ab zehn Dollar das Stück verscherbeln. Meine Nervosität steigt mit jeder Waffe, die ungesichert herumliegt. Irgendwann, irgendwo in diesem Irrsinn muss ich, darf ich, das letzte Mal grinsen. Meine Freunde in der Schweiz fallen mir ein. Seitdem ich vor zehn Tagen alle informiert habe, wohin meine Reise führt, habe ich keine einzige E-Mail mehr erhalten. Sie denken wohl alle, dass ich von Sinnen bin. Ich denke es auch. Hätte ich Hawaii als mein Ziel erwähnt, wäre ich einer, der weiss, wie man das Leben genießt. So aber bin ich wohl für viele das Gegenteil, auch wenn ich es anders empfinde.

Vom Khyber-Pass schauen wir erstmals hinunter auf die Grenzstadt Torkham. Irgendwann schließt sich das die Grenze markierende Metalltor hinter mir, und unvermittelt falle ich ins Jahr Null zurück. Ich stehe inmitten einer riesigen Menschenmenge. Ihr Hab und Gut auf wackligen Eseln transportierend warten sie, um Einlass bettelnd. Es ist wie der letzte Exodus, das gelobte Land heißt Pakistan. Ihre Not lässt sie die Schlagstöcke der Grenzwächter nicht mehr spüren. Alle wollen raus. Nur ein einziger, nicht ganz Aufgeklärter will rein.

Kaum bin ich aus dem Menschenmeer raus, weisen mich die schwarzen Krieger an, neben welchem Schuppen ich zur Kontrolle stehen bleiben muss. Antritt zum Sittentest. Die Krallen zweier Taliban bohren sich durch die Eingeweide meines Autos. Jetzt nur nichts mehr im Auto haben, was verboten ist. Gewissheit, dass ich alles ausgemistet habe, habe ich … nicht lange, denn mein kleiner Elefant, ein Souvenir aus Delhis Hintergassen, fliegt in hohem Bogen in den Sand. »Buddha! Buddha«, schreit der Taliban außer sich, erzürnt, dass erst vor wenigen Wochen die Buddha-Statuen von Bamiyan pulverisiert wurden und einer schon wieder was Nicht-Islamisches reinbringt. Dann hält der Nächste meine in Peshawar gekauften Hefte, die ich noch nie angeschaut habe, in seiner Hand und seine Raubvogelaugen verdrehen sich. Das schlimmste Vergehen, das denkbar ist: Versteckt in einem National Geographic-Heft – Himmel – ein Beitrag über … Himmel nochmals … die Südsee und dort auf einer ganzen Seite, … oh Schreck!!! … eine Frau!! Bekleidet lediglich mit drei Blümchen! Ich erstarre zu Stein. Beginne dann vor Angst zu schwitzen. Das Verbotenste aller verbotenen Dinge haben sie bei mir gefunden! Die Augen des Gotteskriegers sagen alles: »Du hast ein Sexheft eingeschmuggelt!« Ehe ich vor Schreck vom Herzinfarkt getroffen im staubigen Sand lande, haben sich meine Ärzte, eben noch brav im Auto sitzend, in Luft aufgelöst. Von ihnen fehlt jede Spur. Und die beiden Gottesfrüchtigen schüttelt's nur noch. In den nächsten vier Minuten sind sie nicht ansprechbar. Sie verkriechen sich hinter dem Heft, als ob sie so ein Bild noch nie gesehen haben. Das Heft hat sie verschluckt! Und ich, ich ärgere mich in allen afghanischen Landesfarben: Kaum bin ich die ersten Minuten im Gottesstaat, stecke ich schon bis zum Hals im Ärger! Irgendwann kommen die beiden Taliban wieder zu sich. Verdattert und ganz konfus überlegen sie lange. Knast? Peitsche? Oder werden gierige Augen laut Scharia ausgestochen? Als ich mir schon das Schlimmste ausmale, geschieht das Unmöliche. »Bazar, Bazar, Bazar!«, schreien sie. Wie bitte? Sie wollen mir ein Geschäft vorschlagen? Die Nackte hat die beiden wohl völlig um den Verstand gebracht. Schon hebt einer den Elefanten vom Boden auf und beginnt ihn sauber zu pützeln, während der andere lässig das Heft in den Armen schwingt. Ich verstehe: Sie wären gerne bereit, mir den Elefanten zurückzugeben als Gegenleistung für ein Geschenk. Selten nur habe ich bei Erwachsenen so riesige Kinderaugen gesehen wie bei den zweien! Was für Kinder! Selbstverständlich willige ich gerne in diesen Handel ein. Mein Heft verschwindet schnell in ihrem Schuppen unter ihrer Matraze, während der Elefant fein herausgeputzt wieder ins Zeitungspapier und ins Auto rollt. Doch den Taliban reicht das noch nicht. Weil sie sich mit dem Maximum an Glück beschenkt fühlen, drücken sie mir mit feuchtem Handschlag, einem Grinsen und einem herzlichen »Welcome to Afganistan!« den neusten Reiseführer Afghanistans in die Hand. Wow! Gedruckt wurde das Buch übrigens 1979 …

Während ich noch nicht glauben kann, welch Wunder dieser Frauenhandel bewirkt hat, sind meine Ärzte plötzlich wieder aus dem Nichts erschienen, nehmen stumm Platz im Auto, reiben sich die Augen, verstehen die Welt nicht mehr, und ich beginne angestrengt zu überlegen, wo, an welchem Zoll, ich je mit einem Reiseführer beschenkt wurde? Jedenfalls ist es eine großartige Erkenntnis, dass auch die Taliban menschliche Regungen zeigen können! Das beruhigt ungemein.

Wenige Kilometer nach der Grenze präsentiert sich das Land ausgetrocknet, als eine von Bergen umgebene Steinwüste. Kaum ein

Gras wächst, die Gegend ist menschenleer. Dafür ragen die ersten Zeichen des Kriegs-Horrors in den Himmel: Ein Skelett von einem zerschossenen Sowjet-Panzer liegt im Geröllfeld nebenan, das Kanonenrohr steil in den Himmel weisend. Ich bremse brüsk und gleite mit dem linken Vorderrad in den Kies, worauf meine Insassen sofort zu rebellieren beginnen und die Handbremse ziehen. Der Chefarzt wischt sich den Schweiß von der Stirn und fragt mich aufgeregt, ob ich denn die rot-weiß markierten Steine neben der Straße nicht gesehen habe? Ich zucke mit den Achseln, worauf er angestrengt nett und freundlich erklärt: »Überall wo Panzer stehen, ist ein ehemaliges Schlachtfeld. Und in jedem Schlachtfeld liegen Minen. Und rote Steine warnen davor!« Aha! Gut zu wissen. Somit habe ich gerade eines der wichtigsten ungeschriebenen Gesetze kennen gelernt. Im Rückwärtsgang aus dem Feld wieder raus, und weiter geht's durch die staubige Einöde, mit dem Thermometer bei 45 Grad, stöhnend und klebend. Einfahrt in die erste große Stadt, Jalalabad. Kaum jemand ist zu sehen. Eigentlich wäre hier die Kornkammer des Landes. Doch seit Antritt der selbsternannten Gotteskämpfer seit fünf Jahren ist das Land im Würgegriff der schlimmsten Dürre aller Zeiten. Riesige Obstbäume, alle vertrocknet. Statt saftiger Zitronen, Trauben, Melonen und Pfirsiche nur noch geschundene Olivensträucher, die das letzte Grün abgeben. Mir kommt Greg in den Sinn. Er hatte Recht: Das Land ist gottverlassen.

Es scheint, als ob alle, die irgend konnten, mit Allah das Land verlassen haben. *Brain drain* nennt sich das. Zu Deutsch ganz unschön: Abzug von Intelligenz. Geblieben sind die Armen, die Alten, die Ungebildeten. Ein kaum lösbares Problem für das Land. Die Gebliebenen sind zu schwach, um sich zu wehren, um die Regierung zu wechseln, um aufzubegehren.

Wir müssen das Fahrzeug wechseln, denn zu viele Taliban beherrschen unseren Zielort. Mit einem als Ambulanz getarnten Land Cruiser folgen wir einem Fluss, fahren wir Richtung Nordosten zum Fuß des Hindukusch, zur vergessenen, geschundenen Klinik. Einst ein Vorzeigeprojekt Österreichs, dann wurde sie von den Norwegern übernommen. Doch auch der letzte gute Wille, das norwegische Hilfswerk, konnte sich mit den Taliban nicht mehr arrangieren und hat das Land verlassen. Seit sieben Monaten ist die Klinik sich selbst überlassen. Die letzten zwei Monate waren meine Begleiter deswegen in Pakistan unterwegs, zu viert, um von einem Hilfswerk zum nächsten zu ziehen, auf Betteltour, für ein paar wenige Dollar, die ihre Klinik braucht. Sie klopften bei Unicef, dem

Roten Kreuz, Terre des hommes, Caritas usw., weil 14 Ärzte auf der Gehaltsliste stehen. Geld gab es seit sieben Monaten nicht mehr, und ich frage mich, ob die 30 Dollar pro Arzt und Monat überhaupt die Bezeichnung »Monatsgehalt« verdienen. Ihren Lohn bezahlt seither die Dorfbevölkerung, indem die Dörfler dreimal täglich eine Mahlzeit zur Klinik schleppen. Und Medikamente? Salahudin schämt sich. Er zeigt die Vorratskammer, den Kühlschrank: Alles leer. Seit Monaten. Gäbe es die Ärzte nicht, würde nichts daran erinnern, dass dies eine Klinik ist.

Meine vier Passagiere haben sich ihre Rückkehr anders vorgestellt. In der großen Runde lassen sie ihre Köpfe hängen, noch bevor sie richtig zu reden beginnen. Ich bin gespannt, wie ihre Nachricht ankommt. Denn keinen einzigen Cent haben sie zusammenkratzen können. Ich fürchte, dass die ersten Ärzte jetzt das Handtuch werfen werden. Gespenstische Ruhe kehrt ein. Keiner der Ärzte mault. Keiner ringt die Hände. Keiner macht Vorwürfe. Alle nicken. Alle wollen weitermachen wie bisher, Arbeit gegen Essen. Auf Wunder hofft hier schon lange keiner mehr. Wenn's sein muss, wollen sie mit ihren bloßen Händen die Patienten heilen. Alle kennen die Geschichten von afghanischen Ärzten bestens, die nach Pakistan ausgewandert sind, von dort in die USA reisten und schwindelerregend reich geworden sind. »Wieso tun *SIE* es nicht?«, frage ich den Direktor. »Weil solche Gedanken uns alle kalt lassen. Weil wir alle bleiben wollen. Wir lieben das afghanischen Land und Volk.« Ich bin sprachlos. Trotz Krieg und desolatem Leben noch so viel Liebe.

Salahudin führt mich weiter, zeigt mir die verschiedenen, leeren Zimmer, stellt mich allen Fachärzten vor. Fast allen. Ein schwarzer Vorhang verdeckt ein Fenster, plötzliche große Aufregung, schnell weiter, ich solle ja nicht hingucken. Im nächsten Zimmer erfährt der Besucher, dass im verdunkelten Raum nebenan die einzige Frau Ärztin arbeite, nur sie dürfe Frauen behandeln, und auf sie sei man besonders stolz, sie sei eine sehr kluge Frau. Aber sie anschauen, mit ihr reden: Ausgeschlossen! *Too dangerous!* Für einen Mann ist es die gefährlichste Sache im Land, mit einer Frau zu reden!

In den heißen Nachmittag schauend sitze ich beim Chefarzt auf der Bank, da stürmt ein Laborant herein. Es muss schauerliche News geben, denn erneut werden alle Ärzte zusammengetrommelt. Die *Lady Doctor* fühle sich ungerecht behandelt – und zwar wegen des Ausländers, der nicht auch ihr einen Besuch abgestattet hat. Sie bittet, man solle ihn gefälligst auch zu ihr hinführen. Den Ärzten aber fällt die Entscheidung schwer, dann gibt's einen Plan: Einer führt mich zu ihr, alle andern 13 umstellen die Klinik. Was für eine Inszenierung!

Die Ärztin erwartet mich in einem Kopftuch. Sie wird die einzige Afghanin sein, die zulässt, dass ich ihr in die Augen schaue, mich mit ihr unterhalte. Doch was mich fast um meinen Verstand bringt, ist ihr perfektes Englisch und ihr selbstbewusstes Auftreten, dass sie mir sogar die Hand schütteln will. Lebensgefahr. Ich weiche sofort zurück. Die »Kluge«, etwa ein oder zwei Jahre älter als ich, lässt sich nicht aus dem Konzept bringen, und ihre Sätze sollten unauslöschlich in mein Gehirn vordringen: »*Hör mal, du bist hier der erste Ausländer seit vielen Jahren! Ich sage dir jetzt etwas. Und zwar nicht, weil ich seit sieben Monaten keinen Lohn mehr habe! Ich sage dir das, weil wir keine Medikamente mehr haben. Jeden Tag kommen Patienten aus den Bergen, auf dem Esel, oft sind sie drei Tage unterwegs. Mir bleiben nur zwei Möglichkeiten: Entweder schicke ich sie wieder nach Hause, oder sie sterben hier in der Klinik. Du bist der Einzige, der mit seinen Augen dieses Elend gesehen hat und uns helfen kann!*« Sie schaut tief in meine Augen, sehr tief. Um mit Bestimmtheit nachzusetzen: »*Geh in dein Land und tu etwas!*«

Ihre Message sitzt. Aber etwas zu versprechen wäre falsch, deshalb sage ich nur, dass ich's versuchen werde. Salahudin zieht mich am Ärmel wieder raus, die Minute ist vorbei, wir winken uns kurz zu, dann fällt der schwarze Vorhang zwischen uns, ist die Geschichte mit der Ärztin schon Vergangenheit. Erst später erfahre ich von der Mannschaft, dass ihre Ärztin noch nie außerhalb Afghanistans war. Englisch hat sie sich selber beigebracht. Und das fast akzentfrei. Was ich zum Glück auch erst später erfahre: Hätten die Gotteskrieger uns beide erwischt, hätten die Taliban wegen gotteswidrigem Benehmen der Ärzteschaft endlich einen Grund gehabt, die Klinik endgültig zu schließen!

In Jalalabad hole ich mein Auto wieder aus dem Versteck, da kommen ein paar Nachbarn, die uns beobachtet haben, flink aus ihrem Haus. »Mister, das Schweizer Kreuz an ihrem Wagen ist viel zu gefährlich! Viele Taliban mögen keine christlichen Symbole und keine Kreuze. Wir überkleben Ihnen das Kreuz mit gelben Klebestreifen, okay? Und die indische Fahne dazu. Indien unterstützt nämlich die Nordallianz, die Todfeinde der Taliban!«

So schnell, wie sie kamen, so wieselflink sind sie wieder weg. Mit zwei gelben Flecken am Auto stehe ich nun da. Unglaubliche Hilfsbereitschaft! Unglaubliches Afghanistan!

Salahudin begleitet mich weiter, er allein. Zurück auf der Autobahn Islamabad – Kabul. Läppisch unsere Durchschnittsgeschwindigkeit: 20 km/h. Mit dem Fahrrad wäre ich schneller! Die Löcher sind so groß, dass der Fahrzeugboden mehrmals aufschlägt, das Chassis ächzt, die Schaltung für den Vierradantrieb außer Gefecht gesetzt wird. Wir schlängeln uns durch die so genannte Räuberschlucht die Berge hinauf. Es ist Zeit zum Philosophieren mit Salahudin, zum Hintergründe erläutern. Diese Schlucht war einst der Alptraum der Sowjets. Geisterhaft taucht ein Panzer nach dem andern auf. Alle torpediert, explodiert oder in die Schlucht gestürzt. Alle im Prozess, selbst zu Geröll zu werden. Es sind tausende im ganzen Land, Mahnmale eines Krieges, in dem 14 000 Russen und zwei Millionen Afghanen gefallen sind. Jeder einzelne Panzer erzählt seine eigene Geschichte. Ich sehe lebhaft vor mir, was für grauenhafte Szenen sich hier abgespielt haben müssen. Bei dem Anblick muss man blind sein, um nicht zu erkennen: Hätten sich die Afghanen nicht blindlings für ihre Freiheit geopfert, hätten sie die Sowjets nicht unbeschreiblich gedemütigt und nicht einen Großteil der sowjetischen Panzerflotte zerstört, so wäre der Kalte Krieg Ende der 1980er-Jahre nicht vorbei gewesen, gäbe es die Sowjetunion wohl heute noch. Ich verstehe Salahudin, der selber Kämpfer war, dass er sich und sein Land vom Westen verraten und vergessen fühlt. *»Wieso hat der Westen uns nach dem Abzug der Sowjetunion, 1989, im Stich gelassen? Wir waren die, die den Westen befreit haben! Wir haben der Sowjetunion den Todesstoß versetzt! Doch dann, als der Bürgerkrieg ausbrach, als es nochmals Millionen von Toten und Vertriebenen gab, wo war damals der Westen? Wieso habt ihr uns nicht geholfen, als wir euch brauchten?«*

Wir tuckern weiter, ein Panzer neben dem anderen zieht vorbei: »Und die Taliban?«, frage ich.

Salahudin weiß, was viele nicht wissen, was nur in gewissen Büchern millionenfach gedruckt wurde, aber immer noch nicht zur Kenntnis genommen wird: Gegründet wurden die Taliban 1994 vom heutigen Erzfeind USA. Es lag die Absicht dahinter, den Bürgerkrieg zu beenden und Sicherheit und Stabilität wieder herzustellen, damit eine Erdöl-Pipeline gebaut werden kann, die von Zentralasien das schwarze Gold durch Afghanistan an den Indischen Ozean transportieren sollte. Die Taliban erhielten Millionen, konnten tun und lassen, was sie wollten. Hauptsache, das Land wurde wieder streng und stabil geführt. Bis die USA es nicht mehr für nötig hielten, diese versprochene Pipeline zu bauen. Da war's dann mit der Freundschaft mit den Amerikanern auch vorbei!

Im Jahre 1998 feuerten die Amerikaner dann auf ein Ausbildungscamp von Terroristen hier in Kabul als Vergeltung für die Anschläge auf die Botschaften in Afrika. Wo denn dieses Camp war, möchte ich von Salahudin wissen, als wir endlich Kabul erreichen. Ein Kopfschütteln. »Auch das so eine Weltlüge«, meint er und zeigt auf eine weit entfernte Kuppe: »Die ganze Welt hatte das Märchen geglaubt, dass hier ein Camp getroffen wurde. Es konnte ja auch kein Journalist hierhin kommen, um es zu bestätigen. Die Amis hatten sich in Wahrheit einen Hühnerstall als Ziel ausgesucht!«

Niemand kann Afghanistan verstehen, ohne die Spielregeln und Spieler im »Big Game« zu kennen. Ich weiß nicht, ob ich bei so viel Konfusion je den Durchblick erhalten werde, wer auf welcher Seite gegen wen kämpft. Auch Kabul braucht Erklärung. Die halbe Stadt liegt in Trümmern, als ob der Krieg erst gestern aufgehört hätte. »Alles die Sowjets ...«, beginne ich mit Salahudin, darauf er: »Nein, die Sowjets haben die Stadt erst richtig groß gemacht! Erst als die Sowjets 1989 abzogen, da begannen die afghanischen Parteien, die bisher vereint gegen die Sowjets kämpften, nun gegeneinander zu kämpfen. Damals, 1994, wurde die Stadt zerstört.«

»Und die Taliban?«

»Nein, die haben in der Stadt kaum was zerstört. Die Taliban kamen an die Macht, als die Mudschaheddin praktisch ausgeblutet waren, als sie kaum mehr Waffen hatten.«

»Und wer hatte ihnen die Waffen für den Bürgerkrieg gegeben?«, will ich wissen.

»Die Afghanen wissen es alle. Sie machen Pakistan für den Bürgerkrieg verantwortlich. Denn Pakistan fürchtet sich vor der Entstehung Paschtunistans. Da liegt das Erdöl.«

Hatte ich es mir doch gedacht: Fast jeder Krieg in diesem Ecken der Erde ist ein Krieg ums Öl. Ingo und Peter, die beiden Erdölbohrer vom UN-Klub, hatten mir in Islamabad auf der Karte genau gezeigt, wo das Öl sprudelt: Im Paschtunen-Gürtel, zwischen Hindus und Afghanistan. Und genau dieser Landesteil sollte laut einem vor hundert Jahren (lange bevor das Öl entdeckt war) mit den Engländern ausgehandelten Vertrag mit dem Gebiet der Paschtunen Afghanistans demnächst zu einem selbstständigen Paschtunistan zusammengeführt werden. »Kein Wunder«, so Salahudin seufzend, »dass Pakistan größtes Interesse daran hatte, die Lage im Nachbarland zu destabilisieren, sei es zuerst mit Waffenlieferungen an die Bürgerkriegsparteien oder später mit der Unterstützung der Taliban. Damit sich die Paschtunen nicht zu einem Staat zusammenschlössen, damit das Erdöl bei ihnen bleibe.«

Überall Zerstörung und bittere Armut. Und alles wegen des Erdöls. Das macht es doppelt so unbegreiflich, so inakzeptabel.

Mittlerweile stehen wir in der Chicken Street, wo sich früher die Touristen aus aller Welt mit kostbaren Teppichen, Edelsteinen und Souvenirs eindeckten. Der edle Charakter dieser Straße ist schon längst verblasst. Es wimmelt von Bettlern und Heimatlosen. Auch ich brauche ein Bett heute. Unvermittelt fahren zwei Land Cruiser vom Roten Kreuz mit wehenden Fahnen neben mir vorbei. Meine Rettung, so denke ich, und schon hefte ich mich an ihre Rücklichter, folge ihnen bis zum Tor des Hauptquartiers des Internationalen Roten Kreuzes. Da ich nur schnell wissen möchte, wo ich übernachten könne, steige ich aus und klopfe an ihrer Scheibe. Doch die Europäer im Auto, ein Mann und drei Frauen, erleben den Schock ihres Lebens, aus ihren entsetzten Gesichtsausdrücken geht hervor, wofür sie mich halten. Sie erzählen etwas von einem Sicherheitsdispositiv und dass sie nie länger als zwei Minuten an einem Ort stehen dürfen – und lassen das Tor hinter sich runterknattern und mich in einer schwarzen Abgaswolke stehen. Ich verstehe die Welt nicht mehr. Ein paar Häuser nebenan das Schild »Médecins Sans Frontières« Hier wohnen die »Ärzte ohne Grenzen«. Vielleicht habe ich hier mehr Glück. Eigentlich möchte ich nur höflich wissen, ob ich mein Auto hier abstellen darf. Doch auch diese Szene verläuft filmreif: Die Madame mit einem Funkgerät in der Hand wimmelt schnell und aufgeregt ab: *»Je ne vous connais pas, Monsieur.«* Vive la France! Okay, dann halt das Schweizerische Rote Kreuz, die Schweizer haben sicher Erbarmen. Doch Irrtum, kein Europäer will mit mir was zu tun haben, nicht einmal ein Landsmann, überall schaue ich in entsetzte Gesichter. Schließlich ab zu »Shelter Now«, meine letzte Chance. Ich krame eine zerknittete Adresse von einem Deutschen hervor, der sehr hilfsbereit sein soll. Doch auch hier Pech, nur der *Watchman* erwidert am Tor: »Alle Deutschen sind auf Urlaub. Mister, komm in einer Woche wieder!«

Ich bin hundemüde, jetzt auch das noch. Noch nie habe ich derart verängstigte Europäer gesehen, noch nie fühlte ich mich so verstoßen. Ich werde behandelt wie ein Straßenköter, wie Lungervolk. *(Drei Wochen später werde ich dankbar sein, denn durch die Medien erfahre ich, wie hilfsbereit diese Deutschen wirklich waren: Sie hatten scheinbar missionarischen Eifer, wollten Afghanen zum Christentum bekehren, wurden deswegen von den Machthabern inhaftiert und kamen erst wieder raus, als ein halbes Jahr später im Bombenhagel der Amerikaner ihre Bewacher Hals über Kopf davonrannten.)*

Zu guter Letzt finde ich Azim im leeren Büro von Greg wieder. Er ist der Einzige, der bereit ist, mein Auto bei sich zu Hause zu verstecken. Ich kann nur hoffen, dass Azim keine krummen Dinge damit dreht. Kurz vor neun keuche ich geisterseelenallein zurück ins Plaza Hotel. Kein Mensch mehr auf der Straße, gleich beginnt die Ausgangssperre. Wer danach draußen erwischt wird, landet im Knast, im Container. Eine gespenstische Ruhe liegt nun über der Geisterstadt.

Erst am nächsten Morgen mit dem ersten Sonnenlicht und einem Blick zum Hotelfenster hinaus realisiere ich, was es heißt, auf einem anderen Planeten zu sein. Ich sehe kaum Menschen auf der Straße. Von den einst zwei Millionen Einwohnern ist die Hälfte geflüchtet, lebt im Ausland. Die wenigen Frauen alle verpackt, von Kopf bis Fuß in der blauen Burka. *Du sollst nicht begehren!* Was mich irritiert: Die meisten sind alleine unterwegs. Wo sind alle Männer, ohne die – scheinbar – die Frauen nicht alleine aus dem Haus dürfen?

Von Rush Hour keine Spur. Inexistent. Genauso wie Nummernschilder an den wenigen Taxis oder Verkehrsregeln. Im ganzen Chaos rollt noch ein Dutzend Rollstuhlfahrer über den Platz. Allen fehlen die Beine. Sie klagen und betteln. Das Land beklagt eine horrende Zahl von Minenopfern. Eines der wenigen Schilder, das noch steht, wirbt für *Swiss Watch.* Der einzige Wink an die gute, alte Zeit, als statt Minen Touristen das Land belagerten, als dies ein Land zum Verlieben war. Heute liegt alles am Boden, keine einzige Baustelle weit und breit, »Wiederaufbau« wäre weltfremd. Um ihre eigene Welt zu kreieren, klammern sich drei Männer mit schwarzen Bärten, Turbanen und Kalschnikows an den Überrollbügel eines dunklen Toyota Pick-ups und fahren auf und ab. Die wachsamen Augen der Geier. Wer keinen Bart trägt, wer laut lacht, wer Musik hört, wer Spielkarten bei sich hat, wer eine westliche Hose trägt, wird mitgenommen. Ich drücke ab, in dem Moment klopft es an meiner Türe.

Ertappt und erschrocken fahre ich zusammen, schnell verstecke ich meinen Fotoapparat im leeren Lüftungsschacht. Bin ich entdeckt worden? Ein Junge, vielleicht zwölf Jahre alt, drückt sich in mein Zimmer. Er schmeißt den Hotelbetrieb, und er hat heute schon sein erstes Glücksgefühl: Dass er dem Ungläubigen einen Eimer voll Wasser in den sechsten Stock hinaufschleppen darf. Ein unglaublich breites Lächeln. Ich freue darüber mehr als über das Wasser. Frühstück? Nein danke, ich mag nichts essen. Meine Augen haben mich schon gesättigt, ich fühle mich schwach und elend, die

Bilder erdrücken, die Stadt liegt schwer auf dem Magen. Ich drücke dem Jungen ein paar Scheine in die Hand, und wie ein Wiesel verschwindet er glücklich im Bau.

Für mein seelisches Wohlbefinden, für meine Sicherheit und für das Verständnis von dem, was hier abgeht, sehne ich mich erneut nach Kontakt zu den etwa drei Dutzend ausländischen Helfern, die Kabul »entwickeln« wollen. Es gibt einen Ausländer-Club, eine Sperrzone selbst für Journalisten, doch Azim, der wunderbare Azim, kennt die dortigen *Watchmen*, ich darf nun jeden Tag neben den Taliban-Wächtern, die gar nicht wissen, was sie genau bewachen, ganz legal hinein. Um mein Auge mit der größten Irritation, die Kabul zu bieten hat, zu erfreuen: Hinter der Mauer liegt eine Oase mit Swimming-Pool und seltsamen Europäern im Badeanzug!

Frank aus Sydney liegt auf seinem Liegestuhl, muskulös, sehr sympathisch und hilfsbereit, ein Arzt und Spezialist für Prothesen. Er kennt Kabul so gut wie kein anderer und nimmt mich mit in ein Zentrum, wo Hunde für die Minensuche ausgebildet werden. Das hoch interessante Mine Detection and Dog Centre (MDC) liegt gleich neben dem Stadtzentrum in einem eingezäunten Gelände am Fuß des Königs-Mausoleums. Mario, der Chef, ein Deutscher, zeigt mir alles. Gut 50 Schäferhunden verpasst er hier die Ausbildung, und bereits jetzt stehen 500 Hunde dieser militärisch geführten Organisation im ganzen Land im täglichen Einsatz. Selbst den Nachwuchs züchtet die Organisation selber. Mario erzählt: »Ist ein Welpe verspielt genug, beginnen wir ab dem zweiten Monat mit der einjährigen Ausbildung. Unser Ziel ist, dass die Hunde auf 40 Befehle richtig reagieren können. Das Problem dabei ist nur: Im Minenfeld dürfen die Hunde einzig ihrem Führer folgen. Deshalb verstehen die Hunde keinen einzigen englischen Befehl und keinen einzigen auf dari!«

»Was sprichst du denn sonst für eine Sprache mit den Hunden?«

»Ganz normales Holländisch!«

Ob die Hunde aber wirklich alle Minen im Feld erschnüffeln, weiß niemand so genau. Das macht auch Mario Sorgen. »Weißt du, unser Programm ist erst im Aufbau,« meint er. »Und bisher ist ja alles gut gegangen, zumindest bis wir vor kurzem einen Unfall hatten, als eine Mine unentdeckt im Feld liegen blieb. War das ein Aufstand! Die Geldgeber, die UNO und die Bundesrepublik, drohten die Streichung aller Gelder an, sollte sich herausstellen, dass die Hunde weniger als 98 % der Minen finden. Um nun die Effizienz von deutschen Schäferhundenasen im afghanischen

Boden zu untersuchen, ist extra der bekannteste australische Hundepsychologe eingeflogen worden, Christopher. Kennst du ihn?«

Tatsächlich treffe ich Chris wenig später im Ausländer-Club an der Bar. Chris hat die Aufgabe, hundert Minen zu verbuddeln und sie anschließend mit den Hunden wieder zu orten. Sein Versuch sollte über ein halbes Jahr dauern und bringt schon jetzt alle 800 Mitarbeiter von MDC ins Zittern und um ihren Schlaf. Am zweiten Tag meines Aufenthalts nimmt er mich mit aufs Feld, gut 50 km außerhalb Kabuls, und wir wühlen unter den wachsamen Augen eines unscheinbaren Taliban-Außenpostens in der Erde herum, vergraben ein paar entschärfte Minen.

Ich überlege: Hunde sind in Afghanistan verpönt, da sie nicht zu den vom Islam geduldeten reinen Lebewesen gehören. Trotzdem werden sie mit größten Anstrengungen ausgebildet. Viel schlimmer ergeht es nur noch den Frauen. Die werden nämlich gar nicht ausgebildet. Es ist Zeit, mich in einer Schule umzusehen. Salahudin nimmt Chris und mich mit ins Polytechnikum, die höchste Zucht- und Ausbildungstätte für zukünftige Wissenschafter des Landes. Die Realität: Wir müssen zuerst zur Schulleitung, allesamt Taliban, die wissen wollen, was uns hierhin führt, ob wir religiös duldbar sind. Von ihrem Job, so merken wir schnell, verstehen sie nichts. Der jüngste und wirrste Rektor interessiert sich vor allem für Chris und will wissen, wieso er Minen entferne. Seine Abneigung gegen Minenorganisationen erklärt er stotternd wie folgt: »Mi-Mister Christopher, auch Sie wissen, dass nur Allah darüber entscheidet, wann die Zeit gekommen ist, dass er jemanden zu-zu sich-sich nimmt. Wissen Sie: Wenn Sie die-die Minen entfernen, dann pfuschen Sie-Sie ins Werk Allahs! Wenn Sie die Do-Dorfbewohner daran hindern, zu Allah zu kommen, dann müsste ihre O-Organisation auch für die Lebenskosten aller-aller Menschen aufkommen, die wegen der Räu-Räumung der Minen daran gehindert werden, die Rei-Reise zu Allah anzutreten!« Zum Glück spürt dieser Typ, der Rektor genannt werden will, einen schnellen Ellbogen eines anderen Rektors an den Nieren und verstummt. Diese Diskussion ihres Kollegen scheint dem Gremium verfrüht zu sein, und so erlaubt man uns – als Kompensation – einen Blick in die Schule zu werfen. Ausgerechnet der Wirrkopf wird angewiesen, uns zu führen.

Kein Zweifel: Die Gebäude standen vor sechs Jahren im Bombenhagel, und noch heute stehen sie da, als ob alles erst gestern gewesen wäre! Nichts ist seither zur Seite geschafft worden, wir spazieren inmitten durch zertrümmerte Türen, ausgebombte Wände, zerfetzte Schulbänke. Es fehlt an allem. Die geologische Gesteinssammlung am Boden zertrümmert, die Bibliothek in Fetzen. Das soll eine Schule sein? Trotzdem besuchen gut 800 Studenten dieses Technikum. Und Frauen? Fehlanzeige! Der Rektor erklärt dieses Gesetz so: »Das ist nur vo-vo-vo-rübergehend, denn noch herrscht Kriegszustand. Die Frauen sind zu Hause besser ge-ge-ge-schützt!«

Ich staune immer mehr über den jungen Kerl, der sich Rektor nennen darf und sichtlich stolz darauf ist, erst 19 Jahre alt zu sein. Wie ist so einer zu diesem Job gekommen? Seine Antwort erklärt mir das Innenleben dieses Gottestaates und hat die geballte Kraft, alle meine naiven Wissenslücken sofort zu stopfen:

»Oh, das war natürlich Allahs Wille! Ich stu-studierte vor zwei Jahren hier Me-Me-Medizin. Da entdeckten die Ärzte bei mir einen Ge-Ge-Gehirntumor. Um mein Hi-Hi-Hirn zu entfernen, musste ich nach Pa-Pakistan. Und weißt du was? Die Ärzte sagten mir, dass ich nie mehr stu-studieren werden könne. Doch, siehst du? Als-Als ich nach Kabul-bul zurückkam, wurde ich Di-Di-Direktor des Instituts! Alles nur der Wille von Allah, inschallah!« Dass er ein Paradebeispiel dafür ist, dass es Hirnlose bei den Taliban ganz weit nach oben schaffen, sage ich ihm lieber nicht.

Zurück im Club. Meine Seele ruft nach dem letzten Stück Paradies in Kabul, nach dem offiziell nicht existierenden Swimming-Pool. Beim späten Toast treffe ich die beiden Delegierten, die am Tag vor meiner Einreise mit den Taliban in der Frage der Brotverteilung für die Witwen die Einigung erzielt hatten. Doch zu meiner Überraschung: Keine Entwarnung, die UNO ist schon wieder am Pokern mit den Taliban. Die beiden sind sichtlich mitgenommen, und ich ahne: Das ist kein gutes Zeichen.

»Als du nämlich bereits eingereist warst, als das weibliche (aber medizinische) UN-Personal die Brote zu verteilen begann, da wurden vier Krankenschwestern ohne Wenn und Aber gleich abgeführt und eingesperrt. Einfach so. Die Brotverteilung wurde nach wenigen Stunden schon wieder abgebrochen. Die Krise zwischen Taliban-Führung und der UN eskalierte erneut. Weißt du wieso?«

Ich bin sprachlos, nippe an meinem Tee.

»Der Typ, der beim Nachtessen am Vorabend noch stellvertretender Außenminister war und den Einsatz der Krankenschwestern für die Brot-Verteilung genehmigt hatte, war am Morgen ausgewechselt worden. Da saß uns ein neuer Typ gegenüber. Ohne Ahnung von den gestrigen Abmachungen, ohne

Ahnung vom Verschwinden der Krankenschwestern. Erst zwei Tage später konnten wir die verängstigten Frauen in einem Knast finden und rausholen.«

»Und jetzt?«

»Nun, seit drei Tagen läuft das Programm reibungslos. Somit bleibt auch die UNO, wenigstens so lange das Programm gut geht, noch im Land.«

Ich atme auf. Und gleich darauf nochmals. Am vierten Tag ist es das erste Mal, dass sich ein Horrorszenario nicht bewahrheitet: Ich erhalte mein Auto von Azim unversehrt zurück. Trotz Krise, Elend und Armut: Azims Familie hat gut aufgepasst. Ich merke: In diesem Land komme auch ich nicht ohne Gottvertrauen durch. In der Garage, wo die Hilfswerke ihre Autos reparieren lassen, warte ich vier Stunden, bis vier Jungs (keiner älter als zwölf Jahre) an meinem kaputten Vierradantrieb etwas herumschweißen und flink neue Blattfedern einbauen, um die Bodenfreiheit zu erhöhen. Ich wollte zuerst nicht glauben, dass die das können. Und jetzt, die Rechnung am Schluss: elf Dollar! Für einen Wagen, der quasi wie neu ist!

Am nächsten Tag melden sich zwei junge Burschen beim Hotel. Ihre Herkunft: Untergrund. Die beiden schauen sonst bei den verlassenen und verlotterten Botschaftsgebäuden westlicher Staaten nach dem Rechten, arbeiten scheinbar für verschiedene Geheimdienste, mit einer klaren Sprache rücken sie nicht raus. Ihre Aufgabe heute: Mein Auto so durch Kabul zu steuern, dass ich von der Rückbank aus durch die getönten Scheiben, die Stadt fotografieren kann. Für ihren heutigen gefährlichen Job im Auto wollen sie kein Geld. Sie wollen nur, dass ich mit diesen Bildern der Welt die Augen öffne. Mit Bildern von rostenden Bussen, die auf ihren Dächern keinen freien Zentimeter mehr für einen weiteren Passagier haben, mit Bildern von Frauen, die keinen Zentimeter Haut zeigen dürfen, von Männern, deren Bärte keinen Zentimeter zu kurz sein dürfen, von Kinos, die keinen Zentimeter Film mehr abspielen dürfen.

Es ist Freitagnachmittag, und nur das traurige Fußballstadion hat etwas im Übermaß, es ist zum Bersten voll. 30 000 Zuschauer haben sich zum einzigen erlaubten Vergnügen eingefunden, sie johlen, brüllen, klatschen, selbst die verlotterten Beleuchtungsmasten biegen sich. Auf diesen Moment haben alle eine Woche lang gewartet, auf die Vollstreckung der Scharia, die islamische Rechtsprechung. Wer letzte Woche gestohlen hat, dem wird jetzt die rechte Hand abgeschlagen. Wer sich unerlaubt mit dem anderen

Geschlecht traf, kriegt Peitschenhiebe, ab und zu tödliche, je nach Lust und Kraft des Henkers. Und wer gegen die Taliban agiert hat, der endet heute mit dem Strick am Torpfosten, todsicher. Meinem Zuhören nach gefällt's den Zuschauern, das Köpfe-Rollen bewirkt mehr Begeisterung als der anschließende Fußball.

Wir fahren weiter. Dem ehemaligen Königspalast nähern wir uns auf vierhundert Meter, dann drehen wir schnell wieder um. Das Gebäude zerbombt, ohne Fenster, ganze Gebäudeteile eingestürzt. Trotzdem ist er die gefährlichste, verschworenste Ecke der Stadt. Ihr Kommentar: »Zu gefährlich, das ist das Hauptquartier der Tschetschenen, Araber und Pakistani! Hier kommt keiner mehr lebend weg, wenn er zu nahe kommt!«

Ich verstehe die Aufregung nicht, weiß noch nicht, dass die Bewohner dieser Ruine, diese so genannten »Gäste« der Taliban, drei Monate später, am 11. September 2001 zu einem weltweiten Inbegriff für Terror werden: Al Qaida!

Mir sind diese unbeschreiblichen, finsteren Typen schon ein paar Mal begegnet: Mit Turbanen, die bis zum Boden reichen, schwarzen Umhängen, Sandalen und Kalaschnikows schlendern sie im Rudel über die Straßen. In ihren Gesichtern spiegelt sich kein humaner Zug. Am Schluss dieser Mission zurück bei Frank, zum Abschiedsbesuch. Frank hat eine Überrschaung parat. Seine neuste Geschichte von heute: Ein Tschetschene habe ihm vorhin soeben auf die Motorhaube gespuckt, und er hat den Gotteskrieger gepackt und auf die Motorhaube geschleudert, zur Belustigung einer riesigen Menschenmenge. Ich bin entsetzt: »Frank, spinnst du?« Doch Frank grinst. Beim Ringen mit Kalaschnikow-Trägern ist er in seinem Element.

Damit auch mein Programm reibungslos läuft, hat mir Mario Humayun mitgegeben, einen Hundeführer von MDC. Um mich nach Kandahar, in die Hochburg der Taliban zu begleiten. Ich muss wieder Abschied nehmen von den vielen herzlichen Menschen, die mir bisher wahnsinnige Einblicke hinter die Kulissen gewährt haben. Ich verstehe mittlerweile jeden, der mich nicht begleiten will, da der Verlauf meiner Mission unvorhersehbar, ja schlicht waghalsig ist – trotz allen Vorbereitungen. Am liebsten würde ich umkehren, wäre ich irgendwo anders, nur nicht in den Klauen des Geiers. Gott sei Dank ist jetzt Humayun dabei. Ich werde auch ihn brauchen.

Mein Motor dröhnt wie eine Rakete. Das Benzin ist ein abenteuerlicher Cocktail aus den GUS-Staaten mit viel zu niedriger Oktanzahl. Vier Stunden vergehen, bis ich anständiges Benzin finde. Ich fluche, bis mein Auto wieder tickt wie eine Schweizer Uhr. Auch während des Fahrens auf der inexistenten Autobahn hört mein Fluchen nicht auf, wird lediglich unterbrochen, wenn ich zu viel Staub schlucke und fast ersticke. Das ewige Schaukeln, das Knistern der Achsen, die ständige Bremsbereitschaft, das vergebliche Lospreschen nach jedem Schlagloch, die angespannte Halsmuskulatur. Kein verlangsamender Herzschlag, höchstens beim Anblick der bunten Kuji-Nomaden. Dieses Volk, das ärmste Afghanistans, zieht mit seinen schwer bepackten Kamelen und Eseln durch die Einöde, wie vor Jahrtausenden, ohne Eile. Unvorstellbar: Die meisten dieser Menschen sind noch nie durch eine Türe gegangen, haben noch nie einen Türdrücker betätigt. Weder die Taliban noch die moderne Welt weit draußen drängen sie aus ihrem Rhythmus. Stumm und wortlos traben sie an uns vorbei. Ein nachhaltig nachdenklicher machender Anblick.

Die moderne Zeitrechnung beginnt erst wieder, als 18 weiße Hino-Lastwagen in einer Staubfahne über die Schlaglöcher in unsere Richtung fegen, mit den mahnenden, blauen Aufschriften »World Food Programme« und, noch wichtiger: »Hino sponsored by Japan«. Hino ist eine japanische Lastwagenmarke, da steht also Lastwagen-Werbung, als ob hier jemand für einen Hino sparen würde. Der Konvoi steht für den faulen Kompromiss der Weltgemeinschaft, für ihre Antwort auf die Hungersnot der Kinder und Witwen, ganz diplomatisch, in diesem Sinne: Nicht zu viel und nicht zu wenig geben, will heißen: Lieber ein paar wenige Brote auf 500 000 hungrige Mäuler als gar nichts. 18 Lastwagen sollen fürs Brot-Programm reichen, denn keine Kamera der Welt wird das Elend einfangen und in die Wohnstuben ausstrahlen. Viel lässt sich über Afghanistan sagen, aber nur eines zweifelsfrei: Es ist das vergessenste Land der Welt!

Nach 200 km: Ghazni, die einzige Stadt auf der 500 km langen Strecke. Trostlose Tristesse und Taliban-Hochburg. Wir fragen nach dem Quartier von MDC, landen aber irrtümlicherweise bei ADC, dem Afghan Demining Centre. Zwanzig Männer freuen sich, uns in ihrem Zelt zu empfangen, tischen Melonen, Trauben, Linsen und Reis auf, wollen uns bei sich behalten, auch über Nacht. Die Gastfreundschaft und Herzlichkeit kennt keine Grenzen. Die alte Wahrheit: Je mieser die Lebensumstände, desto eher teilen die Menschen. Auch wahr: Gäbe es einen Fernseher, würde keiner mehr auf mich glotzen. Somit bin ich der Fern-Seher, durch mich erblicken alle die Ferne, ich bin ihr Medium. Was Humayun übersetzt, wirkt als Orakel, ist die Wahrsagung, die Wochenschau. Taliban schlecht,

Afghan people gut. Alle nicken. So ist es. Applaus für den Ausländer, das Zelt biegt sich vor Lachen. Nur hundert Meter weiter ein Zelt mit Taliban-Kämpfern. Alle bleiben diese Nacht, wo sie hingehören. Gott sei Dank.

Was ich hier in Afghanistan unternehme, ist verrückt, denke ich immer wieder. Ich tanze hier womöglich nicht mehr auf der Nase eines Nilpferds, nein, viel schlimmer, ich bin schon in den Klauen der Geier. Ich komme mir vor wie Aas, sie können picken, wie sie wollen, ich bin völlig schutzlos. Heute langen die Krallen inmitten der Wüste zu. Bei Bruthitze steht ein Toyota Pick-up unter der prallen Sonne schräg auf der Straße. Humayun fährt zusammen, der Wagen bedeutet nichts Gutes. Die Religionspolizei, die am meisten gefürchteten Geier innerhalb der Taliban! Halte an, der Obergeier kreischt: »Sitzen bleiben!«, pickt blitzschnell an meinem Radio herum. Seine Beute: Meine Kassette, die *Scorpions!* Kriege rasendes Herzklopfen, muss das sein, dass ich die Kassette stecken ließ? Der Geier winkt grimmig den Königsgeier her, dieser wedelt mit der Peitsche. Mit verzerrter Grimasse starrt er Humayun an, zeigt ihm seinen Schnabel mit dem verfaulten Gebiss und zerbricht die Kassette zähneknirschend. Keine Zweifel, dass es das nächste Mal für Humayun die Peitsche gibt. Meine *Scorpions* landen im Sand, die Peitsche fuchtelt durch die Luft, fordert auf zum Weiterfahren. Ich presche los, weg, nur weg hier, auf und davon.

Die Logik der Taliban bedarf erklärender Worte, die Humayun trocken wie die Wüste liefert: Immer werde der Begleiter, der Einheimische bestraft, da der dafür sorgen muss, dass nichts Unsittliches im Auto ist. Die einzige erlaubte Kassette: Verse aus dem Koran.

Humayun grinst schon wieder. Seit fünf Jahren herrschen die Taliban, das stumpft ab. Seine Überlebensstrategie: Schnell vergessen! Ich aber werde den Vorfall nicht so schnell los. Vor allem, weil unter meinem Sitz, im Batteriefach, noch meine 99 besten Kassetten auf ihre Entdeckung warten.

Es ist das erste Mal, dass ich so richtig wütend bin auf die Geier. Das waren die ersten, die nicht mit sich reden ließen, die total fanatisch waren. Dazu kommt heute die Hitze. Während wir mit 30 bis 40 km/h durch die sich langsam senkende Ebene dümpeln, mutterseelenallein auf staubigen, verwitterten Pfaden, steigt die Temperatur unaufhörlich, heute erstmals über die 50-Grad-Marke. Das Eis in der Kühlbox aus Ghazni ist nach zwei Stunden geschmolzen. Im Verlauf des Nachmittags wird das zuerst tiefgekühlte Mineralwasser in der Box über 30 Grad warm. Wenn sich alles Üble irgendwann kumuliert, zeitgleich abspielt, unausstehlich wird, dann beginnt man unweigerlich von Horror zu sprechen. Von einem Schreckenstag.

Du sollst den Tag nicht vor dem Abend verfluchen! Mit jedem Schlagloch trichtere ich mir das ein. Dieser Gedanke beflügelt. Irgendwann, nach elf Stunden auf der Piste und völlig ausgetrocknet, Einfahrt in die Hauptstadt der Taliban. Im letzten Schwindelanfall die letzte Kurve zum Office. Kurzes Hupen, die Türe öffnet sich, blitzschnell gelangen wir in Sicherheit, ehe irgendein Geier Luft davon kriegt, wo ich bin. Die Freude der 20 anwesenden Männer ist überwältigend, unsere Ankunft war per Funk angekündigt und wird bis um Mitternacht ausgiebig gefeiert. Schlafen darf ich im Büro des Chefs, das wohl einzige Zimmer in Kandahar mit Air-Condition, ich bin überglücklich. Ohne diese brüllende Apparatur hätte ich die nächste Nacht wohl nicht überlebt. Die Temperatur draußen sinkt selbst in der Nacht kaum unter die 37-Grad-Marke.

In Kandahar getraue ich mich nicht mehr zum Haus hinaus. Hier besteht keine Übersicht mehr, wer zu wem gehört. Fotografieren: Unmöglich. Tröstend nur, dass die Stadt scheußlich ist. Frauen gibt's auf den Straßen gar keine mehr, nur ein paar spielende, dreckige Bengel beweisen, dass irgendwo noch Mütter auf ihre Heimkehr warten.

Die Organisation nimmt mich am nächsten Morgen mit ins Einsatzgebiet. Zehn Kilometer außerhalb der Stadt herrscht eine riesige Einöde. Was früher ein Weinbaugebiet war, besteht heute nur noch aus Geröll und Minen, alles braun, staubig und tödlich heiß. Vier Schäferhunde lechzen ab fünf Uhr morgens mit hängender Zunge über das Feld, Tag für Tag. Um elf Uhr ist jeweils Schluss, das Quecksilber hat die 50-Grad-Marke erreicht. Ich lechze wie ein Hund und drehe fast durch, bis man mich aus dem Schatten unter einem Lastwagen wieder hervorholt und stolz den glücklichen Fund präsentiert: Eine Personenmine! Klein genug, um sie unauffällig wie eine Hockey-Scheibe unters Geröll zu legen, aber groß genug, um Beine abzureißen. Die absichtliche Wirkung: 80 % der Opfer sollen nicht getötet werden. Schreiende Opfer sind viel wirkungsvoller, demoralisieren und binden die Kräfte einer Truppe viel effektiver als Opfer, die gleich tot sind. Die dumme Nebenwirkung: Auch jetzt, 15 Jahre nach Ende der Schlacht gegen die Sowjets, töten sie genauso weiter wie am ersten Tag. Es braucht nur 25 kg Gewicht, damit sie hoch geht. Nach 15 Jahren können aber auch 250 g schon reichen.

Wieder die Trillerpfeife eines Hundeführers, diesmal kommt

eine Panzermine ans Tageslicht. Alle bleiben auf Abstand. Die Bombe sollte zwar erst ab einem Druck von 250 kg hochgehen, doch nach 15 Jahren kann keiner wissen, in welcher Verfassung sie ist. Ich beuge mich runter. Pikant: Auf der Mine steht »Made in Italy«. Die Schlacht, so sagt man mir darauf, führten hier die Sowjets gegen die Mudschaheddin, also die Eroberer gegen die Afghanen! Ich weiß nur eines: Im Krieg gibt es keine Wahrheit. Die Minen wurden alle von den Sowjets verbuddelt, die in Bedrängnis gerieten, auf den Berg flüchteten und die Minen legten. Wie die italienische Panzermine in ihren Besitz kam? Manche Fragen werden nie dezidiert beantwortet.

Am Ende die Sprengung. Selbst in 400 Metern Entfernung kommen mir die beiden Druckwellen vor wie Faustschläge in den Magen. Habe seit Tagen nichts mehr gegessen, nichts mehr im Magen, ein Glück für diesen Moment. Der Schock rüttelt auf. Ich will nur noch weiter, raus aus diesem Land. Ich hoffe, schon morgen weiterfahren zu können, und dass ich eine Begleitung finde. Die Organisation teilt mir mit, dass ihr Fahrzeug in drei Tagen nach Herat fahre und ich könne mich Kader, ihrem Fahrer, anschließen. Somit bleibe ich voller Ungeduld, laufe viel im Garten im Schatten eines Maulbeerbaumes auf und ab, und kann kaum mehr erwarten, aus diesem Gefängnis rauszukommen.

Schon am nächsten Tag halte ich das Nichtstun nicht aus, fahre ich mit meinem Bus durch die Stadt, will nur zur UNO, natürlich völlig überflüssig, will es einfach nochmals wissen, dazu noch allein. Natürlich werde ich prompt vor dem Gebäude der Religionspolizei angehalten und angebrüllt. Meine verdunkelte Fensterscheibe hinten – »*Taliban only*«*!* Ich lasse sie fertig schreien, schalte auf unwissend und in den ersten Gang. Fahre schließlich langsam davon, lasse den entbrannten Policeman auf der Kreuzung weitertoben. Ab jetzt bleibe ich nur noch im Office. Will nichts mehr wissen von dieser Außenwelt.

Mir bleibt Zeit für eine Reise in meine Innenwelt. Was ich bisher in diesem Land gehört und gesehen habe, ist schrecklich, unmöglich. So viel Leid und Elend. Und doch: Keiner ist depressiv, keiner jammert. Ich komme mittlerweile auf dreißig Wörter der afghanischen Sprache, des Dari. Auch die Männer der Abendrunde beherrschen dreißig Wörter auf Englisch. Das sind gute Voraussetzungen: Wir können uns dreißig Stunden lang bestens unterhalten! Die Abende hier in der Gefangenschaft verkommen zu einer Komödie, wir machen das, was wir außerhalb der Mauern nicht dürfen: Aus vollem Hals lachen! Ganz ehrlich: Es sind schrecklich nette Kerle. So oft fühle ich mich ziemlich klein angesichts der Fähigkeit dieser Menschen, über ihr Elend zu lachen. Denn mit Sicherhheit ist keiner lustig, weil er getrunken hat. Und doch torkeln alle herum, wie besoffen. Lachen ist eben heilsam. Ich weiß, ich kann bald raus hier; sie aber müsen bleiben.

Abschied nehmen fällt nun umso schwerer. Ein Sandsturm begleitet mich am Tag x aus Kandahar hinaus. Diesmal sitze ich alleine im Auto und versuche, dem schnellsten Fahrzeug Westafghanistans zu folgen. Schon nach wenigen Kilometern ist Kader auf und davon, sein großrädriger Pick-up schaufelt sich den Weg durch die Schlaglöcher frei wie ein Maulwurf. Bald ist er ganz im Staub verschwunden. Nun falle ich ganz allein von einen Schlagloch ins andere und schwimme durch den feinen Staub, der sich durch alle Ritzen bohrt. Nach wenigen Kilometern ist der Ausbrecher wieder eingeholt, ein braver Kader neben der Straße, die Motorhaube offen, sein Kühlwasser siedet. Er lacht, als wäre nichts geschehen. Er hat vorgesorgt, ein großer Kanister voll Wasser in seiner Hand. Der Geysir unter seiner Motorhaube wird ab jetzt alle fünfzehn Kilometer spucken, in diesem Rhythmus rasseln wir weiter. Ich betrachte dieses Theater als lustig, lasse mir die gute Laune nicht nehmen, bis auch mir das Lachen vergeht, dann nämlich, als Kader um mein Trinkwasser bittet. Sein Kanister ist leer, wir stehen einsam irgendwo inmitten der heißen Wüste Belutschistans, und er zuckt die Achseln. Ja, irgendwie muss es weitergehen. Meine zehn Liter reichen zum Glück gerade noch bis in die nächste Ortschaft, 80 km entfernt. Dort gibt's Wasser und frischen Kebap, ohne Wirkung auf meinen verlorenen Appetit.

Was mir auffällt: Während ich mit 40 km/h Kader hinterherjage, mir mehrmals den Kopf an der Decke anschlage und fürchte, mein Fahrzeug würde sich demnächst in seine Einzelteile auflösen, jagt mehrmals eine Art Fata Morgana neben mir vorbei: Jeweils ein baugleicher Toyota wie meiner, uralte Sardinendosen auf Rädern, mit 17 Passagieren an Bord und hunderten Kilo Gepäck auf dem Dach. Und zwar nicht etwa mit Tempo 40, sondern mit rasanten 70 Sachen! *Toyota, nichts ist unmöglich!* Ich schwöre: Den Wahrheitsgehalt dieser Werbung werde ich ab sofort nie mehr hinterfragen!

Kurz vor Dunkelheit, nach zwölf Stunden hinter dem Lenkrad, erreichen wir gerädert die nächste Ortschaft 80 km vor Herat. Kader kennt die Leute hier – eine Entminungs-Organisation namens OMAR. Ein paar Liegebetten sind noch frei, auf denen wir, neben über hundert Männern und zwischen Wracks von zerschossenen Panzern unter freiem Himmel einschlafen.

Herat war schon vor 700 Jahren die architektonisch, literarisch und kulturell am höchsten entwickelte Stadt entlang der Seidenstraße. War Herat damals eine der bedeutendsten Städte der Welt, kann es sich heute wenigstens noch damit rühmen, die einzige nicht zerstörte Stadt Afghanistans zu sein. Von der damaligen Schönheit ist noch einiges erhalten geblieben: Die fünf schiefen Minarette, die Citadelle aus Sandstein, die blaue Moschee sowie eine pulsierende Innenstadt mit prallvollen Geschäften. Herat tut gut, vor allem das viele Grün. Diesmal verstecke ich mich nicht nur bei Kaders Organisation, hier in Herat nehme ich mein Fahrrad vom Dach und gehe auf Entdeckungsreise. Ab zu Nick, dem jungen, braven Kanadier vom dänischen Hilswerk, den ich vor zwei Monaten in Peshawar auf der Botschaft getroffen habe und der mir versprach, mir Herat zu zeigen, falls ich je hier auftauchen sollte. Ich merke sofort: Nick hat seither eine Portion schwarzen Humors zugelegt, denn das Erste, was er mir zeigt, ist ein Verkehrskreisel gleich neben seinem Haus, und dazu sein freudiger Kommentar: »Schade, dass du nicht gestern schon angekommen bist! Da hast du was verpasst!« Er zeigt oben auf einen Beleuchtungsmast. »Gestern hing da oben nämlich einer, von den Taliban gehängt! Heute hängt leider nur noch sein Turban, aber gestern war die ganze Stadt auf den Beinen, um das zu sehen! Du hättest das sehen sollen!« Oh, was für ein Glück, dass mir der Anblick erspart geblieben ist, denke ich. Auch in Herat mangelt es nicht an Horrorgeschichten. Die größte davon heißt Mazlak, zu Deutsch: Schlachthaus.

In Nicks Land Cruiser geht's am nächsten Tag in dieses »Schlachthaus«, ins größte Flüchtlingslager der Welt. So passiere ich problemlos die Barriere, der Check-Point nimmt automatisch an, ich gehöre zur dänischen Organisation. Der Anblick, der vor der Weltöffentlichkeit verborgen bleiben muss: 120 000 Menschen, vielleicht auch 150 000, von der Dürre vertrieben, hoffnungslos zusammengepfercht auf vier Quadratkilometern Wüste und Einöde, der Ort so wenig einladend wie ein Massengrab.

»Was tun denn diese Leute hier? Vor was sind die geflüchtet?«, will ich wissen, worauf Nick antwortet:

»Schuld am ganzen Desaster tragen viele, in erster Linie ein paar findige Buschauffeure. Die haben nämlich im ganzen Westen des Landes das Märchen verbreitet, dass in Herat jede Familie von den internationalen Organisationen kostenlos ein Haus, Decken und zu Essen kriegt. Für einen dicken Fahrpreis und mit halbleeren Versprechungen haben sie nun ganze Dörfer entvölkert. Die Taliban haben daraufhin dieses Camp eröffnet, um die eintreffenden

Menschenlawinen aus der Stadt zu holen. So sind die armen Seelen nun hier gestrandet.«

»Und wie geht's weiter?«

»Die Taliban haben uns Hilfswerke letzte Woche informiert, dass das Camp in sechs Wochen definitiv geschlossen wird. Wohin die Menschen dann aber sollen, das kann niemand sagen. Mittlerweile bemühen sich die Hilfsorganisationen zu retten, was zu retten ist. Alle sind überfordert, denn diese Flüchtlinge wurden innerhalb der letzten vier Wochen hier angespült, und immer noch kommen täglich tausende hinzu! Niemand ist auf so was vorbereitet.«

Ein uralter Lastwagen mit der Aufschrift »UNHCR« tuckert hilflos mit Lehmziegeln und Lebensmitteln beladen zwischen den Zelten herum, und einzig die *Médicins du Monde* betreiben einen kleinen medizinischen Posten, während Nick verzweifelt versucht, mit einer großen Maschine das Grundwasser anzuzapfen. Ich schieße ein paar Bilder und kann kaum fassen, dass Vorkommnisse dieser Dimension in den westlichen Medien mit keinem Wort erwähnt werden. Tage später werde ich beispielsweise im Internet unter »Mazlak« keinen einzigen Treffer landen.

Mit diesem letzten Anblick einer humanitären Tragödie, die sich – meinem Gefühl nach – beim herzlichsten Volk der Welt abspielt, ist es höchste Zeit, das Land zu verlassen. Genau drei Tage darf ich in Herat bleiben, ehe mein Visum abläuft, ehe ich zur nahe gelegenen Grenze fahre und die Landschaft nochmals in mich einsauge. Afghanistan verabschiedet sich von mir mit dem, was es hat: Zerstörte Panzer und Kamele. Noch einmal begegnet mir ein Esel auf der Straße mit drei Jungs drauf. Ich bremse und starre sie an. Sie nehmen kaum Notiz von mir, ihre Blicke sind völlig apathisch und eingesunken. Von wo kommen sie? In welche Zukunft gehen sie? Und wo bleibt ihr Lächeln, das Kinder auf der ganzen Welt immer so schnell hervorzaubern können?

Noch einmal kommt ein Schlagbaum, der letzte Check-Post der Taliban vor dem Zoll. Die Barriere unter einer dicken Schicht von Musikbändern, herausgerissen aus konfiszierten Kassetten, und daneben ein junger Bursche mit schwarzem Turban. Die Szene ist so komisch, so surreal, dass ich einfach, ohne lange zu überlegen, darum bitte, den Schlagbaum fotografieren zu dürfen. Mit einem »One Moment« flüchtet er Vollgas den Hügel hinauf, zu einem – erst jetzt sehe ich es – dort ansässigen Quartier der Taliban, zu einem Dutzend Gotteskämpfer! Alle werden jetzt alarmiert, alle werden sich jetzt über mich hermachen. Ich male mir den größten

Horror schon aus, jetzt, auf den letzten Kilometern vor der Grenze. Ich Dummkopf! Wieso musste ich den letzten Taliban noch provozieren? Schon kommt der Kleine wieder heruntergehüpft, um seine Schulter ein riesiges Maschinengewehr. Blitzschnell stellt er es neben die Barriere und setzt sich dazu, dann brüllt er mich an: »Mister, Picture, Picture, Picture!« Ich lache auf. Der Kerl, zu jung, um die wichtigsten Regeln der Taliban zu wissen. Du sollst nicht fotografieren! Ich tue es mit Freude.

Die erste Hand auf dieser Reise, die sich ausstreckt und Geld verlangt, ist die des Ausreise-Chefs am Taliban-Zoll. Ein alter, zahnloser Großvater, eher ein Hobby-Taliban als ein furchteinflößender Gottesstudent, will 100 Dollar kassieren. Ohne die, so entschuldigt er sich, dürfe er mich nicht hinauslassen. Noch nie war ich so froh, einem verwahrlosten Beamten einen grünen Schein zuzustecken – welch höheren Preis könnte er verlangen, der letzte Taliban! Ich würde ihm wohl alles geben – nur für meine Freiheit!

Ich übernachte im Niemandsland zwischen Afghanistan und Turkmenistan. Ich muss vor Mitternacht aus Afghanistan raus, kann nach Turkmenistan aber erst rein, wenn die Schranken um acht Uhr morgens aufgehen. Der komische Besucher wird die ganze Nacht von den wachsamen turkmenischen Wachposten mit Feldstechern beobachtet. Drüben herrscht wohl die ganze Nacht schon der Alarmzustand.

Das Ende meiner Odyssee will nicht kommen. Stattdessen der größte Horror, auf den ich gar nicht mehr gefasst bin. Es ist nur vordergründig das Tor zur Freiheit. Die Turkmenen, die lassen jetzt die Sau raus. Statt dass ich auf ihre erste Frage zugebe, dass ich mit meinem weißen Kreuz am Auto fürs Rote Kreuz auf Mission bin, verrate ich, dass ich privat unterwegs sei. Damit habe ich mich endgültig ins Verderben gestürzt! Ein beispielloses Theater beginnt, für das die Turkmenen den ganzen Tag wunderprächtig Zeit haben. Bin ja das einzige Auto, das heute die Grenze passiert. Ihre Ansicht: Ein Tourist, der mit einem riesigen Bus ganz allein von Afghanistan herkommt, kann ja nur eine Mission haben: Opium!

Logisch! Und schon machen sich ein halbes Dutzend Zöllner während drei Stunden über den Wagen her, denn das Opium muss her! Zwölf Hände legen alles, was schön reisetauglich versteckt und festgezurrt ist, auf den Vorplatz aus. Jede Filmdose, jede Konservendose, jede Zahnpasta wird geöffnet. Jeder Beutel, jeder Treibstofftank, jeder Schrank muss raus. Je länger die Prozedur dauert, desto ungeduldiger werden sie. Keiner spricht auch nur ein Wort englisch oder dari, und ich keine Parabel russisch. Es gibt eh nichts zu sagen. Sie befehlen, ich stehe nebendran. Und schaue zu, wie sie mit einem Stethoskop alle Hohlräume des nun ausgehölten Busses überprüfen. Der dicke Fisch, auf den sie sich gefreut haben, geht ihnen aber heute nicht ins Netz, und ich weiche keinen Augenblick zur Seite, damit keiner eigenhändig seinem Fangglück nachhilft. Bis mich einer zur Schiebetüre ruft und das unausprechbare Wort schreit: »Opium! Opium!« Mir stockt der Atem. Das Herz rast. Opium in meinem Auto! Das kann nicht sein! Das darf nicht sein! Das bedeutet lebenslänglich in Turkmenistan! Mein Ende!

Der Typ zieht mich zu sich hin, zeigt mir einen Hohlraum, wo die Schiene der Schiebetüre durchführt. Und in der anderen Hand: Ein kleiner, zugeschweißter, durchsichtiger Beutel mit einem weißen Pulver drin und der unmöglichen Aufschrift: »Heroin«!

Meine Sicherungen brennen durch. Zeit zum Nachdenken bleibt mir keine mehr. Das Gitter zurück nach Aghanistan schätze ich höchstens drei Meter hoch. Das schaffe ich! Ich will zurück zu den Taliban, lasse Auto und Pass zurück. Entweder haue ich jetzt noch ab und übergebe mich den Taliban, die weiß Gott was mit mir anfangen, oder ich schmore in Turkmenistan lebenslänglich im Gefängnis! Ich habe keine Wahl! Nur dass ich Sandalen anhabe, ist mein Pech. Damit komme ich nicht weit, damit habe ich keine Chance, die werden mich einholen, denke ich, und so bleibe ich, kriege kaum Luft. Stehe da wie ein weißer Pfosten und starre auf das Heroin. Entscheide mich für den Knast. Meine Sandalen sollten mein Glück sein, die retten mir das Leben. Ich weiß: Eine Drecksau will mich in die Pfanne hauen. Und mich eventuell – aber nur wenn ich Glück habe – für viel Schmiergeld wieder auf freien Fuß lassen. Sehe mein Leben wie in einem Film vor mir durchziehen. Und das Ende des Films ist erreicht. Kein Happy End, sondern Filmriss.

Minuten später – ich stehe immer noch kreidebleich neben dem Wagen und warte auf die Handschellen – stöhnt der Zöllner wieder etwas und kratzt weiter Staub aus meinem Auto von der Schiebetüre. Um diesen Sand mit dem weißen Staub in seinem Sack zu vergleichen. Dann schüttelt er den Kopf, murmelt und flucht, und sucht weiter nach weißem Staub in meinem Auto. Er stöhnt zu mir rüber: »No problem!« Ich Dummkopf! Jetzt geht mir das Licht auf: Das Heroin gehört ihm, dem Zöllner! Er vergleicht lediglich alle Staubflecken im Auto mit seinem Muster. Für mich ist's zu viel. Bin nervlich am Ende. Nach 18 Tagen größter Strapazen laufe ich im roten Bereich. Ich will nur noch nach Hause, meine Nerven sind nicht viel mehr wert als der ausgetrocknete Kamelscheiß in der Wüste! Ich sacke auf einer Mauer zusammen und lasse geschehen, was geschehen muss. Eine halbe Stunde später ist die Prozedur vorbei. Ohne Erfolg für die Zöllner. Dafür darf ich alleine alles wieder in den Wagen einräumen. Wie gelähmt fülle ich schließlich die Zolldeklaration aus: Aus zwei mitgeführten Kamera-Gehäusen und drei Objektiven kritzeln die Burschen drei Kameras. Was so nicht stimmt, aber die Kerle lassen nicht mit sich reden. Ich fahre los, nachdem ich auch noch über 100 Dollar an Straßen- und Zollabfertigungsgebühren abgeliefert habe.

Die Euphorie lässt heute auf sich warten. Obwohl: Ich hab's geschafft! Bin frei! Es geht heimwärts! Das weite, öde Grasland Zentralasiens lädt zum leisen Träumen ein. Und plötzlich ist die Landschaft grün. Gott lässt es hier wieder regnen. Hin und wieder eine Straßensperre. Aber alles kein Problem, ich habe genug Papiere. Nur bin ich müde, von Euphorie absolut keine Spur. Übernachte in Mary, der ersten Stadt, bei Polgar und seiner herzlichen Großfamilie im Hof. Das Leben ist wunderbar!

Ein großes Schild mit der Aufschrift »Welcome to Turkmenistan«. Das unauffälligste Land meines Lebens: Nichts duftet, das Land so flach wie die Brüste einer Schildkröte, überall dürres Gras und Gestrüpp, einheitliche Häuser und Autos der Marke Lada. Langweilige Ex-Sowjetunion.

Scheinheiliges Turkmenistan

Nur etwas zeichnet dieses Land aus: Was bei den Afghanen Allah, ist hier bei den Turkmenen Präsident Niasov. Alle nennen ihn hochachtungsvoll Turkmenbashi. Vater der Turkmenen. Sein Personenkult ist das Bizarrste dieser Art, was die Welt zu bieten hat. Jedes öffentliche Gebäude wird von einem überdimensionalen Portrait geschmückt. Damit jeder täglich eingetrichtert kriegt, wer über Recht und Unrecht und über das Leben jedes einzelnen entscheidet. Kürzlich hatte Niasov eine neue Kolorierung sämtlicher Plakate innerhalb Monatsfrist angeordnet, in deren Zuge er auch seine weißen Haare schwarz kolorieren ließ. Das unterwürfige Volk, seit Lenin und Stalin nur eiserne Führer und Gehorchen gewohnt, ist dem Befehl nachgekommen. Ohne zu murren.

Die Altstadt Ashkabats wurde kürzlich niedergewalzt und durch Prestige-Bauten, die in dieser Region der Welt ihresgleichen suchen, ersetzt – durch neue marmorne Plätze, gigantische Springbrunnen, Hochhäuser (selbstverständlich mit hochhausformatigen Portraits) und einen kolossalen Turm. Auf der Spitze des Turmes dreht sich die überdimensionale Statue des Präsidenten nach dem Sonnenstand, in Gold gegossen und mit zum Sieg erhobenen Armen. Daneben eine gigantische Statue eines Stiers, mit einer kolossalen Weltkugel auf seinen Hörnern, und auf der Kugel, wer wohl? Ein kleiner, vergoldeter Junge! Niasvos Versuch, seinem Volk zu erklären, dass er schon als Dreijähriger so stark war, dass er Stiere zähmen und die Welt hätte dominieren können!

Doch Niasovs Größenwahn ist noch nicht zu Ende. Die Einfahrt seiner gigantischen Privatresidenz wird von zwanzig über zehn Meter hohen, vergoldeten Statuen bewacht, die aussehen wie zu groß geratene Zinnsoldaten. Was er sich bei den anderen sechs Privatresidenzen einfallen ließ, entzieht sich zum Glück meiner Kenntnis. Das Leben in der Hauptstadt kommt wegen ihm jeden Morgen und jeden Abend für je eine Stunde zum Stillstand: Wenn er mit seiner Karawane von 30 neusten Mercedes-Limousinen zwischen seinen Residenzen hin- und herpendelt, werden kurzerhand sämtliche Straßen gesperrt. Und niemand regt sich auf.

In Ashkabat passiert mir Sonderbares. Ich spaziere nichts ahnend in die Lobby des Hilton-Hotels und wäre nie auf die Idee gekommen, dass ich wenige Minuten später wie verwandelt wieder rauskommen würde. Meine Augen verdrehen sich in dem Augenblick, als ich hinter der Theke eine bildhübsche junge Turkmenin mit blonden Locken erspähe. Ich muss aufpassen, dass meine Augen drin bleiben. Eine Frau! Ich renne hinaus, Hals über Kopf, habe meine Frage vergessen und nur noch die Frauen im Kopf! Überall sehe ich sie, meine Augen gehen auf wie Seerosen! Ich greife zum Fotoapparat und durchstreife die Stadt, kriege nicht genug von dem verzaubernden Anblick. Wie gerufen kommen auf einem Platz zwei ausgewählte Schönheiten in traditionellen, grünen Trachten und mit langen, schwarzen Zöpfen auf mich zu – mit einem Lächeln, wie um mich um meinen Verstand zu bringen! »Willst du ein Foto von uns machen?« fragen sie mich, dann kichern sie beide – sie hatten mir meinen Wunsch von meinen Augen abgelesen! Natascha und Anita, zwei Begleit-Damen des Präsidenten höchstpersönlich. Turkmenbashi hin oder her, für diese Auswahl beneide ich ihn am allermeisten! Sie lächeln scheu in die Kamera, räkeln sich auf dem Platz in einer Menschenmenge, während in sie abknipse. Und schon sind sie wieder weg.

Kein Wunder bei all der Schönheit der turkmenischen Frauen: Männer aus aller Welt träumen von ihnen und wollen den schlaflosen Nächten ein Ende bereiten. Doch solch irdisches Glück hat Turkmenbashi schon längst mit einem seiner Gesetze kastriert! Denn erst wenn der Bräutigam die Staatskasse mit 10 000 US-Dollar füllt, kriegt die Auserwählte ein Visum zur Ausreise! Ich kapiere wieder einmal, wie viele Vorteile es doch hat, eine arme Maus zu sein! Denn sonst könnte ich hier noch auf neue Ideen kommen, die meinem Nomadentum ein Ende bereiten könnten …

Das ist zum Glück definitiv der Moment, wo die Lähmung, die ich mir in Afghanistan eingefangen hatte, wieder von mir abfällt! Gott sei Dank! Ich bin wieder normal, denn ich schaue wieder ins wunderbarste Lächeln der Welt! Und die wunderbare Nebenwirkung davon: Mein Appetit ist wieder da!

Nur wenige Kilometer trennen die Frauen hier von den Frauen dort. Es kommt mir vor wie die Distanz zu einem anderen, furchtbar kalten, unbewohnbaren Planeten.

Jeder Tanz hat ein Ende

Ich bin müde, will nach Hause, am liebsten so schnell wie möglich. Mein Vier-Tage-Visum läuft heute ab, und passgenau erreiche ich gegen 20 Uhr den Grenzübergang zum Iran. Doch wieder geht's nicht wie gewünscht. Erneut darf ich die korrupte Bürokratie der Ex-Sowjetunion kennen lernen. Natürlich ist mein Teppich maschinengewoben, worauf – laut Experten des Teppich-Ministeriums in der Hauptstadt – keine Ausfuhrsteuer zu entrichten ist. Doch der Zöllner lässt nicht locker und schreit mir in die Ohren: »Ich bin der Experte hier!« Dann lässt er mich links liegen, ich werde einfach nicht abgefertigt, stehe allein in der schwarzen Nacht.

Dann der nächste Zöllner: Die Einfuhrdeklaration will er sehen. »3 Kameras« steht drauf. Zeigen kann ich ihm nur zwei. »Problem!«, singt er laut durch die Halle und schreitet stolz davon, wohl wissend, mich an der Angel und keine Eile zu haben. Straßenabgabendeklaration! Diese will der dritte, der nach 20 Minuten erscheint. Diese Abgaben habe ich bei der Einreise bezahlt, ich zeige die Quittung: 100 Dollar von Afghanistan bis Ashkabat. Für die letzten 23 Kilometer bis zur Grenze aber ist das Feld leer. Dem Staat sind vier Dollar entgangen. Damit ist das dritte unlösbare Problem gefunden, und diesmal ist diese turkmenische Zöllnerbande sich sicher, mich erleichtern zu können. Um genau 1000 Dollar!

Ich tue, was ich in solch einer Situation immer tue: Ich verlasse das Büro des Obergeiers und bin die nächsten 30 Minuten im Auto auf der Suche nach meinen letzten Geldvorräten. Es sind genau 30 Manat – umgerechnet etwa fünf Dollar, und die scheinen mir als erster Einsatz gerechtfertigt. Als ich wieder beim Geier im Büro sitze, die Türe hinter mir sicher ins Schloss fallen höre und ich das Geld auf den Tisch klimpern lasse, wird es laut in der sonst stillen Nacht:

»Ashkabat!«, kreischt der dickwanstige Geier, »fahr zurück ins Innenministerium und bezahle morgen dort die Straßensteuer, zusammen mit der Buße!«

»Unmöglich«, entgegnete ich, »mein Visum läuft in drei Stunden ab!«

»Not my problem!«, schwingt sich der Geier aus dem Sessel, öffnet die Tür und schon lande ich draußen. Was ich getan hätte, wäre Betrug, schreit er mir nach, er wolle mir ja nur helfen, aber so nicht! Ich empfinde nur eins: Es ist zum Kotzen! Ich buddele also eine weitere halbe Stunde im Auto und stocke meinen Einsatz um weitere fünf Dollar auf. Mehr als das liegt nicht drin. Für keinen Geier.

Mit aufgesetzter, entnervter Mine kurze Zeit später wieder unter dem Porträt Niasovs. Ich wünsche mir diesen ebenfalls auf dem Mond, der Geier soll ihn tragen. Kein Wunder, dass seine Untertanen so scharf auf Geld aller Art sind – ein Grenzwächter hier kriegt weniger Lohn als ein Grenzwächter in Pakistan – der turkmenische Minilohn versteht sich als Aufforderung zum Klauen. Der Präsident macht es seinen stummen Genossen ja bestens vor: Er hat ihnen unter anderem den größten Teppich der Welt, die größte Mercedes-Armada des Orients, sieben private Schlösser und dazu noch – was wohl am schlimmsten wiegt – die schönsten Frauen der Welt geklaut! Wieso soll da ein Grenzwächter heiliger als sein Übervater sein?

Es ist zehn Minuten vor Mitternacht. Immer noch ist keine Lösung in Sicht, aber das Visum läuft gleich ab. Diese zehn Minuten entscheiden, ob ich illegal im Land festsitzen werde oder doch noch raus darf. Mit meinen letzten elf Dollar in der geballten Faust tanze ich nochmals vor den Geiern an. Diesmal richtig wütend. Und schlage ihm das Geld auf den Tisch. So, dass die Papierfetzen fliegen und der Aasfresser die Schlitzaugen zusammenkneifen muss. Den paar kärglichen Münzen widmet er kaum einen kurzen Blick und schiebt sie schon zu mir zurück. Das war's, sagt er. Das Spiel ist aus – für mich. Spontan schiebe ich die Münzen wieder über die Tischplatte. Er faucht. Ich bebe vor Wut, weil er nicht kapiert, dass ich keinen Manat mehr habe. Er glaubt mir nicht, dass ich nicht mehr habe. Das Geld fliegt wieder zu mir, macht kehrt und fegt wieder zu ihm. Das war's. Er packt es, es klimpert in seine Schublade und der Schnabel des Geiers verformt sich zu einem breiten Lächeln. »You are my friend«, grölt er laut und schon reicht mir der Genosse die Flosse, und ich würde ihm am liebsten seinen Niasov über seinen Schädel ziehen und draufkotzen. Nie mehr Turkmenistan, schwöre ich mir und düse davon.

Was für ein herzliches Empfangskomitee dann im Iran! Eines, das mich zuerst zu Tee vor den Fernseher einlädt. Via Satellit schauen wir im Büro ein europäisches Champions-League-Match – ich glaube meinen Augen nicht! Wie weit weg das alles in letzter Zeit war. Erst spät in der Nacht wenden sich meine neuen Freunde stolz dem Auto und meinem Pass zu. Alles höflich, hilfsbereit und speditiv. Ein Jahr später wird einer sagen, dies sei die Achse des Bösen.

Mein Bedürfnis, nach Hause zu kommen, lässt mich brachial aufs Gaspedal drücken. Mein Toyota läuft wie geschmiert, innerhalb weniger Tage durchquere ich den Iran, die Türkei, Bulgarien.

Ich denke zurück: Meine erste große Reise hatte mit den Tieren begonnen, mit dem Tanz auf der Nase des Nilpferds. Eigentlich sollte auch diese Reise mit zähnefletschenden Raubtieren zu einem Ende kommen, das wäre passend. Wenn es schon keine wilden Tiger zu sehen gab, so würde ich doch zumindest gerne Stadtbären sehen. Die Dame im Tourist Office von Brashow in Rumänien denkt, ich wolle ihr einen Bären aufbinden. Verständnislos fragt sie nach, was ich damit meine. Ein Bier? Ein Hotel? Das Quartier heiß Rakatau, erklärt mir später ein Passant. Dort gäbe es ab und zu Bären, die die Mülltonnen auf den Kopf stellen.

Die Bewohner der Wohnsilos im nördlichen Stadtteil Rakatau, wo der unendliche Wald Graf Draculas gleich bei den Mülltonnen beginnt und auf der anderen Seite der Karpaten endet, wissen die Liste der TV-Stationen, die in letzter Zeit zum Bären-filmen hier waren, auswendig. Und auch, was als bester Bärenköder dient: Brot! Am Abend um zehn Uhr bin ich wieder zurück, nachdem ich eine Bäckerin erschreckt habe, als ich ihr ganzes Brotregal leergeräumt hatte. Das Pech, in Indien keinem Tiger begegnet zu sein (was von normalen Menschen eher als Glück bezeichnet wird), soll nun hier kompensiert werden. Langsam und ohne Motor rolle ich zur ersten Mülltonne am Waldrand. Als ich das Licht ausmache, kommt bereits Bewegung ins Spiel. Zuerst fliegt der Deckel eines Mülleimers blitzartig auf, und dann fliegt ein Braunbär raus und erschreckt mich zu Tode! Ich kurble sofort das Fenster hoch, denn der Kerl steht keine zwei Meter vor mir. Sodann schieben drei kleine, verängstigte Bärenjungen ihre Nasen hinter den Tonnen hervor und suchen in meinem Scheinwerferlicht Schutz unter ihrer Mutter, die mich misstrauisch anglotzt. Als ich mich endlich durchringen kann, ein Brot zur Türe rauszuschmeißen, stürzen sich die Jungen sofort aufs Brot und schreien sich an, was die Mutter mit einer saftigen Ohrfeige quittiert. Am Tisch herrscht Ruhe! Jeder kriegt seinen Happen. Was ich dann an diesem Abend dargeboten kriege, übertrifft jeden Zirkusbären-Krimi: Plötzlich erscheint ein zweiter Bär in der Manege – um der Bärenfamilie das Brot streitig zu machen. Die Kinder werfen sich sofort wieder unter die Mülltonnen, während der Angreifer sich von oben auf die Bärenmutter stürzt. Hand- und Pfotengemenge. Die große Mutter schüttelt ihn ab, und nach ein paar wuchtigen Schlägen auf die Fratze ist der Eindringling in die Büsche vertrieben! Was für ein Tanz, direkt neben meiner Fensterscheibe!

Schließlich falle ich meinem Freund Gabor um den Hals. Europa hat mich wieder, ich fühle mich nach Rumänien direkt zu Hause – was für ein Unterschied zu dem Beginn meiner Reise! Nachdem ich Gabor und seiner Frau Edit von Afghanistan und der unwürdigen Behandlung der Frauen dort erzählt habe, will er mir einen Gefallen tun und schleppt mich in die nächste Stripteasebar zwei Dörfer weiter. Es ist erst Nachmittag, doch in einem dunklen Keller wirbelt zu dröhnender Musik und grellem Flutlicht eine Blondine auf der Bühne um eine Stange. Die Show belebt den zwei Dutzend anwesenden Männern die Sinne, der Bierkonsum steigt proportional und beweist, wie ausgedurstet auch hier die Männer sind.

Ich bin irritiert; nicht nur davon, wie Recht die Afghanen haben: Hier bei uns ziehen sich Frauen in der Öffentlichkeit aus! – sondern vor allem über die Scharen von Kindern, die unbekümmert neben der Bühne am Boden spielen. Alles in allem ist es erbärmlich. Als dieser Tanz zu Ende ist, wird mir klar, dass ich wieder in »meiner« Kultur bin. Ich bedanke mich bei Gabor – »Was für ein tolles Willkommensgeschenk!«, und flüchte an die frische Luft. So vergeht mein letzter Abend draußen im Wald, wo ich ganz allein die letzten Wochen Revue passieren lasse: Vor zehn Tagen noch durfte ich unter Androhung von Peitschenhieben einer Frau nicht einmal in die Augen schauen. Wenige Kilometer und ein paar Grenzkontrollen später zieht nackte Weiblichkeit auf der Bühne das ganze Volk an. Und dennoch leben wir alle auf der gleichen Welt.

Ich lasse meine Gedanken weiter zurückschweifen. Es ist eine wunderbare, verrückte Welt, auf der wir leben.

Meine fünfte und bisher letzte Reise, die mich irgendwie durch einen Kontinent geführt hat, ist am 19. Juli 2001 zu Ende. Ohne Feuerwerk, ohne Bimborium, nicht sensationell, sondern friedlich und einsam. Es ist auf den Tag genau 10 Jahre her, dass ich, gerade 19-jährig, das erste Mal allein aufgebrochen bin: zum Whale-Watching nach Kanada. Damals schon wollte ich die Welt entdecken und verstehen. Mein zweites großes Ziel, die Durchquerung der bewohnten Kontinente, ist somit auf den Tag genau 10 Jahre später erfüllt. Ein riesiges, unbeschreibliches Gefühl durchdringt mich. Gleichzeitig spüre ich eine tiefe Ruhe in mir. Es ist, als hätte ich eine Antwort gefunden.

Das Fremde hat sich als Freund entpuppt. Hilfsbereit und herzlich. Wenn man Antworten zum Verstehen dieser Welt finden will, ist die Frage nicht, wohin man reist. Die Frage ist, wie man reist. Die Welt ist eben ein verrückter Ort. Umso verrückter man darauf herumtrampelt, umso besser nimmt sie einen auf.

Wie sagte doch der Reporter von *Rete Globo?*

»Bist du verrückt?«

Ja, hoffentlich. Verrückt nach dieser Welt!

Epilog

Das, was Louis Palmer sich auf seinen Reisen vorgenommen hat, hat er erreicht – und mehr noch: Versprechen, die er gab, hat er eingehalten. Durch diverse Diavorträge wurde Geld gesammelt, um unter anderem das Verbleiben des Sansibar-Leoparden zu klären (er gilt mittlerweile als ausgestorben), der Klinik in Afghanistan helfen oder gar eine Schule in der Nähe von Kabul finanzieren zu können.

Während seine Zwanziger geprägt waren von Sturm und Drang, vom Hinausgehen und Schauen, sind die Dreißiger dem Hinausgehen und Zeigen gewidmet. Als nächstes Projekt soll demonstriert werden, dass man auch ohne Erdöl in einem Auto um die Welt fahren kann – ein Abenteuer, dem mit Spannung entgegengesehen werden kann und zugleich eine Möglichkeit, neue, nachhaltige, umweltfreundliche Technologien in der Welt zu verbreiten.

»Auch wenn ich die Welt nicht ganz verstanden habe, so habe ich wenigstens verstanden, dass auch die Welt noch nicht alles verstanden hat.« – Das ist das bisherige Fazit von Louis Palmer. Man darf gespannt sein, wie es weitergeht.

Foto-Galerien und noch mehr Infos zu allen Projekten und Reisen finden Sie unter **www.louispalmer.ch**